그리스 로마 신화
최대한 쉽게 설명해 드립니다

그리스 로마 신화,
최대한 쉽게 설명해 드립니다

초판 1쇄   펴낸 날 2020년 5월 17일

초판 5쇄   펴낸 날 2024년 11월 6일

지은이   계롤트 돔머무트 구드리히

옮긴이   안성찬

발행처   이화북스

주 소   경기도 파주시 회동길 145, 전시정보동 202호

전화   02 - 2691 - 3864

팩스   02-307-1225

이메일   ewhabooks@naver.com

편집   정이화

디자인   책은우주다

ISBN   979 - 11 - 90626 - 01 - 9 (04300)

이 도서의 국립중앙도서관 출판예정+도서목록(CIP)은 서지정보유통지원시스템 홈페이지 (http://seoji.nl.go.kr)와

국가자료공동목록시스템(http://www.nl.go.kr/kolisnet)에서 이용하실 수 있습니다.(CIP제어번호: CIP2020017083)

그리스 로마 신화의 맥을 잡아 주는 50가지 재미있는 이야기
신화 읽기의 즐거움을 배우다!

그리스 로마 신화

최대한 쉽게 설명해 드립니다

게롤트 돔머무트 구드리히 지음

안성찬 옮김

이화북스

신화는 살아 있다

아도니스처럼 잘생긴 남자가 길을 지나간다. 그때 아모르가 한 처녀의 가슴에 화살을 쏜다. 그녀는 헬레나만큼 아름답다. 하지만 아도니스가 그녀의 아킬레스건을 건드리고 만다. 그녀도 탄탈로스의 고통을 겪는다. 그가 즉시 불타는 열정을 보여주지 않았기 때문이다. 혹시 그는 오이디푸스 콤플렉스에 시달리고 있는 게 아닐까? 아니면 나르시시즘? 하지만 이 아름다운 여자에게 키르케의 마법적 매력을 설교하려 드는 건 아

❖ — 이 바로크 시대의 그림은 연인 아도니스가 사냥 나가는 것을 막으려고 하는 비너스 여신을 묘사한다.

테네에 올빼미를 가져가는 것만큼 이나 쓸데없는 짓이다. 전화에서 울려오는 그녀가 부르는 세이렌의 노래에 그는 더 이상 저항할 수가 없었다. 두 사람은 와인주점 '바쿠스'에서 만나기로 약속한다. 아름다운 그녀가 이 아도니스를 유혹하는 일이 시쉬포스의 고역이 될 수는 없었던 것. 사람들은 곧 그리스의 '아프로디테 호텔'에 함께 묵고 있는 이들의 모습을 보게 될 것이다….

우리의 일상 언어에는 고대 신화에서 비롯된 많은 표현들이 스

며들어 있다. 그런데 고대 신화는 어떻게 우리의 일상 언어에 들어오게 된 것일까? 그 배후에는 어떤 의미들이 숨겨져 있는 것일까? 그리고 도대체 신화는 어떤 의미를 지니고 있는 것일까?

신화란 무엇인가

오늘날 우리가 어떤 것을 일컬어 '신화'라고 할 때는 흔히 허구이고 진실이 아니라는 뜻이 포함된다. 하지만 신화는, 꿈에서 위안을 얻으려 했던 시대가 만들어낸 재미있는 허구적 이야기인 동화와는 다르다. 신화

속에 동화적인 모티브들이 있으며 동화에서도 신화의 흔적들이 발견되는 것은 사실이다. 하지만 신화는 동화보다 훨씬 더 중요한 의미를 지닌다. 신화에는 기억, 전통, 관습 등과 같은 문화 전반이 표현되기 때문이다.

신화에는 하나의 세계상 전체가 들어 있다. 신화는 낮과 밤의 변화, 사계절의 흐름에 따르는 초목의 생장과 소멸, 인간의 탄생과 죽음, 천둥과 번개 등과 같은 자연의 힘을 비유적으로 설명한다. 태양신 헬리오스는 하늘에서 마차를 몰아 정해진 길을 달려가고 다음날이 되면 그 일을 새로이 시작한다. 분노의 신 제우스는 번개를 내던진다.

또 신화는 개인의 행동과 민족의 숙명에 대해 설명한다. 사람들이 서로 다투는 것은 불화의 여신 에리스가 싸움을 부추기기 때문이다. 트로이 전쟁에서 트로이인과 그리스인이 서로 번갈아 승리하는 것은 올륌포스산에 있는 신들의 싸움 때문이다.

어떤 사람들은 이러한 '설명'을 비웃을지도 모른다. 하지만 이러한 신화적 사유를 비웃기 전에, 오늘날 많은 사람들이 별들이 인간의 운명에 영향을 미친다고 믿으면서도 이를 인과적 관계로 설명하지는 못한다는 것을 상기해야 한다.

이미 고대 그리스인들은 태곳적부터 전해져온 신성한 이야기로서의 신화, 즉 '뮈토스Mythos'와 명료한 이성의 언어인 '로고스Logos'를 구분했다. 오늘날 우리는 그리스 철학에 근원을 둔 개념적이고 과학적인 세계상이 원래 신화적 세계상에서 유래했음을 알고 있다. 인류는 법이나 사랑, 원인과 결과 같은 보편적 개념을 사용하기 전에는 비유적인 이야기들을 통해 서로 대화를 나누었다. 이런 이야기에서의 의미는 개념의 경우처럼 객관적으로 정립되어 있지는 않다. 그러나 그것은 하나의 부족사회를 위해 어떤 내용을 충분히 정확하게 서술해 주었다.

신화는 양친 살해가 법적으로 어떤 결과를 가져오는가에 대해 설명하지 않는다. 그 대신 살인자를 끝까지 뒤쫓는 끔찍한 복수의 여신 에리뉘에스에 대해 들려준다. 신화는 사랑을 심리학적으로 분석하는 대신 아프로디테가 신과 인간의 운명에 개입하는 다양한 방식을 보여준다.

사회의 발전에 따라 신화적 사유도 점차 엄밀해지고 개념적으로 변해간다. 이미 B.C. 7세기에 헤시오도스는 전승된 신화들을 체계적으로 정리하고 이를 통해 부유한 자들의 무책임함을 탄핵했다. 그는 한 나라 안의 모든 사람이 자신들의 정당한 몫을 얻지 못하게 되면 정의의 여신 디케가 그 나라로부터 추방되고, 그러면 이 여신은 제우스에게 달려가 자신이 겪은 고통을 하소연하며 그 보복을 요구한다고 서술하고 있다. 정의의 여신 디케를 통해 헤시오도스가 창조해 낸 표상은, 한편으로는 신화 속의 한 여신이지만 또 한편으로는 이해 관계의 평화로운 조정을 뜻하는 현대적 개념으로서의 법이기도 한 것이다. B.C. 6세기에 아테네 시민들이 내전의 위기로까지 치닫는 사회적 갈등을 조정해 달라고 현자 솔론에게 부탁했을 때 그는 헤시오도스가 창조해 낸 디케의 표상을 이용하여 개혁을 관철시켰다. 이것은 신화를 사회 질서를 정당화하는 데 이용한 최초의 사례다. 정의의 여신으로서의 표상이 신화를 넘어 정의에 관한 정치적 이념으로 발전된 것이다. 이렇게 하여 신화는 그러한 개념들에 기초를 둔 그리스 정치 철학의 기원을 이루게 된다. 동시에 그리스의 철학은 항상 정치 철학이기도 했다.

신화는 어떻게 전해지는가

신화의 다양한 버전들
── 대부분의 신화에서는 변화무쌍한 전승의 역사를 증언하는 다양한 버전들이 있다. 이 책에서는 가장 널리 알려진 버전만을 제시했으며 부분적으로 다른 버전들에 관해 언급했다. 신화에서 유일하게 '참된' 버전이란 있을 수 없다.

신화를 뜻하는 그리스어 '뮈토스'는 원래 '이야기된 것'을 의미한다. 신화는 구전에 그 토대를 두고 있다. 신화가 종종 애매하고 모순적인 이유는 이 때문이다. 인간은 이야기를 하며 살아가고 그 이야기는 계속해서 다른 사람에게 전달된다. 그때 그 이야기는 변화를 겪게 된다. 교통 사고를 목격한 세 사람의 증인이 진술하는 이야기는 서로 동일하지 않다. 그러나 또 한편으로 하나의 이야기가 반복해서 전달되는 경우 특정한 모티브들뿐만 아니라 심지어 문장들조차 반복해서 나타나게 된다. 구전되어 오는 가문의 내력에서 우리는 그러한 사실을 확인할 수 있다.

계속 반복되는 이야기가 원래 일어났던 사건과 부합하는지는 얼마간의 시간이 흐른 후에는 아무도 알 수 없으며, 어떤 시점에 이르게 되면 그것은 더 이상 아무런 중요성도 지니지 않게 된다. 이에 따라 신화에는 여러 가지 다른 버전들이 있지만 이것들은 항상 동일하게 반복되는 모티브들과 언어적 공식들을 보여준다. 로마 시대에 저술가로 활동했던 그리스 학자 아폴로도로스는 지역적으로 구전되어 온 신화들과 문헌을 통해 신화들을 하나로 종합하려 했지만, 곧 그 시도를 단념하고 "어떤 사람들은 말하기를…, 그리고 또 다른 사람들은 말하기를…" 하는 방식으로 다양한 버전들을 열거할 수밖에 없었다.

신화의 다양성과 다의성은 커다란 장점을 지닌다. 왜냐하면 어떤 상황에도 정확히 들어맞는 많은 이야기들이 존재하기 때문이다. 신화가 어떤 방식으로 이야기되는가는 주어진 상황에 달려 있으며 동시에 신화는 그 상황에 의미를 부여한다. 이는 그리스 신들의 경우에서 가장 명확히 확인된다. 예를 들어 헤르메스는 그의 도움을 필요로 하는 상황에 따라 '상인의 신', '여행자의 신', 혹은 '도둑의 신'이 된다. 그리고 헤르메스의 이런 각각의 역할들을 받들기 위한 특별한 신전이 여러 장소에 산재해 있다. 요컨대 이야기되는 신들과 신화의 의미는 상황뿐만 아니라 장소에 따라, 그리고 역사의 흐름에 따라 많은 변화를 겪는다.

❖ — 신화는 특이한 사건과 사실들을 나름의 방식으로 설명한다. 예를 들어 아킬레우스가 그토록 뛰어난 영웅이 될 수 있었던 것은 그가 켄타우로스족의 현자 케이론이라는 특별한 스승을 두었기 때문이다. 그는 아킬레우스에게 다른 것과 함께 특히 활쏘기를 중점적으로 가르쳤다.

오랜 구전의 역사 속에서 신화는 실제의 역사적 사건이나 기나긴 문화적 발전 과정을 반영하는 새로운 요소들을 계속해서 받아들였다. 제우스가 황소로 변신해 납치했던 아름다운 에우로페의 이야기를 예로 들어보자. 원래 이 이야기의 주인공 제우스는 인도유럽문화권의 하늘신이었다. 그리스 부족들은 B.C. 2000년에서 B.C. 1200년 사이에 여러 차례에 걸쳐 남부 유럽의 초원 지대에서 오늘날의 그리스 땅으로 이주하면서 그들의 하늘신도 함께 이곳으로 모시고 왔다. 이 남하 과정에서 그리스인들은 그들보다 앞서 그리스 지역과 에게해의 섬에 살고 있던 많은 민족들을 정복했다. 그리스인들은 이들의 문화를 파괴했지만 동시에 이

들로부터 많은 것을 받아들이기도 했다. 특히 중동 지방과 마찬가지로 황소 숭배가 중요한 역할을 했던 크레테섬의 미노아 문명이 그 대표적인 경우에 해당한다.

그리스인들은 한때 뛰어난 문화를 지녔던 크레테에 대한 기억을 신화전승을 통해 보존했으며 이 섬을 제우스의 고향으로 만들었다. 따라서 에우로페 신화에서 제우스가 황소로 나타나는 것은 그리 이상한 일이 아니다.

미노아 문명을 파괴한 후 오랜 시간이 지나 그리스인들은 바다로 나가 수

❖ ― 황소 위에 누워 있는 에우로페. 신화는 긴 역사적 전승 과정을 통해 이야기의 형식을 갖추게 된다.

준 높은 문화를 자랑하던 이집트 및 중동 지방과 교역을 시작했다. 이것이 에우로페 신화에 관한 또 다른 역사적 배경을 이룬다. 요컨대 신화에 나오는 아름다운 에우로페는 유럽 여자가 아니라, 이집트 출신으로 페니키아인들이 살던 지중해 연안의 시리아 지방에 정착한 아게노르라는 인물의 딸이었다. 결국 에우로페는 이 신화가 성립되던 시기의 그리스인들이 알파벳을 비롯한 많은 문화적 업적들을 받아들인 지역에서 온 것이다. 사랑에 빠진 제우스, 그리고 간계와 폭력에 의해 납치된 에우로페의 신화는 이런 방식으로 실제로 있었던 신화시대의 그리스 역사를 전해준다. 이 신화는 이야기로 꾸며진 기억의 흔적이며 인류가 역사를 서술하기 이전의 역사인 것이다.

그리스인들이 여러 도시에 모여 살기 시작하고 이 도시들이 서로 밀접한 관계를 맺게 되면서, 특정 지역이나 가문과 관련된 다양한 신화들을 종합하여 이를 모든 그리스인들의 공통된 이야기로 만들어야 할 필요가 있었다. 이러한 작업은 다양하고 많은 신화들을 교묘하게 하나로 엮어낸 시인들에 의해 이루어졌다. 그 대표적인 인물로는 『일리아스』와 『오뒷세이아』를 읊었던 시인들 ─ 그리스인들은 '호메로스'라는

한 인물로 이 시인들을 규정했지만 ─과 최초로 신화를 체계적으로 정리한 헤시오도스를 들 수 있다. B.C. 7세기경에 이 시인들의 작품은 문자로 정착되었다. 이로써 신화는 구전의 전통이 끝나고 변하지 않는 영구적인 모습을 지니게 되었다.

신화의 기능

구전으로 전해지는 집안의 내력은 가족의 결속에 기여한다. 모든 부족사회는 영웅적인 조상이나 위대한 부족장들에 대한 신화를 간직하고 있다. 현대의 민족국가들 역시 영예로운 전쟁과 혁명, 민족적

❖ ─ 호메로스를 눈먼 음유 시인의 모습으로 나타내는 이 고전시대 흉상의 복제품들은 지중해 전역에서 발견된다. 이는 그 자신이 이미 거의 신화적 존재가 되다시피한 이 시인이 로마 시대에도 폭넓게 존경을 받았다는 사실을 보여주는 중요한 증거라고 할 수 있다.

영웅이나 성인들에 대한 신화 없이는 유지되기 어려울 것이다.

그리스인에게 신화는 제의 장소나 무덤, 신전 등에 특별한 의미를 부여하고 그런 장소를 지역 주민 공동의 정신적 터전으로 만드는 역할을 했다. 이를 통해 신화는 일체감을 강화시켰다. 어떤 무덤이나 신전에 제의를 올리고 그와 관련된 신화를 여러 세대에 걸쳐 계속 전승하는 과업은 고대 이래로 명망 높은 가문이 맡았으며 이런 가문은 그 특권을 열성적으로 지키려 했다. 후대에 와서 그리스 도시국가들, 즉 폴리스는 이 제의들 중에서 가장 중요한 것들을 넘겨받아 이를 공적인 행사로 만들었다.

그리스인들에게 종교는 결코 개인적인 문제가 아니었다. 자유 시민들이 소속되어 있는 모든 단체와 가문, 남성 결사와 폴리스는 모두 자기 나름의 제의들을 올렸고 이 각각의 제의 전체는 서로 긴밀하게 연결되었다. 그리고 어느 누구도 공동사회의 하위 조직을 이루는 이 제의공동체의 일원이라는 신분에서 벗어날 수 없었다.

역으로 모든 종교적인 일 또한 사회적·정치적 의미를 지니고 있었다. 그리스인들에게 '신성한 일'은 항상 공동체적 제의와 연관되었으며 내적 체험이나 개인적 도덕과는 별 상관이 없었다. '불경스러운 일'이란 공동체의 규범을 위반하는 것을 뜻했으며 개인적이고 도덕적인 죄의 유무와는 무관했다. 실수로 제의 규범을 위반한 사람도 벌을 받거나 죄를 씻어내는 과정을 겪어야 했다. 인간의 행동을 도덕적으로 평가해야 한다는 의식은 그리스 고전시대(정치적 민주주의와 고전 학문, 예술을 꽃피웠던 B.C. 5세기 아테네 시대 - 옮긴이) 직전에 와서야 비로소 생겨났다. 그리스의 각 폴리스들이 공동의 제의와 그 제의를 뒷받침해 주는 신화들에 의해 결속을 유지했던 것과 마찬가지로, 그리스 세계 전체도 제의공동체의 성격을 지니고 있었다. 델포이 신전의 신탁, 올림픽 경기, 호메로스의 서사시 등은 모든 그리스인들에게 공통된 것이었다.

트로이 전쟁에 대해 이야기하는 『일리아스』와 오뒷세우스의 방랑을 노래하는 『오뒷세이아』는 고대 문학에 가장 큰 영향을 미친 작품들이었다. 로마인들 역시 그들의 신화를 호메로스의 세계와 연결시키려 노력했으며, 이에 따라 『일리아스』와 『오뒷세

> **연극** ——— 아테네에서 연극 공연은 디오니소스 신에게 바치는 종교적 축제의 한 부분이었으며 비극은 그중 가장 중요한 부분을 이루고 있었다. 비극을 가리키는 그리스어 'tragoidia'는 원래 '염소의 노래'를 뜻했으며 이는 그리스 연극이 신화에 기원을 두고 있음을 증명해 준다. 아테네의 디오니소스 극장에는 1만여 명의 인원이 소속되어 있었는데, 이는 실제로 시민들 전체, 다시 말해 무장을 갖출 능력이 있는 모든 주민들이 연극 행사에 참여했음을 뜻한다.

이아』는 지중해권의 고대 문화 전체를 연결 짓는 구심점이 되었다.

도시가 발전하고 문명이 번영함에 따라 신화에도 새로운 과제가 부여되었다. B.C. 5세기 초의 페르시아 전쟁 이후 아테네가 그리스에서 가장 강력한 도시국가로 부상하면서 시민들은 점차 정치 문제에 동등한 권리를 갖고 참여하게 되었다. 그러나 이는 동시에 시민들에게 전적으로 새로운 책임이 부과되었음을 의미하는 것이기도 했다. 많은 점에서 여전히 지방적인 성격을 지녔던 기존의 전통이 이 세계화된 도시의 공공 생활에는 적합하지 않았기 때문에, 아테네 시민들에게는 옳고 그름을 판정하는 새로운 척도가 필요했다. 따라서 현실의 문제를 신화의 형식으로 그들 앞에 보여주는 연극 공연이 중요한 매체로 떠오르게 되었다.

❖ ― 그리스의 극장은 엄청나게 많은 관객을 수용하면서도 관객들 모두가 무대 위에서 이야기되는 대사를 또렷이 알아들을 수 있도록 설계되었다. 이 사진에 나오는 에피다우로스의 고대 극장은 오늘날에도 여전히 사용되고 있다.

B.C. 462~461년에 아테네에서는 민회가 귀족회의 아레오파고스의 권력을 탈취했다. 이 변혁에 앞서 격렬한 토론이 있었음이 분명하며 그 이후에도 논쟁은 계속되었다. 오래된 가문 출신의 명망 높은 인사들이 무엇이 옳은가를 가장 잘 알고 있지 않을까? 그들이 주장하는 것처럼 그들이야말로 신들에 의해 선택된 국가의 지도자들이 아닐까? 정치 문제에 평민들이 끼어들어도 되는 것일까? 이러한 문제들은 당연히 연극 무대 위에서도 다루어졌다.

아이스퀼로스의 비극『탄원하는 여인들』에서 신화 속의 인물인 펠라스고스왕은 폭력에 의한 강제결혼을 피하려고 도망쳐 온 다나오스의 50명의 딸들에게 신의 계율에 따라 아르고스로의 망명을 허용하고 추적자들과의 전쟁을 감수할 것인지, 아니면 망명을 거부하여 신들의 징벌을 받을 것인지를 두고 결정을 내려야만 한다. 다나오스의 딸들은 펠라스고스가 혼자서 결정하지 못하는 것을 의아해 하면서 "당신이 곧 국가입니다"라고 말한다. 그러나 왕은 인간으로서는 결코 옳고 그름을 가늠할 수 없는, 생사가 달린 이러한 문제에 있어서는 국민이 스스로 결정을 내려야 한다는 것을 분명히 하면서, 왕이 아니라 민회가 바로 국가라고 말한

14

다. 아이스퀼로스는 당시 아테네에서 막 시작된 민주주의, 즉 국민에 의한 지배를 신화시대부터 자명한 사실로 제시함으로써 거기에 종교적 신성함을 부여했던 것이다. 더불어 이 시인은 정치적 결정을 내리는 일이 얼마나 어려운 문제인가를 아테네 시민들에게 결코 감추지 않았다. 그는 시민들이 조심스럽고 신중한 논증에 이르도록 교육시켰다. 아이스퀼로스, 소포클레스, 에우리피데스의 다른 비극들도 당시의 사회적·정치적 문제들을 신화와 연관시킴으로써 아테네 시민들이 갈 길을 정하는 데 도움을 주었다.

로마제국과 그 이후 시대의 그리스 신화

B.C. 4세기 말경 알렉산드로스 대왕이 지중해권 전역을 정복하면서 그리스 문화도 널리 확산되었다. 이 헬레니즘 시대에 소아시아, 시리아, 이집트 등의 재력가와 권력가라면 누구나 그리스어와 그리스의 교양, 그리고 그리스 신화를 알고 있어야만 했다. 헬레니즘 시대의 지배자들은 예전에는 영웅들과 신들에게만 허용되었던 제의를 자신들을 위해 올리게 함으로써 신화를 지배 수단으로 이용했다. 작가들은 당대의 지배자들이 제우스나 아니면 적어도 헤라클레스의 후손이라는 식으로 신화를 개작했다. 로마의 황제들도 이것을 그대로 받아들였다. 그리하여 로마의 시인 베르길리우스는 호메로스를 모범으로 하여 저술한 『아에네아스』에서, 아우구스투스 황제를 신화에서 비너스의 아들로 나오는 트로이의 영웅 아에네아스(아이네이아스의 라틴어 이름 - 옮긴이)의 후손으로 제시한다.

로마 시대에 그리스 신전, 성지, 신탁 등은 많은 관광객들의 발길을

❖ ─ 이 보석함에는 신들에 둘러싸여 있는 아우구스투스 황제의 모습이 조각되어 있다. 이처럼 신화는 정치 선전에 이용되기도 한다.

끌어들였으며 신화는 사람들이 항상 즐겨듣는 재미있는 이야기였다. 그러나 이 시대 사람들은 신화를 더 이상 예전처럼 진지한 태도로 받아들이지 않았다.

학자들은 전승된 신화를 연구하고 그 다양한 버전들을 조사함으로써 '진짜'와 '가짜'를 구분하려 했다. 작가들은 신화에 나오는 이야기들을 교양 있는 도시인들을 위해 개작했다. 『아모르와 프쉬케』, 오비디우스의 『변신 이야기』 등은 신화를 문학화한 대표적인 예라고 할 수 있다. 고대 후기의 조형예술에서 아폴론, 아테나, 아프로디테 등은 더 이상 공포를 불러일으키는 숙명적인 힘이 아니라 인간의 아름다움을 구현하는 이상적인 모습으로 나타난다. 로마제국이 몰락한 지 천 년의 세월이 흐른 후, 스스로를 고대의 재탄생으로 이해했던 르네상스 시대에 와서 유럽은 또 다시 그리스 신화에 관심을 쏟게 되었다. 이때의 신화는 모든 거칠고 끔찍하고 난폭한 것들에서 벗어난 문학적·예술적 형상으로 나타난다. 그 이래로 교양인들은 다시금 그리스어를 배우고 호메로스나 아테네의 비극 시인들과 로마의 위대한 작가들의 작품을 원어로 읽게 되었다. 시인, 작곡가, 화가, 조각가들이 암시하는 신화적 형상들을 이해하기 위해 사람들은 고대의 신화들을 알아야만 했다. 그리고 신화의 모든 내용을 알 수는 없었기 때문에 사람들은 괴테처럼 1770년 라이프치히에서 간행된 '헤더리히 사전', 일반적으로 알려진 이름으로는 『정통 신화학 사전』을 사용하게 되었다(에커만의 『괴테와의 대화』에서 괴테는 자신이 『파우스트』 및 그 밖의 많은 작품에서 신화적 모티브나 내용을 사용할 때 이 사전에 의존했다고 밝히고 있다 - 옮긴이). 또 청소년들을 위해서 구스타프 슈바브의 『고대의 설화』(국내에서는 『구스타프 슈바브의 그리스 로마 신화』라는 제목으로 출간되었다 - 옮긴이)가 간행되었다.

이제 고대 신화는 '교양 자산'으로서 예전만큼 중요하지는 않게 되었다. 그러나 오늘날에도 신화를 제대로 알지 못하고는 문학, 연극, 오페라나 조형예술 등을 올바로 이해할 수 없다. 아일랜드의 작가 제임스 조이스가 쓴 유명한 소설 『율리시스』는 『오뒷세이아』를 모범으로 한 것이다. 우리의 일상어 속에서도 신화는 여전히 살아 있다. 또 많은 환상소설이나 서부영화를 엄밀히 고찰해 보면, 그것은 옷만 갈아입은 신화이거나 새로운 환경 속에 옮겨놓은 고대 비극임이 드러난다.

❖ ― 몸은 사자이고 머리는 인간의 형상을 하고 있는 스핑크스는 이집트에서 유래하여 중동 지방을 거쳐(이곳에서 스핑크스에게 날개가 달린다) 그리스 신화와 예술에 스며들게 된다.

■ 차례 ■

연대표

B.C. 6000년경

신석기시대의 발칸반도는 모계 사회였던 것으로 추정되는 씨족 문화가 지배했다. 공동의 어머니 혹은 여자 선조를 중심으로 결합된 이 씨족 사회에서 남자들은 중심적 역할에서 벗어나 있었다.

B.C. 2500년경

에게해 및 지중해권의 대부분의 지역에 여신상이 모셔졌다. 이는 이 지역에서 여러 모신들 혹은 하나의 '대모신'이 숭배되었음을 증언해 준다.

B.C. 2000년경

인도유럽어족의 대이동: 초기 그리스어 방언을 사용하던 민족이 발칸반도 남쪽으로 진출한다.

B.C. 1700년경

크레테 '미노아' 문명의 전성기: 당시 크레테는 이집트 및 시리아 해안 지방과 활발한 교류를 했다.

B.C. 1600년경

말이 끄는 전차를 사용하는 인도유럽족 전사들이 그리스에 침입하여 미케네 왕국을 건설한다. 미케네 문명은 그들보다 우월한 문화를 지니고 있던 크레테 문명으로부터 큰 영향을 받는다. 고대 크레테 문자에서 발전되어 나온 '선형 B 문자'로 쓰여진 최초의 그리스어 문자 비문이 이때 처음으로 생겨난다.

B.C. 1200년경

도리아인들의 이주: 북쪽에서 새로 침입해 온 이 무사 민족은 이때부터 수백 년 간에 걸쳐 미케네 문명을 완전히 파괴한다. 대혼란의 시대. 도리아인들을 피해 소아시아로 건너온 미케네인들이 이 무렵 트로이의 여러 거주 지역 중 하나였던 트로이 성을 파괴했던 것으로 추측된다.

B.C. 1100~700년경

미케네 문화 이후의 '기하학적' 예술 시대: 고도로 발달했던 미노아와 미케네 문명이 점차로 잊혀 구전으로만 기억된다.

B.C. 700년 이전

이전의 구전들을 토대로 하여 호메로스의 서사시가 생겨난다. 그리스 도시국가들이 생겨나기 시작한다.

B.C. 700년경

호메로스의 서사시가 문자로 정착된다. 헤시오도스(B.C. 700년경)는 신들의 기원과 시대에 관한 전설들을 묶어 서사시로 만든다. 그 뒤 호메로스의 찬가집이 나온다.

B.C. 725년~650년경

오리엔트 양식의 그리스 예술 등장: 이는 그리스와 오리엔트 사이에 문화 교류가 다시 시작되었음을 보여 준다. 스핑크스와 같은 동방의 상상적 존재들이 그리스의 그림이나 조각에 묘사되고 그리스 신화에도 등장한다.

B.C. 600년경

철학적 사고와 더불어 신화 비판이 시작된다. 그러나 고대의 화병 그림들은 대부분 신화의 테마들을 다루고 있다.

B.C. 518~445년

테바이 출신의 시인 핀다르는 신화를 뛰어난 시 문학 작품으로 승화시킨다. 신화의 모티브들이 초기 고전 시대의 화병 그림과 조각들에 묘사된다.

B.C. 467년경

아이스퀼로스의 비극 『테바이를 공격한 일곱 장수』와 더불어 신화가 그리스 고전 비극의 소재로 등장하기 시작한다.

B.C. 430년경

소포클레스의 위대한 비극 『안티고네』, 『오이디푸스 왕』, 『엘렉트라』 등이 발표되고 에우리피데스의 『메데이아』, 『이피게네이아』 등이 그 뒤를 잇는다.

B.C. 425

역사가이자 기행문 작가 헤로도토스 사망. 그는 그리스 신화를 소아시아 및 이집트 신화와 비교했다.

B.C. 3세기~ A.D. 1세기

이집트의 알렉산드리아를 중심으로 헬레니즘 시대의 학자들이 신화를 문헌학적으로 연구하기 시작한다. 이들은 다양한 원전들을 종합적으로 연구하여 신화에 나타나는 많은 모순들을 제거하려 했다. 이 학자들 중 가장 유명한 인물로는 B.C. 2세기경 아테네와 알렉산드리아에 살았던 아폴로도로스를 꼽을 수 있다. 그러나 그가 편찬했다고 알려진 방대한 신화집은 실제로는 A.D. 1세기에 나온 것이다. 이 시대의 헬레니즘 예술에서 신들은 나체 조각상으로 표현된다. 이 조각상들은 19세기까지 인류 역사상 가장 위대한 예술 작품으로 평가되었다.

B.C. 1세기 말 | A.D. 1세기 초

로마의 아우구스투스 황제 시대: 예술과 문학에서 그리스 고전주의가 부활한다. 베르길리우스의 『아에네아스』, 오비디우스의 『변신 이야기』가 이때 나왔다.

5세기

베네딕트파 수도사들이 수도원에서 자신들에게 중요한 고대의 문헌들을 필사하여 후대를 위해 보존한다. 특히 베르길리우스의 작품들이 중세에 널리 알려지게 된다.

15세기

이탈리아 르네상스 시대에 고대의 문학과 예술 작품들이 재발견된다. 이 시대 학자들에게 그리스어 지식이 널리 보급된다.

17~18세기

바로크 시대: 신화의 영웅들이나 에로틱한 주제를 다룬 예술 작품들이 널리 확산된다.

18세기 후반

고전주의의 등장과 더불어 고전 연구의 새로운 시대가 시작된다. 문학과 예술에서 위대한 그리스 고전 예술을 모방하려는 노력이 보편화된다.

19세기

유럽 전역에서 고대 예술과 문학 그리고 신화에 대한 지식이 당연히 알아야 할 일반적인 교양이 된다. 구스타프 슈바브와 같은 신화 작가들이 나와 고대 신화를 대중들이 쉽게 접근할 수 있도록 서술한다.

20세기

서구에서 고대 신화에 대한 지식이 점차로 그 중요성을 잃기 시작한다. 과학 기술의 신화와 민족주의적 신화가 그 자리를 대신한다. 사람들은 신화에서 유래한 많은 언어 표현들을 그 원래 의미도 모르는 채 사용한다.

1
나르키소스

　자기애에 빠져 있는 젊은 남자들을 우리 주위에서 흔히 발견한다. 그리고 그런 남자들이 점점 늘어나는 추세라고도 한다. 그런 젊은이를 우리는 흔히 '나르시스'라고 부른다. 이 이름은 수선화를 가리키는 영어 'narcissus'나 독일어 'Narziss(나르치스)'와도 유사하다. 이 신화는 이들이 어떻게 연관되는가에 대한 이야기다.

　나르키소스('나르시스'의 그리스어 이름)는 요정 레이리오페와 강의 신 케피소스의 아들이었다. 다른 모든 어머니들처럼 레이리오페도 아들이 행복하게 오래 살 수 있을지 알고 싶어 당시에는 아직 그리 유명하지 않았던 예언자 테이레시아스를 찾아가 물었다. 이 예언자는 다음과 같은 기묘한 대답을 했다. "자기 자신을 알게 되기 전까지는." 이 말의 의미가 밝혀진 것은 16년 후였으며 이와 동시에 테이레시아스는 명성을 얻게 되었다.

❖ ─ 물에 비친 자신의 모습을 사랑에 빠져 바라보는 나르키소스, 프란츠 폰 슈투크의 그림.

　　나르키소스는 빼어나게 아름다운 미소년으로 자라났다. 그는 남녀 모두의 사랑의 대상이 되었으나 이들을 모두 거부했다. 그에게 특별히 열렬한 사랑을 바쳤던 요정 에코도 마찬가지였다. 이 요정은 남이 한 말만 똑같이 되받아 말했기 때문에 나르키소스로서는 별 재미를 못 느꼈을지도 모른다. 에코는 사랑의 번민으로 시들어 가다가 결국 몸이 모두 사그라져버리고 말았다. 그리하여 그녀는 오늘날 우리가 산에서 만나는 메아리로만 남게 되었다.

　　나르키소스에게서 퇴짜의 수치를 겪은 사람 중 하나가 신들에게 탄원을 했다. 자신이 겪은 것과 똑같이, 즉 이루어지지 못한 사랑의 고통을 나르키소스도 체험하게 해달라는 것이었다. 아프로디테가 이 기도를 들어주었다. 이 여신은 사랑을 수치로 되갚는 모든 인간에게 벌을 내린다. 이렇게 하여 나르키소스는 맑은 샘물에 비친 자신의 모습을 보고 사랑에 빠지게 되는 벌을 받았다. 어느 누구도 자기애에서 충족을 경험할 수는 없다. 나르키소스가 물에 비친 자신에게 너무 가까이 다가가면 그 모습은 흐트러져버렸다. 너무 멀리 물러서면 그것은 사라져버렸다. 그래도 그는 물 속에 비친 자신의 모습에서 떠나지 못하고 거듭해서 그것을 헛되이 껴안아보려 했다. 매일처럼 그는 아무 일도 하지 않고 단지 물가에 누워 시들어가다 결국 숨을 거두고 말았다.

❖ ― 아름다운 요정 에코는 나르키소스에게 열렬히 구애한다. 그러나 그는 냉담한 반응을 보인다. 시몽 부에, 드렌스덴, 국립동판화전시관.

에코에게 내려진 벌 ――――― 아름답고 영리한 요정이었던 에코는 헤라의 남편 제우스가 에코의 놀이동무를 희롱하는 동안 헤라에게 끊임없이 수다를 떨어 그녀의 주의를 딴 곳으로 돌리게 했다가 그녀의 노여움을 샀다. 헤라는 이 수다스러운 소녀가 앞으로는 다른 사람의 말만 그대로 반복할 수 있을 뿐, 결코 먼저 말을 시작할 수 없도록 만들어 그녀를 벌했다.

그토록 많은 사람들의 가슴을 무너지게 했는데도 그의 누이들
그리고 샘과 나무의 요정인 나이아데스들과 드뤼아데스들이 그의
죽음을 슬퍼했다. 신들도 그가 잊히는 것을 원치 않아 그를 아름다
운 꽃으로, 오늘날 우리가 나르키소스 꽃이라고도 부르는 수선화로
만들었다. 가망 없는 자기애에 빠진 나르키소스는 이미 고대에도 빈
번히 예술 작품의 소재가 되었는데 이는 고대인들이 아름다운 젊은
이를 그리는 것을 좋아했기 때문이다. 더구나 세상에서 거울에 비친
자신의 모습을 사랑한 젊은이보다 더 매력적인 사람이 어디 있겠는
가? 예술과 식물학 이외에 현대 심리학에도 나르키소스는 불멸의 이
름을 남겼다. 오늘날 나르시시즘은 심각한 정신병의 일종으로 간주
된다. 그리고 이 시대의 많은 사람들은 이 정신병이 '현대 젊은이들
의 병'이라고 믿고 있다.

더 알아보기

나르키소스

원전 : 나르키소스의 이야기는 로마의 문학가 오비디우스가 쓴 『변신 이야기』를 통해 알려졌다. 오비디우스는 이 책의 제3권에서 이 신화에 대해 자세히 이야기한다. 그리스 출신의 문필가로 총 열 권으로 된 그리스 여행기를 쓴 파우사니아스는 여행 도중 헬리콘산에 있는 어느 샘을 지나게 된다. 나르키소스가 물에 비친 자신의 모습을 보고 사랑에 빠지게 되었다고 말하는 바로 그 샘이었다.

  그러나 파우사니아스는 당시 널리 알려져 있던 이 신화의 버전이 터무니없는 것이라고 생각했다. 그에 따르면, 나르키소스는 그의 친누이를 사랑했다. 그리고 누이가 먼저 세상을 떠난 뒤, 그녀를 떠올리기 위해 샘물에 비친 자신의 모습을 바라보곤 했다는 것이다.

문학 : 스페인의 작가 페드로 칼데론데 라 바르카(1600~1681)는 이 이야기를 토대로 희곡 『에코와 나르키소스』를 썼다. 오비디우스가 쓴 내용과 유사하지만 몇몇 개별적인 부분은 고대의 이야기와 다르게 변형시켰다. 미소년 나르키소스는 어느 외딴 동굴에서 자라고 있었다. 눈먼 예언자 테이레시아스가 예언하기를, 그가 누군가의 목소리와 미모로 인해 생명의 위협을 받게 될 것이라고 했기 때문에 그의 어머니는 아들을 보호하기 위해 이곳에서 살도록 한 것이다. 그러나 어느 날 나르키소스는 요정 에코와 마주치게 된다. 빼어난 미모로 칭송받고 있던 이 숲의 요정은 매혹적

인 목소리로 그를 사로잡는다. 나르키소스는 순식간에 그녀에게 반해버렸지만 예언에 대한 두려움 때문에 재빨리 도망치고 만다. 그의 어머니는 아들의 고통을 덜어주기 위해 에코의 입에 독을 흘려 넣어 그녀의 혀를 마비시킨다. 그로 인해 에코는 언제나 말의 마지막 단어만을 반복할 수밖에 없는 신세가 된다. 한편 나르키소스는 어느 작은 개울가에서 자기 자신의 아름다운 모습을 보게 된다. 그리고 메아리로 되돌아오는 자신의 목소리에 매혹된다. 그때 지진이 일어나고, 그는 실신한 채로 죽는다. 에코의 몸은 공기로 변한다.

라이너 마리아 릴케는 자신이 쓴 두 편의 시와 한 편의 미완성 시에 「나르치스」라는 제목을 달았다. 헤르만 헤세가 창조해 낸 유명한 작중 인물들 중에서도 나르치스라는 이름을 찾아볼 수 있다.

조형예술 : 회화 작품에서 나르키소스는 물가에 몸을 굽힌 채 물 위에 비친 자신을 갈망하는 모습으로 묘사되곤 한다. 요정 에코와 함께 그려지는 경우도 많다.

그 대표적인 예로 틴토레토(1518~1594), 카라바조(1573~1610), 살바토레 로자(1615~1673), 니콜라 푸생(1594~1665), 루벤스(1577~1640), 클로드 로랭(1600~1682), 윌리엄 터너(1775~1851), 막스 에른스트(1891~1976), 살바도르 달리(1904~1989) 등의 그림을 들 수 있다. 이들의 그림은 로마의 팔라초 콜로나, 국립고대미술관, 제노바의 팔라초 레알, 파리의 루브르 박물관, 마드리드의 프라도 박물관, 런던 국립미술관, 페트워스 하우스, 알렉산더 이올라 컬렉션, 런던의 테이트 갤러리에 각각 전시되어 있다. 콘스탄틴 브랑쿠시(1876~1957)와 오귀스트 로댕의 작품 중에서도 나르키소스를 묘사한 조각상이 있다.

정리해보기

자신의 모습을 사랑한 나르키소스의 이야기는 자기애의 죄악 — 혹은 정신적 장애 — 에 대한 뛰어난 은유라고 할 수 있다.

2

다나에와 황금 빗물

-제우스의 에로틱한 변신

올림포스의 지배자이며 신들의 아버지인 제우스는 그리스인들에게 강한 남성의 대명사였다. 모든 그리스 남자들은 제우스처럼 되기를 원했다. 그들은 남성의 성적 환상과 욕구를 그에게 투사했다. 이런 남성적 환상의 전형적인 특징은 낭만적 사랑이나 지속적인 관계와는 거의 무관한 섹스를 꿈꾸는 것이다. 모든 저항을 제압하고 욕망의 대상을 정복하는 것이 그러한 꿈의 핵심이다. 이 점에 있어 제우스는 최고의 권위자다. 신인 그는 인간으로서는 꿈도 못 꿀 능력을 지니고 있기 때문이다.

신들은 여러 가지 모습으로 변신할 수 있다. 제우스는 이 능력을 수시로 활용했다. 그는 남편 암피트뤼온의 모습으로 변해 아름다운 알크메네를 정복했고, 에우로페를 납치할 때는 황소의 모습으로 나타났다. 그런데 아르고스의 왕 아크리시오스의 딸인 다나에에게 다

가가기 위해서는 아주 특별한 변신을 해야만 했다. 왕이 사면을 청동으로 막아놓은 지하감옥에 이 딸을 가두어두었기 때문이다. 여기에는 다음과 같은 사연이 있다.

남자 자손이 없었던 아크리시오스는 신탁에 후손을 얻게 될지를 물었다. 신탁의 답은 다나에가 아들을 낳게 되는데, 이 아이가 후에 그를 죽이게 되리라는 것이었다. 그래서 그는 자손을 얻을 생각을 단념하고 다나에를 지하감옥에 가둔 후 엄중히 감시케 했다. 다나에에게 접근하기가 어렵다는 사실이 제우스의 마음에 불을 당겼던 모양이다. 그는 황금 빗물로 변신하여 이 감옥의 유일한 입구인 천장에 난 작은 틈새를 거쳐 이 미녀의 품속으로 스며들어 갔다. 얼마 후 다나에가 임신한 사실이 밝혀졌다.

기적을 믿지 않던 아크리시오스는 자신의 동생이 다나에와 관계를 맺었다고 의심하여 형제간에 골육상쟁이 벌어졌다. 아이가 태어나자 아크리시오스는 아이와 그 어머니를 함께 궤짝에 담아 먼 바다로 떠내려 보냈다. 물론 이들은 죽지 않았다. 세리포스섬으로 떠내려간 이들은 어부들에게 발견되어 그들의 마을에서 살게 되었다. 제우스와 다나에 사이에서 태어난 아들이 바로 그리스 신화에서 위대한 영웅의 한 사람인 페르세우스다. 오늘날에도 우리는 북녘 하늘의 별자리가 된 그의 모습을 볼 수 있다. 후에 아크리시오스가 결국 페르세우스에 의해 죽임을 당하게 되는 일은 ― 우연한 실수 때문이기는 하지만 ― 말할 필요도 없을 것이다. 신탁의 말은 항상 이루어지기 때문이다.

❖ ― 레오나르도 다 빈치, 「레다와 백조」, 로마, 보르게세 미술관.

에로틱한 목적과 관계되는 한 제우스의 변신 능력은 황금 빗물, 남편의 모습, 황소 등 한계가 없었다. 심지어 그는 오랫동안 쫓아다닌 이오에게 접근하기 위해 구름으로 변신한 적도 있다. 그러나 그가 가장 즐겨 취했던 모습은 새였다. 그의 부인이 되어 남편의 바람기에 속을 썩인 헤라를 얻을 때 그는 뻐꾸기로 변신하여 비에 젖고 폭풍에 시달린 모습으로 ― 물론 이 비바람도 그가 직접 만든 것이었다 ― 헤라의 집에 찾아 들었다. 이 뻐꾸기 모습의 제우스를 가엾

다나에와 로마인 ─────
그리스 신화는 다나에의 그 이후 운명에 대해서도 들려준다. 아들 페르세우스가 청년이 되어 그녀를 고향 도시 아르고스로 다시 데리고 가는 것이 그 내용이다. 로마의 시인 베르길리우스는 이 두 이야기 사이의 공백기를 이용하여 로마인들의 족보를 미화했다. 그에 따르면 이 제우스의 애인은 이 기간에 이탈리아에 머물면서 로마 귀족 가문들의 시조가 되었다.

게 여긴 헤라는 그를 가슴에 안아 몸을 따스하게 덥혀주었다. 그다음에는 모든 일이 제우스의 계획대로 진행되었다. 또 제우스는 레다에게 백조의 모습으로 접근했다. 이들 사이의 사랑은 고대에서 현대까지 많은 예술가들의 상상력을 자극했다. 이 진기한 만남에서 어떤 결과가 생겨났을까 하는 것도 매우 흥미로운 질문이다. 혹자는 말하기를, 레다가 알을 낳았으며 여기에서 최고의 미녀 헬레나와 '제우스의 젊은 아들들'이란 뜻을 지닌 디오스쿠로이 중 한 명인 폴룩스가 나왔다고 한다. 훗날 한층 더 철학적인 신화 작가들은 이 알에서 에리스와 하르모니아, 즉 불화의 여신과 조화의 여신이 나왔다고 주장한다. 이는 서로 대립하는 것들은 일란성 쌍둥이처럼 본래 하나에서 나왔다는 사실을 비유적으로 표현하고 있다.

뻐꾸기나 백조보다는 독수리가 제우스에게 훨씬 잘 어울리는 모습일 것이다. 실제로 제우스는 독수리로 변신하기도 했는데, 이것은 여자들이 아니라 미소년을 납치할 때 취하는 모습이다.

신들의 아버지 제우스는 트로스왕 – 트로이라는 도시 이름은 그에게서 유래한 것이다 – 의 아들 가뉘메데스에게 열정적인 애착을 갖게 되었다. 그는 이 미소년이 곁에 없는 세상은 더 이상 생각할 수도 없다고까지 느꼈다. 그는 독수리로 변신하여 구름을 뚫고 이 소

년에게 날아가 그를 올림포스로 납치했다. 제
우스는 가뉘메데스가 아버지를 너무 걱정하지
않도록 하기 위해 자신의 전령 헤르메스를 트
로스왕에게 보내 황금으로 된 포도나무 지팡
이와 훌륭한 말 두 마리를 선물했다. 제우스는
이 사랑스런 미소년에게 불사의 능력을 주어
항상 자신의 곁에서 시중을 들게 했다.

　　가뉘메데스에 대한 제우스의 사랑이 그의
다른 연애 행각보다 훨씬 더 낭만적이고 지속
적이었다는 사실은 고대의 성문화에 대한 시
사점을 제공한다. 실제로 그리스인들은 젊은
남자들을 정열적으로 사랑했다. 이와 달리 여
자들은 단지 남성의 성적 환상의 대상이거나
가정을 돌보는 역할에만 머물렀다.

❖ ─ 독수리로 변신하여 미소년 가뉘메데스를 납치하는 제우스, 코레
조, 빈, 예술사박물관.

소년에 대한 동성애 ─────── 가뉘메데스의 이야기는 그리스인들과 로마인들
에게 매우 인기 있는 신화였다. 그 이유는 무엇보다도 이 신화가 소년들에 대한 성
인 남성들의 동성애를 종교적으로 정당화한다는 데 있었다. 소년에 대한 동성애는
특히 로마보다 그리스에서 성행하여 이 나라에서 성인 남성들이 소년들에게 빠지는
것은 전적으로 정상적인 일이었다. 또 소년들에게는 성인 남성들과 사랑을 나누는
일이 성적 체험을 축적해 나가는 일반적인 과정의 한 부분이었다.

더 알아보기

다나에와 황금 빗물
- 제우스의 에로틱한 변신

원전 : 다나에에 관한 이야기는 호메로스의 『일리아스』 제14권에 등장한다. 제우스가 황금 빗물로 변신하여 다나에를 찾아가는 이야기는 제우스의 다른 모든 변신들과 마찬가지로 고대 그리스와 로마의 희곡들이 즐겨 다룬 소재들 중 하나다. 제우스가 백조의 모습으로 사랑을 나누었다는 이야기는 여러 가지 버전으로 이야기되고 있다. 그를 피해 거위로 변신하여 도망가는 네메시스를 쫓아가는 이야기로 전해지기도 한다.

이와는 달리, 에우리피데스(B.C. 485~406년경)의 비극 『헬레나』에서는 백조로 변신한 제우스가 레다에게 접근한다.
호메로스의 『일리아스』와 고대 그리스 시인 핀다르(B.C. 518~446년경)의 『올림피아』에는 신들이 미소년 가뉘메데스를 납치하는 이야기가 등장한다. 이 이야기는 베르길리우스(B.C. 70~19)의 『아에네아스』와 오비디우스의 『변신 이야기』에도 실려 있다.

문학 : 이탈리아의 시인 페트라르카(1304~1374)는 『칸초니에레』에서 다나에를 순결의 화신으로 묘사한다. 제우스와 레다의 이야기는 다른 장르보다도 특히 시에서 많이 인용된다. 영국의 작가 헉슬리(1894~1963), 아일랜드의 시인이자 노벨상 수상자인 윌리엄 버틀러 예이츠(1865~1939), 프랑스의 초현실주의 작가 폴 엘뤼아르(1895~1952) 등이 쓴 시들 속에 이 이야기가 등장한다. 릴케도 「레다」라는 제목의 시에서 백조로 변신

한 제우스를 언급하고 있다.

르네상스 시대의 인문주의자들은 가뉘메데스가 독수리에 의해 하늘로 올라가는 사건을 인간이 신적인 불멸의 존재가 되는 비유로 해석했다. 이는 괴테가 쓴 「가뉘메데스」라는 시에도 암시적으로 나타나 있다. 슈베르트(1797~1828)와 후고 볼프(1860~1903)는 이 시에 곡을 붙였다.

음악 : 리하르트 슈트라우스의 오페라 「다나에의 사랑」은 그의 후기 작품으로서, 그다지 주목을 받지는 못했다. 이 오페라는 절망에 빠진 폴룩스왕의 이야기를 다룬다. 그는 아름다운 딸 다나에에게 모든 희망을 걸고 있었다. 공주는 미다스왕의 아내가 되지만, 주피터는 연적 미다스의 관심을 딴 데로 돌리기 위해 그에게 특별한 능력을 부여한다. 그로 인해 미다스의 손에 닿는 것은 모두 황금으로 변해버리게 된다.

조형예술 : 다나에와 황금 빗물의 이야기는 르네상스 시대의 조형예술이 가장 즐겨 다룬 주제이다. 티치아노는 네 작품에서 다나에를 묘사했다. 이 밖에도 코레조(1489~1534), 틴토레토가 다나에를 묘사했다. 코레조의 작품은 로마의 보르게세 미술관에 소장되어 있고, 틴토레토의 그림은 리용의 보자르 박물관에 소장되어 있다. 렘브란트는 황금 빗물을 광선으로 묘사했다. 이 그림은 상트 페테르스부르크의 에레미타제 박물관에 소장되어 있다. 오스트리아의 구스타프 클림트(1862~1918)도 「다나에」라는 제목의 유명한 그림을 남겼다.

정리해보기

제우스의 에로틱한 모험에 관해서는 수많은 이야기들이 전해진다. 각별히 흥미를 끄는 것은 제우스가 몸을 숨기기 위해 변신한 모습들이다. 어떤 때는 황금 빗물로 변신하기도 하고, 또 다른 경우엔 백조로 변신하기도 했다.

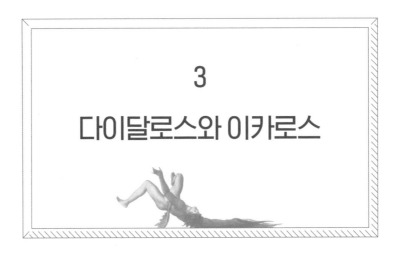

3
다이달로스와 이카로스

1988년 그리스의 자전거 도로 경주 챔피언 카넬로스 카넬로포울로스는 크레테섬에 있는 도시 헤라클리온에서 진기한 비행기를 이륙시켰다. 이 비행기는 MIT 공대가 미 항공 우주국NASA의 도움을 받아 만든 것이었다. 이 비행기의 특별한 점은 오직 인간의 근육 힘만을 동력으로 하여 난다는 것이었다. 카넬로포울로스는 이 비행으로 세계 기록을 수립했다. 그는 거의 네 시간을 비행하여 산토린섬에 도착했다. 이 이야기는 과학자와 공학자들도 예술가나 일반인들처럼 신화에 깊은 관심을 지니고 있다는 사실을 보여준다. 카넬로포울로스 이전에 유사한 비행기구로 이 구간을 성공적으로 비행한 사람은 바로 다이달로스와 이카로스라는 신화 속의 인물이었던 것이다.

다이달로스는 모든 기술자나 과학자들의 신화적 선조가 되었다.

그리고 이카로스는 기술이 지닌 위험성의 상징이자 가능성의 한계를 깨뜨리려는 갈망의 상징이 되었다.

다이달로스는 뛰어난 기술을 지닌 대장장이의 신 헤파이스토스의 후손이다. 또 다이달로스는 아테네 사람이었기 때문에 이 도시의 수호여신 아테나도 그에게 기술을 전수했다. 사람들은 그의 기술을 능가할 수 있는 자는 그의 선조인 헤파이스토스 신 외에는 아무도 없다고 말했다.

다이달로스는 또한 뛰어난 스승이기도 했던 것 같다. 그의 제자 탈로스는 뱀이나 물고기의 등뼈를 보고 톱을 발명했다고 전해진다. 그런데 그는 이 발명을 질투했던 모양이다. 그는 탈로스를 천장에서 추락하게 하는 죄를 저

❖ ─ 안토니오 카노바(1757∼1620), 「다이달로스와 이카로스」, 대리석 조각, 베네치아, 코레르 박물관. 산업시대의 시작과 시기를 같이 하는 근대 예술은 이 신화 속의 위대한 발명가와 그의 아들의 이야기를 소재로 즐겨 다루었다.

질렀다. 다이달로스는 고대 아테네의 법정 아레오파고스에 소환되어 판결을 받기 직전에 크레테로 달아났다.

그곳에서 그는 아르키메데스나 레오나르도 다 빈치와 같은 위대한 후배 공학자들과 마찬가지로 이 나라의 권력가들에게 고용되어 일했다. 크레테의 왕 미노스에게 그는 아무도 빠져나올 수 없는 복

크레테 - 서양 기술의 요람
──────아테네 사람들은 다이달로스가 아테네인이라고 주장한다. 그런데도 그의 공학적 걸작품들이 크레테에서 만들어졌다고 전해지는 데에는 그 나름의 이유가 있다. 신화시대의 그리스인들은 그들의 문명보다 훨씬 뛰어난 문명이 이 섬에서 번성했다는 것을 알고 있었다. 미노스왕의 크레테 문명은 B.C. 12세기 민족들의 대이동으로 인한 혼란의 와중에 멸망했다.

잡한 미로의 궁전을 지어주었다. 그리고 바다의 신 포세이돈이 보낸 아름다운 황소에 반해 버린 크레테의 왕비 파시파에에게는 커다란 로봇 암소를 만들어주어 왕비가 그 안에 숨어 황소와 사랑을 나눌 수 있도록 해주었다. 이 기묘한 연애 사건의 결과로 반은 사람이고 반은 황소인 미노타우로스('미노스의 황소'라는 뜻 - 옮긴이)가 생겨났다. 아내의 간통과 그로 인한 망측한 결과를 알게 된 크레테의 왕 미노스는 미노타우로스를 미로의 궁전에 가두고 다이달로스와 그의 아들 이카로스를 집안에 연금시켰다.

이때부터 다이달로스는 이카로스와 함께 하늘을 날아 그곳을 탈출할 계획을 세우기 시작했다. 크레테를 드나드는 모든 배는 미노스의 감시망 안에 있었기 때문에 하늘만이 유일한 탈출구였다.

다이달로스는 뼈대에 밀랍으로 깃털을 붙인 인공 날개를 만든 후 아들과 함께 이 기구를 이용해 비행 연습을 했다. 특히 다이달로스는 반드시 일정한 비행 고도를 유지할 것을 이카로스에게 강조했다. 너무 낮게 날면 날개가 바다의 습기에 젖어 무거워지고, 너무 높이 날아 태양에 가까이 가면 열기에 밀랍이 녹아버린다고 그는 아들에게 거듭 주의시켰다. 드디어 출발의 날이 왔다.

그들은 바다 위로 날아올라 크레테를 떠났다. 그러나 에게해 상

✦ — 카를로 사라체니(1579~1620), 「태양에 다가가지 말라고 이카로스에게 주의시키는 다이달로스」, 나폴리, 카포디몬테 국립미술관, 오비디우스의 『변신 이야기』에 나오는 이야기를 토대로 한 연작 그림의 하나. 다이달로스가 비행을 시작하기 전에 아들에게 경고하고 있다. 그러나 이 경고는 아무 소용이 없었다.

공에서 불행한 사고가 일어났다. 인간으로서 하늘을 정복했다는 우쭐한 기분에 이카로스는 점점 더 높은 곳을 향해 힘차게 날개를 저었고, 번쩍이는 마차를 몰아 천상의 길을 달려가고 있던 태양신에게 너무 가까이 다가가게 되었다. 결국 태양의 열기가 날개의 밀랍을 녹여버려 이카로스는 바다 깊은 곳으로 추락하고 말았다. 그의 시체가 떠밀려온 섬은 오늘날에도 그의 이름을 따서 이카리아라고 불린다.

아버지 다이달로스는 슬픔에 젖어 시칠리아로 갔다. 그곳에서 그는 코칼로스왕의 친절한 영접을 받았다. 이들 부자의 도주에 화가

❖ — 이카로스가 태양에 너무 가까이 다가가자 그의 날개가 녹아 흩어져버리고 그는 바다로 추락하고 만다. 카를로 사라체니, 「이카로스의 추락」, 나폴리, 카포디몬테 국립미술관.

난 미노스는 다이달로스가 숨은 곳을 알아내려고 한 가지를 꾀를 냈다. 그는 지중해 전역을 장악하고 있던 그의 함대를 파견하여 자신에게 조공을 바치는 모든 왕들에게 어려운 문제를 풀게 하고, 거기에 상금까지 걸었다. 그 문제는 실 하나로 달팽이집 속을 꿰어보라는 것이었다. 미노스의 권력에 대한 두려움과 상금 욕심에 모든 왕들이 이 어려운 숙제에 도전했지만 달팽이집을 실 한 가닥에 꿰어

보내온 것은 코칼로스왕뿐이었다. 다이달로스가 개미에 실을 묶은 후 이 개미가 꼬불꼬불한 달팽이집 속을 돌아나오게 함으로써 이 문제를 풀어냈던 것이다. 이것은 천재적인 공학자만이 생각해낼 수 있는 방법이었다. 그러나 이렇게 하여 미노스는 다이달로스가 숨어 있는 곳을 알게 되었다.

미노스는 함대를 이끌고 시칠리아 해안에 나타나 이 도주한 기술자를 내놓으라고 요구했다. 코칼로스왕은 손님을 예우해야 한다는 신성한 규범을 짓밟으라고 강요하는 미노스에게 커다란 불쾌감을 느꼈다. 그는 미노스를 환대하는 것처럼 가장하고 그를 자신의 왕궁으로 불러들여 귀한 손님에 대한 일반적인 관례대로 딸들에게 미노스의 목욕 준비를 시켰다. 미노스가 욕조에 들어가자 이 딸들은 펄펄 끓는 물을 그에게 쏟아부었다. 이것이 이 위대한 왕의 최후였다.

다이달로스는 그 후에도 오랫동안 살면서 놀라운 발명들을 수없이 이루어냈다. 그리스 시대 최초의 거대한 조각상들도 그가 만들어낸 것으로 전해진다. 따라서 그는 조각가들의 선조이기도 하다. 그리스인들에게 기술과 예술은 다른 것이 아니었다.

고대에 다이달로스의 명성은 대단한 것이었다. 그리고 기술 문명의 승리를 구가한 근대에 와서 그의 명성은 다시금 높아졌다. 그러나 이카로스라는 인물도 다이달로스만큼 커다란 매력을 지니고 있다. 이카로스는 교사들에 의해 젊은 혈기의 위험성에 대한 예로 자주 인용되고 있다. 그러나 청소년들에게는, 한계를 인정하지 않고 두

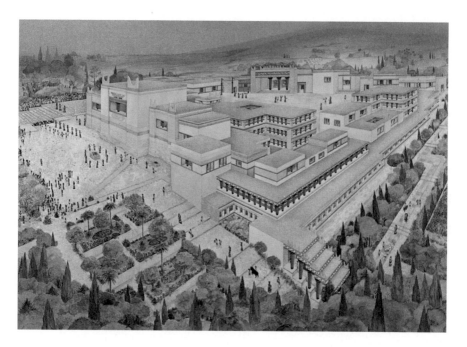

❖ ─ 크레테에 있었던 크노소스 궁전을 재현한 모습. 그 유적은 B.C. 2000년대 중반까지 거슬러 올라간다. 크노소스 궁전은 다이달로스가 만들었다고 전해지는 신화 속의 미궁과 거의 동일하다는 것이 오늘날 입증되고 있다.

려움 없이 저 하늘 끝까지 탐사해 보려 했던 이카로스야말로 이 신화의 진짜 주인공일 것이다.

자유의 영웅 이카로스 ─────── 많은 고대의 시인들도 이카로스의 비극적 이야기를 즐겨 소재로 다루었지만 이것이 관심의 초점이 된 것은 근대 이후의 일이다. 이탈리아 르네상스 시대의 시인 아리오스트, 그리고 그 후에는 보들레르, 고트프리트 벤, 볼프 비어만 등이 이카로스를 온순한 겸양과 지배적 규칙에 복종하는 것을 거부한 인물로 묘사했다.

다이달로스와 이카로스

원전 : 다이달로스에 대해 언급하고 있는 최초의 문헌은 호메로스의 『일리아스』 제 18권이다. 그리스의 학자 아폴로도로스도 자신의 방대한 신화 모음집 제3권에서 다 이달로스에 대해 이야기한다. 이 유명한 건축가이자 조각가이고 발명가인 신화적 인물에 대한 상세한 이야기는 오비디우스의 『변신 이야기』 제8권에 실려 있다.

문학: 크리스토퍼 이셔우드와 와이스턴 휴즈 오든의 희극 『F6을 타고』는 단조로운 일상에서 벗어나 모험과 삶의 의미를 추구하는 것 외에도 여러 부분에서 다이달로 스와 이카로스 신화의 모티브들을 연상하게 만든다.

제임스 조이스는 자전적 소설 『젊은 예술가의 초상』의 주인공에게 디덜러스(다이 달로스의 영국식 이름 – 옮긴이)라는 이름을 부여했다. 실제로 제임스 조이스는 젊은 시절에 이 이름을 자신의 가명으로 사용했다. 이 소설에서 작가는 가족, 교회, 고향 과 결별하고 자신의 소명을 따르는 어느 젊은 예술가의 삶을 그리고 있다. 이야기 는 스티븐 디덜러스의 학교생활에서 시작하여 대학을 졸업한 후 세속적 성공의 길 과 결별하는 것에서 끝을 맺는다.

호메로스의 『오뒷세이아』의 이야기와 모티브에서 소재를 취하고 있는 장편 소설 『율리시스』에도 디덜러스라는 인물이 다시 등장한다. 그는 이 소설의 처음 세 장에 서 중심적인 역할을 하는 인물이다. 디덜러스와 주인공 레오폴드 블룸의 부자 관계에서 우리는 다이달로스와 이카로스 신화와의 관련성을 유추할 수 있다.

조형예술 : 고대의 조형예술에서 다이달로스는 조각상, 그리스 화병과 부조, 로마의 벽화 등에 – 대부분 아들 이카로스와 함께 – 자주 등장한다. 근대 예술에 와서는 이카로스의 추락이 화가들이 즐겨 다루는 모티브였다.

이카로스를 묘사한 가장 오래된 유물로는 아테네의 아크로폴리스에서 발견된 B.C. 6세기의 토기 조각이 있다. 네덜란드의 화가 피터르 브뤼겔(1525년경~1569)도 이 신화를 그의 그림 테마로 다루었다. 알브레히트 뒤러는 「이카로스의 추락」이라는 제목의 목판화를 남겼다.

그 밖에도 틴토레토의 그림과 루벤스의 그림이 이 소재를 다루고 있다. 이 작품들은 각각 모테나의 에스텐제 미술관과 브뤼셀 고미술박물관에 소장되어 있다.

정리해보기

고대의 SF. 다이달로스와 이카로스의 신화에는 하늘을 날고 싶어 하는 인류의 꿈이 담겨 있다.

4

디오니소스
-도취와 쾌락의 신

　　로마에서는 바쿠스라고 불렸던 디오니소스는 일반적으로 포도
주와 즐거운 술자리의 신으로 알려져 있다. 오늘날 그는 흔히 약간
배가 나오고 친근해 보이는 중년 남자로서 머리에는 포도나무로 만
든 화관을 쓰고 손에는 와인잔을 든 모습으로 와인 상표나 술집 간
판에 그려져 있다. 그러나 실제로 신화에 나오는 디오니소스는 이처
럼 마음씨 좋아 보이는 인물과는 거리가 멀다. 그는 죽음에서 부활한
구원의 신, 그 앞에서 인간과 동물 모두가 하나가 되어 어울리는 약
동하는 생명력의 신, 잔인함과 즐거움이 공존하는 도취와 난교의 신
이다. 또 그는 질서에 집착하는 인간들의 단호한 적대자로서 이들의
내면에 숨겨져 있는 욕망을 자극하여 그들을 광기에 빠지게 한다.

　　물론 그는 포도주의 신이기도 하다. 신화에 나오는 그의 승리 행
로는 역사적으로 포도 경작이 유럽에서 전파되어 나간 행로와 일치

한다. 포도주와 디오니소스는 그리스 문화에 뒤늦게 유입되어, 이 신은 다른 신들보다 훨씬 후에 그리스 세계에 들어왔다. 이로 인해 디오니소스는 오랜 투쟁 끝에야 비로소 올림포스 신들 사이에서 한 자리를 차지할 수 있었다. 원래 그는 이방의 신이었기 때문에 신화는 디오니소스와 제우스의 가족 사이에 친족 관계를 만들어내야만 했다. 디오니소스 신화는 바로 여기서 시작된다.

소아시아의 프리기아로 추정되는 그의 원래 고향에서 디오니소스는 출산의 여신 세멜레의 아들로 숭배되었다. 그리스인들은 이 여신을 인간으로 만들어 그리스 신화에는

❖ — 바로크 시대의 감각적 쾌락의 상징으로서의 디오니소스(바쿠스). 카라바조, 「바쿠스」, 피렌체, 우피치 미술관.

세멜레가 테바이를 창건한 전설적 영웅 카드모스의 딸로 되어 있다.

신화는 또 세멜레와 관계하여 디오니소스를 뱃속에 갖게 한 아버지가 제우스라고 이야기한다. 이 외도를 알게 된 제우스의 아내 헤라는 질투심에 불타 세멜레를 찾아갔다. 늙은 보모로 변신한 헤라는 곧 이 임신부의 신뢰를 얻는다. 헤라는 세멜레에게 그녀의 애인이 누구인지 아느냐고 물었다. 제우스가 그녀를 밤에만 찾아왔기 때문에 실제로 그의 모습을 한 번도 본 일이 없는 세멜레는 사실대로

모른다고 대답했다. 그러자 헤라는 그가 정말로 그녀를 사랑한다면 자신의 모습을 보여주어야 한다고 부추겼다. 그러나 이것은 헤라의 계교였다. 신의 본모습을 보는 일을 인간이 견뎌낼 수 없다는 사실을 헤라는 알고 있었다. 그날 밤 세멜레는 그녀를 찾아온 애인에게 완전한 본모습을 보여달라고 졸라댔다. 물론 제우스는 망설일 수밖에 없었다. 그러나 그녀가 사랑을 나누는 것조차 거부하며 계속 졸라대자 제우스는 홧김에 천둥과 번개를 동반한 자신의 본모습을 드러내 보여주고 말았다. 세멜레는 그 자리에서 불나비처럼 타죽었다. 하지만 헤르메스가 재빨리 손을 써서 뱃속에 있던 여섯 달 된 아기의 목숨은 구할 수 있었다. 헤르메스는 이 아기를 제우스의 허벅지 속에 꿰매 넣었다. 산달이 되었을 때 제우스는 허벅지에서 디오니소스를 낳았다.

그러나 세멜레의 죽음에도 헤라의 질투는 결코 가라앉지 않았다. 그녀는 티탄들에게 이 갓난아이를 죽이라는 명령을 내렸다. 이 잔인한 거인들은 아이를 갈가리 찢어 냄비에 넣고 삶아버렸다. 하지만 티탄족의 여신이자 제우스의 어머니인 레아가 이 손자를 가엾게 여겨 찢어진 살 조각들을 다시 맞추었다. 디오니소스는 ― 그리스인들은 이 이름을 '두 번 태어난 자'라는 의미로 번역했다 ― 이 기적을 통해 불사의 신이 되었다.

그러나 신들은 이 어린 신을 여전히 헤라의 노여움에서 지켜주어야만 했다. 레아는 지하세계의 왕비 페르세포네에게 이 아이를 맡겼다. 그리고 페르세포네는 다시 오르코메노스의 왕 아타마스와 그

의 아내 이노에게 어린 디오니소스의 양육을 맡겼다. 두 사람은 이 제우스의 아들을 여자로 변장시켜 키웠다. 그러나 이런 위장도 헤라의 날카로운 눈길에서 벗어날 수는 없었다. 헤라는 이 왕과 왕비를 미치게 만들었다. 아타마스는 디오니소스를 사슴이나 사자 혹은 염소로 보고 이 양아들을 죽이려 했다. 그의 아내 이노는 절벽에서 바다로 뛰어내렸다. 이 위기에서 어린 디오니소스를 다시금 구해준 것은 헤르메스였다. 그는 디

❖ — 디오니소스의 항해. 디오니소스를 납치하려던 해적들이 바다에 뛰어들어 돌고래로 변하고 배는 포도나무로 변한다. 아티카시대의 접시. B.C. 530년경. 뮌헨, 국립고대박물관.

오니소스를 새끼 염소로 변신시켜 전설의 산 뉘사에 사는 요정들에게 맡겼다. 바로 이 산이 디오니소스가 포도 경작을 최초로 시작한 곳이었다. 이 요정들은 이후 디오니소스의 여사제들인 마이나데스가 되어 충실하게 그를 받든다.

다시 헤라에게 발각된 디오니소스는 이번에는 해적들에게 납치된다. 그러나 이 해적선은 항해 중에 갑자기 파도 위에서 꼼짝도 못하게 된다. 어디선가 피리 소리가 들리고 배의 키는 포도덩굴과 열매에 휘감기고 돛대에는 뱀들이 기어오르고 갑판 위에는 사자와 표범들이 어슬렁거리며 돌아다닌다. 기겁을 한 해적들은 바다로 뛰어들었는데, 이들은 모두 돌고래가 되었다. 이것이 돌고래가 인간과

❖ — 사자를 타고 승리의 원정을 이끄는 젊은 디오니소스. 튀니지의 엘 드옘에서 출토된 2세기경 로마 시대의 모자이크. 엘 드옘, 고대박물관.

가장 유사하고 가까운 바다동물인 이유다.

이제 헤라는 최후의 수단을 강구했다. 그녀는 디오니소스를 미치게 만들었다. 그러나 벌로 내린 일이 오히려 그의 승리를 돕는 결과를 가져왔다. 신적인 광기에서 영적인 힘을 얻은 그는 피에 굶주린 마이나데스들과 염소 발굽을 한 유쾌한 사튀로스들로 이루어진 추종자들을 이끌고 이 나라에서 저 나라로 돌아다니며 세상을 도취의 제의에 굴복시켰다. 이 원정군의 상징은 포도덩굴과 잣송이로 장식한 지팡이였다. 디오니소스의 무리는 이집트에서 신들과 티탄족 사이의 전쟁에 참가한 후 동방으로 향한다. 포도덩굴과 열매로 다리를 만들어 유프라테스강을 건넌 이들은 폭력과 승리의 행군을 거듭하며 인도까지 진군한다. 디오니소스는 가는 곳마다 사람들에게 포도 경작을 가르치고 새로운 법을 선포한다. 돌아오는 길에 그는 아마존

족을 정복하면서 이곳을 피바다로
만든다. 그 후 디오니소스는 자신
과 특별한 인연을 지닌 고장 프리
기아를 거쳐 그리스로 돌아간다.
이곳에서 그는 할머니 레아를 찾
아가 광기를 치료받고 그가 광적
인 상태에서 저지른 살인에 대한
속죄를 구할 생각이었다.

한편 트라키아왕 뤼쿠르고스
는 디오니소스의 원정군과 맞서 싸워 이들에게 최초의 패배를 안긴
다. 그러나 디오니소스의 복수는 가혹했으며 그 복수의 방법도 전형
적으로 디오니소스적인 것이었다. 그는 뤼쿠르고스를 미치게 만들
었다. 정신 착란에 빠진 그는 자기 어머니를 겁탈하려 했다. 잠시 제
정신이 돌아와 자기가 한 짓을 깨달은 그는 디오니소스가 퍼뜨린 포
도주를 저주한다. 그러고는 자신의 아들을 칼로 베어버렸다. 아들이
포도나무로 보였던 것이다. 이런 불미스러운 일들로 인해 나라 전체
가 신들의 저주를 받게 되었다. 디오니소스는 트라키아인들이 그들
의 왕을 죽이기 전에는 결코 이 저주를 풀어줄 수 없다고 고집했다.
트라키아인들은 그들의 왕을 사나운 말들에 찢겨 잡아먹히게 만들
었다.

디오니소스에 대항한 다음번 적수는 카드모스를 계승하여 테바
이의 왕이 된 펜테우스였다. 그는 여자들이 무리를 지어 이 광적인

신에게 몰려가는 것을 못마땅해 했다. 하지만 그도 비참한 숙명에 빠지고 만다. 그는 마이나데스들의 거친 광란의 제의를 구경하려는 기묘한 욕구에 사로잡혀 여자로 변장한 채 나무에 기어 올라갔다. 결국 그는 이들에게 발각되어 찢겨 죽고 말았다. 이 끔찍한 살인에 가장 열성적으로 가담했던 것은 바로 그의 어머니였다.

❖ ― 디오니소스의 추종자인 사튀로스와 마이나데스가 그려진 그리스 화병. B.C. 510년경, 파리, 루브르 박물관.

그러나 이 피비린내 나는 행군은 끝나지 않았다. 디오니소스는 자신을 숭배하기를 거부한 아르고스의 주민들에게 참혹한 벌을 내렸다. 남자들은 모두 살해되고 여자들은 미쳐, 온 나라를 떠돌아다니며 자신들의 아이들을 잡아먹었다. 후에 영웅 페르세우스가 디오니소스를 경배하는 신전을 짓기 시작함으로써 비로소 그의 분노를 가라앉힐 수 있었다.

그 후 낙소스섬에서 디오니소스는 영웅 테세우스가 홀로 버려둔 아리아드네를 빼앗았다. 그리고 나서야 그는 비로소 안식을 얻었다. 그는 아리아드네와 결혼하여 아이들을 많이 낳았다.

이 광적인 승리의 원정을 통해 디오니소스는 인간 세계와 신들에게 그의 존재를 입증해 보였다. 그의 오랜 적수 헤라도 이제 그와 평화 협정을 맺을 수밖에 없었다. 여신들 중에서 가장 겸손한 헤베는 디오니소스에게 올림포스의 자리를 양보했다. 위대한 신들 중 하나로서 큰 권력을 쥔 그는 심지어 자신의 어머니 세멜레를 저승세계 타르타로스에서 구해내어 신으로 만들 수도 있었다.

이미 고대에도 디오니소스의 승리는, 무사적 규율이나 도덕적 체면 같은 엄격한 정신에 대한 감정의 승리를 상징하는 사건으로 받아들여졌다. 르네상스 시대에 와서 이 신화는 고대와 똑같은 의미로 재발견되어 중세의 엄격한 기독교 윤리에 맞서는 대항 모델로서 기능했다. 19세기 말 프리드리히 니체는 규율과 질서의 '아폴론적인 것'뿐만 아니라 방종한 '디오니소스적인 것'도 인간 존재의 완성을 위한 근본 속성이라고 선언했다. 그리고 얼마 후 정신분석학의 창시자 지그문트 프로이트는 충동과 욕구를 지속적으로 억누르게 되면 '광기', 즉 노이로제에 걸리게 된다는 임상 관찰로 니체의 명제를 재확인했다.

디오니소스
– 도취와 쾌락의 신

원전 : 디오니소스의 이야기를 다룬 원전들 가운데 가장 중요한 것으로는 호메로스가 지은 세 편의 찬가를 들 수 있다. 그중 가장 긴 작품에 해적들이 디오니소스를 기습하는 장면이 묘사되어 있다. 에우리피데스는 마지막으로 남긴 비극 『어린 디오니소스』에서 황홀경과 타락의 위험성을 제시한다. 고대 그리스의 문학가 아리스토파네스(B.C. 445~385)가 쓴 희극 『개구리들』에서 디오니소스는 연극의 신으로 등장한다.

디오니소스가 태어나게 된 배경과 그의 어린 시절에 대해서는 로마 시대의 작가 오비디우스가 쓴 『변신 이야기』 제3권에서 볼 수 있다. 디오니소스의 이야기를 다룬 또 하나의 빼놓을 수 없는 원전은 서사시 「디오니시아카」이다. 이 작품은 고대 이집트 파노폴리스 출신의 논노스(400년경)가 쓴 것으로, 모두 48개의 장으로 구성되어 있어 호메로스의 『일리아스』와 『오뒷세이아』를 합친 만큼의 분량과 맞먹는다.

문학 : 독일 낭만주의 작가들 중 상당수가 디오니소스를 '미래의 신'으로 묘사했다. 프리드리히 횔덜린(1770~1843)이 쓴 비가 「빵과 포도주」가 그 대표적인 예다. 이 밖에도 횔덜린은 『주신』이라는 제목의 시집을 남겼다. 철학자 프리드리히 니체는 그의 저서 『비극의 탄생』에서 '디오니소스적인 것'을 '아폴론적인 것'과 대립되는 것으로 보았다.

음악 : 디오니소스 신화를 다룬 음악 작품으로는 리하르트 슈트라우스의 오페라 「낙소스섬의 아리아드네」가 가장 유명하다. 이 작품은 오스트리아 출신의 작가 호프만스탈(1874~1929)이 쓴 텍스트에 토대를 두고 있다. 호프만스탈은 아리아드네의 이야기를 경쾌한 줄거리로 전개한다. 테세우스에게 버림받아 낙소스섬에 홀로 남겨진 아리아드네를 디오니소스가 구해주고, 자신의 아내로 삼는다는 내용이다.

조형예술 : 디오니소스는 포도와 지팡이를 든 모습으로 묘사된다. 이 지팡이의 위쪽 끝에는 잣나무 방울이 씌워져 있고, 전체는 포도나무 잎과 담쟁이덩굴로 휘감겨 있다. 때로는 긴 동양식 의상을 입은 경우도 있으며, 표범의 등에 올라타고 있거나 표범이 그가 탄 마차를 끄는 그림들도 있다. 디오니소스를 따르는 종자從者로는 사튀로스가 있다. 이 남자 괴물들은 염소 발굽과 말의 귀, 말의 꼬리를 갖고 있는 반인반수로, 요정들을 탐욕스럽게 쫓아다닌다. 이후 디오니소스를 연극의 신으로 묘사한 그림들이 나오면서 디오니소스를 주제로 한 그림들은 한층 더 다양해진다. 이탈리아의 화가 틴토레토는 세멜레가 디오니소스를 낳는 장면을 그렸다. 이 그림은 모데나의 에스텐제 미술관에 걸려 있다. 야코포 아미고니(1675~1752년경)도 같은 장면을 그렸다. 아미고니의 그림은 헤어초크 안톤 울리히 박물관에 소장되어 있다. 이탈리아의 조각가이자 건축가인 필라레테(1400~1469년경)는 해적들이 돌고래로 변하는 장면을 청동문에 묘사해 놓았다. 이 문은 로마의 베드로 성당 안에 있다.

정리해보기

섹스와 폭력, 마약의 신으로 알려진 디오니소스는 신화에 등장하는 신들 중 가장 매력적이라고 할 수 있다. 우리가 접하는 고대의 위대한 작품들은 대부분 디오니소스 숭배 제의의 소산이다.

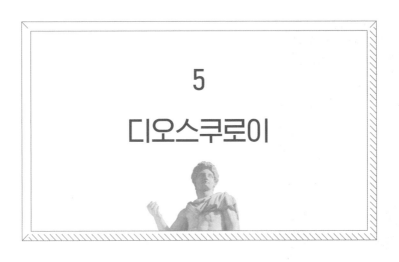

5
디오스쿠로이

'제우스의 젊은 아들들'이라는 의미를 지닌 디오스쿠로이는 카스토르와 폴뤼데우케스 형제를 가리킨다. 폴뤼데우케스를 로마인들은 폴룩스라고 불렀다. 이들은 신들의 아버지 제우스뿐만 아니라 고대의 일반 민중들에게서도 큰 사랑을 받았다. 신화에 나오는 인물들 중에서 이들만큼 많이 문학이나 조형예술의 소재로 등장한 이는 없을 것이다. 고전시대에 이들이 그토록 커다란 사랑을 받았던 것은 이 형제들이 신화시대 젊은 귀족 무사들의 삶의 모습을 다른 어떤 영웅들보다도 더 잘 보여주었기 때문이다. 그리스 민주정시대에 와서 그러한 무사적 생활 양식은 이미 흘러간 과거의 일이 되어버렸지만, 상류층의 젊은이들은 여전히 그에 대해 낭만적인 동경을 느끼고 있었다. 이는 오늘날에도 적지 않은 청소년들이 중세의 기사가 되었으면 하고 꿈꾸는 것과 마찬가지라고 할 수 있다. 실제로 디오스쿠

로이들은 말이나 전차를 몰았다는 점에서 중세의 기사들과 비슷하다. 이들은 조각이나 그림에서 대체로 말과 함께 있는 모습으로 표현된다. 호메로스시대의 영웅들이 몰던 전차는 고전시대에 와서는 이미 군사적으로 아무런 의미가 없는 물건이 되어버렸다. 그러나 여전히 전차 경주는 부유한 그리스인들의 자제들을 가장 흥분시키는 스포츠였다.

디오스쿠로이들은 또한, 신화시대의 귀족 가문에게는 소중한 가치였으나 고전시대에 와서는 이미 오래전에 그 정치적 의미가 사라진 가족적 연대를 상징하는 인물들이었다. 이들은 항상 붙어다녔고 누이 헬레나의 명예를 위해서도 함께 싸웠다. 그들은 또한 재미로 소떼들을 훔치는 무법자들이었으며 목숨을 거는 일에 무엇보다 큰 즐거움을 느끼는 거친 사나이들이기도 했다. 한마디로 그들은 유복한 도시 어린이들이 꿈꾸는 영웅이었으며, 그들의 부모들이 바라는 형제애의 모범이었다.

카스토르와 폴뤼데우케스는 스파르타의 왕 튄다레우스와 그의 아내 레다 사이에서 태어난 형제들이다. 여기에는 약간의 논란이 있는데, 그것은 폴뤼데우케스의 출생에 제우스가 개입했기 때문이다.

기수騎手 ——— 그리스 신화에 나오는 많은 영웅들과 마찬가지로 카스토르와 폴뤼데우케스도 뛰어난 기수이자 말 사육사였다는 찬사를 받고 있다. 이는 우리에게 그리스 초기의 문화와 생활에 대해 알려준다. 전차와 말을 소유하고 이를 잘 다룰 수 있는 사람들이 당시의 지배층을 이루고 있었다. 말을 사육하려면 넓은 초지가 필요했으므로 이들은 또한 대토지 소유자이기도 했다. 고대 후기에 와서도 그리스의 오래된 귀족 가문에서는 말에 대해 잘 아는 것을 매우 중요하게 여겼다.

❖ — 말을 타는 디오스쿠로이. 아티카 도자기, B.C. 450년경.

어느 날 또다시 헤라의 감시를 피해 레다에게 한눈을 판 제우스는 백조의 모습으로 변신하여 그녀에게 다가가 사랑을 나누었다. 폴뤼데우케스와 트로이 전쟁의 원인이 된 그의 누이 헬레나는 제우스와 레다 사이의 사랑의 결실이라고 전해진다. 반면에 카스토르와 그의 또 다른 누이 클뤼타임네스트라는 튄다레우스의 친자식이라고 한다. 클뤼타임네스트라는 후에 트로이 전쟁의 그리스 측 총사령관 아가멤논의 아내가 되어 아가멤논의 가문이 겪게 될 크나큰 불행의 중심 인물이 된다.

카스토르와 폴뤼데우케스는 아주 젊었을 때부터 모험심에 불탔다. 그들은 아르고 원정대의 모험에 가담하여 이아손의 지휘하에 아르고 호를 타고 황금 양모를 구하러 콜키스로 떠났다. 콜키스로 가는 길에 특히 두각을 나타낸 것은 폴뤼데우케스였다. 뛰어난 권투선수였던 그는 목숨을 걸고 맨주먹으로 권투 경기를 하자고 그리스인들에게 도전해 온 야만족왕을 때려 눕혔다. 콜키스에서 돌아온 후

❖ – 로마의 카피톨리노 언덕 위에 서 있는
디오스쿠로이 조각상, 황제시대 후기.

이들은 칼뤼돈의 무서운 멧돼지를 잡는
사냥에 참가했다. 이 멧돼지는 결국 헤
라클레스의 손에 죽게 된다. 이들은 또
한 테세우스가 누이 헬레나를 납치하자
이 유명한 영웅과 맞서 싸워 헬레나를
무사히 집으로 데려왔다. 하지만 이들이
여자들에게 점잖았던 것은 아니었다. 이
들은 숙부인 레우키포스의 두 딸 포이
베와 힐라에이라를 강제로 납치했다. 물
론 이 약탈도 형제가 함께 저질렀고, 아
름다운 노획물들도 우애 있게 나누어 가
졌다. 신화시대에는 신부를 약탈해 오는
것이 오늘날 시칠리아의 마피아가 그런
것처럼 지극히 정상적인 결혼 방식의 하
나였다. 이들은 납치해 온 자신들의 사촌과 가정을 꾸렸다. 그러나
그 일로 인해 위험한 적들을 갖게 되었는데 – 이것도 현대의 마피아
를 연상케 한다 – 이 적들이란 바로 납치해 온 신부들의 남자 형제
인 이다스와 륀케우스였다.

이다스와 륀케우스는 처음에는 디오스쿠로이 형제들과 우정을
맺으려는 척하면서 이들과 함께 소떼를 훔쳤다. 그러나 노획물을 분
배하면서 다툼이 생겼다. 이다스는 아무런 예고 없이 말 4분의 1마
리를 제일 먼저 먹어치우는 사람이 노획물의 반을 갖고 두 번째로

먹어치우는 사람이 나머지 반을 갖는다고 선언했다. 이들 형제는 식성에 관한 한 자신들을 당할 자가 아무도 없다는 것을 알고 있었다. 그리하여 레우키포스의 아들들은 훔친 소떼를 전부 끌고 집으로 돌아갔다.

❖ — 여자 납치는 바로크 시대에도 매우 애호된 테마였다. 루벤스, 「레우키포스의 딸들을 납치하는 디오스쿠로이」, 뮌헨, 알테 피나코텍.

그러나 그리 오래지 않아 디오스쿠로이의 복수가 시작되었다. 그들은 기회를 잡아 이 소떼 전부를 다시 훔쳐냈다. 이다스와 륀케우스는 즉시 이들을 뒤쫓았다. 천리안을 갖고 있던 륀케우스가 이 추적에서 결정적인 역할을 하여 디오스쿠로이들은 결국 이들에게 잡히고 말았다. 당연히 엄청난 싸움이 벌어졌다. 가장 오래된 신화 버전에 따르면 이 싸움에서 이들 넷이 모두 죽는다. 그러나 다른 곳에서는 그것이 논리적으로 모순이라고 지적한다. 왜냐하면 폴뤼데우케스는 제우스의 아들이라서 불사의 능력을 갖고 있기 때문이다. 이로부터 디오스쿠로이 신화에서 가장 감동적인 이야기가 생겨난다. 자신은 불사의 행복을 누리는데 그의 형제는 어두운 타르타로스에 영원히 갇혀 있어야 한다는 것을 슬퍼한 폴뤼데우케스는 아버지 제우스에게 그들이 함께 지낼 수 있게 해달라고 간청했다. 제우스는 이 청을 받아들여 이 형제가 반은 타르타로스에서, 그리고 나머지 반은 올림포스에서 함께 지낼 수 있도록 허락했다.

이렇게 하여 디오스쿠로이는 그 어떤 것으로도 갈라놓을 수 없는 형제애와 우정의 상징이 되었다.

❖ — 쉰켈이 건축한 베를린의 고대박물관 옥상에 조각된 디오스쿠로이의 형상.

디오스쿠로이

원전 : 카스토르와 폴뤼데우케스의 출생에 대해서는 여러 설들이 있다. 그 중 하나에 따르면, 이들은 스파르타의 왕 튄다레우스와 그의 아내 레다 사이에서 태어난 형제들이다. 달리 전해오는 바에 따르면 백조로 변신한 제우스가 레다와 사랑을 나누어 이들을 낳았다. 제우스는 백조로 변신하여 레다에게 헬레나와 디오스쿠로이를 임신시켰고, 레다가 알을 낳자 그 알에서 이들이 태어났다고 한다.

그러나 또 다른 설에 따르면, 제우스와의 관계로 레다가 낳은 알에서 태어난 자식들은 헬레나와 폴뤼데우케스뿐이며 카스토르와 클뤼타임네스트라는 레다와 튄다레우스 사이에서 태어난 자식들이다.

호메로스는 「디오스쿠로이 찬가」에서 이 두 형제가 폭풍우를 만난 뱃사람들을 구해주는 이야기를 다루고 있다. 이들은 폭풍이 몰아치는 가운데 금빛으로 반짝이는 날개를 달고, 바다 위로 돌연히 나타난다. 이외에도 디오스쿠로이에 대한 찬가를 지은 사람으로는 고대 그리스의 문학가 테오크리토스(B.C. 310~250년경)가 있다.

문학 : 중세 문학에서는 디오스쿠로이와 관련하여 특히 이들의 임신과 출생 과정이 주로 이야기되고 있다. 이탈리아의 법률가 귀도 델레 콜로네스(1210~1287년경)가 쓴 책에도 이들 형제가 등장한다. 13세기에 나온 이 책은 트로이에 관한 전설을 다루고 있는데, 내용 중 트로이가 멸망하는 부분에서 이들 형제가 등장한다.

조반니 보카치오도 그의 서사시 『테세이다』에서 디오스쿠로이에 대해 이야기한다. 프랑스의 작가 피에르 드 롱사르(1524~1585)는 카스토르와 폴뤼데우케스에게 바치는 헌시를 짓기도 했다.

음악 : 프랑스의 작곡가 장 필립 라모(1683~1764)는 「카스토르와 폴룩스」라는 제목의 오페라를 만들었다. 카스토르가 죽자, 그의 애인이었던 텔라이네는 폴룩스에게 카스토르를 저승에서 다시 데려와 달라고 간청한다. 자신도 텔라이네를 사랑하고 있던 폴룩스는 심각한 고민 끝에 마침내 저승으로 찾아가서 카스토르를 대신하여 그곳에 있겠다고 결심한다. 폴룩스는 카스토르에게 하루가 지난 뒤 돌아오겠노라고 약속한다. 카스토르가 저승으로 향하는 길에 접어들자마자, 천둥 소리가 울려퍼지고, 주피터가 나타난다. 주피터는 이들의 자기 희생적인 우애에 감복하여 그 상으로 카스토르와 폴룩스가 영생을 누릴 수 있게 해준다. 하늘의 별들 사이에 이들의 자리를 마련해 준 것이다.

조형예술 : 디오스쿠로이 숭배는 이미 B.C. 5세기경부터 로마로 유입되었다. 광장에는 카스토르와 폴룩스를 모시는 신전이 세워졌다. 신전의 대리석 기둥들 중 세 개는 아직까지도 보존되어 있다. 로마의 카피톨리노 언덕과 대통령 관저의 광장에서 디오스쿠로이의 조각상들을 볼 수 있다.

근대에 들어 이들 형제의 이야기를 그린 그림들 중 루벤스의 작품이 가장 유명하다. 이 그림은 레우키포스의 딸이 납치당하는 장면을 묘사한 것으로, 현재 뮌헨의 알테 피나코텍에 전시되어 있다.

> **정리해보기**
> 제우스의 아들들인 카스토르와 폴뤼데우케스는 고대 그리스와 로마 시대를 통틀어 가장 사랑받았던 영웅들이다. 그들은 젊은 무사의 이상형을 구현한다.

6
메데이아

    강인한 의지로 남자를 도와 그의 오늘이 있게 한 여자. 그러나 남자는 여자를 버리고 다른 젊은 여자에게로 떠난다. 여자는 이에 대해 잔인하게 복수한다. 이것이 놀라울 정도로 현대적인 메데이아 신화의 핵심이다.

    메데이아는 흑해 북쪽 해안의 야만국 콜키스의 왕인 아이에테스의 딸이었다. 뛰어난 마법의 능력을 지닌 요정 키르케가 그녀의 고모였으며, 그녀 자신도 놀라운 마법을 많이 알고 있었다.

    그녀의 아버지가 소유한 것 중 가장 귀한 보물은 황금 양모였다. 이 양모는 하늘을 나는 신비한 양 크리아리에게서 나온 것이었다. 이 양은 보이아티아의 왕자 프릭소스를 태우고 바다를 건너 콜키스로 날아온 후 이 왕자에 의해 신들에게 제물로 바쳐졌다. 아이에테스는 프릭소스를 처음에는 매우 환대하여 메데이아의 언니를 아내

❖ — 메데이아가 아이들을 품에 안고 아르고 원정대의 배를 기억 속에 떠올린다. 그녀는 이제 곧 무서운 일이 벌어지리라는 것을 알고 있다. 안젤름 포이어바흐, 「메데이아」, 뮌헨, 노이에 피나코텍.

로 주어 사위로 삼기까지 했으나 자신이 이방인의 손에 죽임을 당하리라는 신탁을 받고는 프릭소스를 살해한다. 그러나 프릭소스는 신탁이 말한 그 이방인이 아니었다.

　그의 진짜 적은 이아손이 이끄는 아르고 원정대였다. 이아손은 이올코스의 왕이었다가 펠리아스에 의해 왕위에서 쫓겨난 아이손의 아들이었다. 펠리아스는 적법한 왕위 계승자인 이아손을 없애버리려고, 왕위에 오르기 전에 우선 영웅적인 일부터 해내야 한다면서 저 유명한 황금 양모를 구해오라고 이아손을 부추겼다. 물론 이아손이 살아서 돌아올 가능성이 거의 없다는 것을 알고 한 짓이었다. 젊은 혈기와 의욕에 가득 찬 이아손은 즉시 아르고 호라는 엄청나게 큰 배를 건조케 하고 그리스 각지에서 콜키스 원정에 참가할 영웅들을 끌어모았다. 무적의 헤라클레스, 가수 오르페우스, 항상 붙어다니는 디오스쿠로이 형제 등 당대의 대표적인 영웅들이 다 모여들었다. 모험심에 불타는 영웅들을 태운 아르고호는 마침내 콜키스 해안에 상륙했다.

아이에테스는 처음에는 이들을 극진히 환대했으나 이아손이 황금 양모를 요구하자 즉시 냉담해졌다. 그는 이아손과 그 일행들을 처치하기 위해 계책을 꾸몄다. 그는 황금 양모를 내주는 조건으로 이아손에게 과제를 하나 부과했다. 대장장이의 신 헤파이스토스가 그에게 선물한 황소 두 마리를 멍에에 매어 이 소들로 밭을 일구고 그 밭에다가 아테나 여신이 그에게 선물한 용의 이를 뿌리라는 것이었다. 이것은 거의 불가능한 과제였다. 왜냐

❖ ― 황금 양모를 지키는 용을 물리친 이아손. 그 뒤에는 메데이아가 서 있다. 귀스타브 모로, 「이아손과 메데이아」, 파리, 오르세 박물관.

하면 그 소들은 청동 발굽을 가지고 입에서는 불을 내뿜는 괴물이었고, 용의 이는 밭에 뿌려지면 무기를 든 거인이 되어 자신을 밭에 뿌린 사람을 공격하도록 되어 있었기 때문이다.

막다른 골목에 몰린 이아손에게 신의 도움이 주어졌다. 헤라 여신은 펠리아스가 불법적으로 이올코스의 왕이 된 데다가 자신에 대한 제사를 소홀히 했기 때문에 그에게 노여움을 품고 있었다. 헤라는 그에 대한 보복의 도구로 메데이아를 선택했다. 그리고 메데이아

를 이올코스로 데려오기 위해서는 이아손이 필요했다. 헤라는 아프로디테에게 도움을 청해 에로스로 하여금 사랑의 화살을 쏘도록 했다. 메데이아는 즉시 이아손에게 사랑에 빠졌다.

메데이아는 이아손에게 도움을 주겠다고 했고, 이아손은 그녀를 자신의 고향으로 데려가 아내로 삼겠다고 약속했다. 그는 그녀에게 영원히 충실하겠다고 맹서했다. 메데이아는 황소가 내뿜는 불에 견딜 수 있게 해주는 신비한 약을 이아손에게 주고, 용의 이를 처리하는 방법도 알려주었다. 이 용의 이에서 자라나는 거인들은 싸움에는 뛰어나지만 머리는 매우 아둔하여, 그들의 한가운데에 돌을 하나 던지면 그들은 서로 상대방이 그 돌을 던졌다고 옥신각신하며 싸움을 벌여 결국은 모두 죽게 되리라는 것이었다. 이아손은 메데이아가 시킨 대로 황소에 멍에를 매고 하루 만에 밭을 간 후 그날 밤 밭에 용의 이를 뿌렸다. 메데이아의 말대로 용의 이에서 자라난 무사들이 싸움을 벌여 서로를 죽이기 시작했다. 아직 죽지 않은 무사들은 이아손이 직접 나서서 차례로 하나씩 죽여버렸다.

과제를 해치운 이아손이 다시 황금 양모를 요구하자 아이에테스는 이런저런 구실을 대며 시간을 끌었다. 그는 아르고 호를 불태워버리고 그 대원들을 살해할 생각이었다. 이를 알게 된 메데이아는 황금 양모가 걸려 있는 아레스 신의 숲으로 이아손을 데리고 갔다. 그곳에는 잠들지 않는 무서운 용이 이 양모를 지키고 있었다. 메데이아가 마법의 약을 먹여 이 용을 잠들게 하자 이아손이 나무에 걸려 있는 황금 양모를 끄집어 내렸다. 이들은 해안으로 서둘러 달려갔다. 콜키스 군대에 비상 경보가 내려져 곧 추적이 시작되었다. 배 근처에서 싸움이 벌어져 아르고 원정대의 여러 영웅들과 콜키스왕 아이에테스가 전사했다. 신탁의 예언대로 된 것이다.

아르고 원정대는 급히 배를 띄워 바다로 나갔으나 콜키스 전함들이 이들을 뒤쫓아왔다. 추적자들을 따돌리기 위해 메데이아는 끔찍한 일을 저질렀다. 그녀는 아직 나이 어린 이복동생 압쉬르토스를 볼모로 데리고 왔었는데 그녀는 이 아이를 죽여 그 시체를 토막낸 후 바다에 던졌다. 콜키스 함대는 이 왕자에게 장례를 치러주기 위해 시체를 주워 모을 수밖에 없었다. 이 때문에 이들은 도망자들을 시야에서 놓쳐버리고 말았다. 이렇게 하여 아르고 원정대는 무사히 도나우강 하구에 도착했다. 이들은 강을 거슬러 올라 도나우와 그 지류를 거쳐 아드리아해와 라인강, 그리고 심지어 북해까지 탐험했다. 그 후 이들은 마침내 무사히 그리스로 귀향했다.

이아손은 황금 양모를 싣고 신비한 매력과 마력을 지닌 아내를 옆에 거느린 채 이올코스로 돌아갔다. 그러나 그를 콜키스로 보냈던 펠리아스는 그에게 왕위를 물려주는 것은 고사하고 그를 성 안으로 들어오지도 못하게 했다. 지쳐 있던 아르고 대원들은 또다시 전쟁까

❖ ― 메데이아는 아르고 호 위에서 자신의 남동생을 죽이게 한다. 로렌초 코스타, 「아르고 원정대의 승선」, 파도바, 키비치 박물관.

지 해가며 이아손을 왕좌에 오르게 할 생각은 없었다. 그러나 메데이아가 방안을 강구해 냈다. 그녀는 변장한 모습으로 성 안으로 들어가 늙어가는 펠리아스와 그의 딸들을 찾아갔다. 메데이아는 자기가 노인들을 솥에 삶아서 다시 젊게 만드는 마법을 부릴 수 있다고 이들을 꼬드겼다. 놀라워하는 이들 앞에서 메데이아는 늙은 양을 토막내 삶은 후 솥에서 새끼 양을 끄집어내서 이들에게 보여주었다. 이것을 보고 용기를 얻은 펠리아스의 딸들은 펠리아스의 동의하에 그를 칼로 토막냈다. 이렇게 하여 이 딸들은 헤라의 잔인한 복수극의 대행자가 되고 말았다. 펠리아스가 죽자 아르고 대원들은 손쉽게 이 나라를 점령했다.

그러나 이아손은 이올코스의 왕위를 다른 사람에게 양보했다. 공명심에 불타는 아내의 도움을 얻어 그는 더 높은 자리에 오를 생각이었다.

그는 황금 양모를 오르코메노스에 있는 제우스 신전에 봉헌하고 메데이아와 함께 코린토스로 향했다. 코린토스의 이스트무스에 있는 포세이돈 신전에 그는 아르고 호를 바쳤다. 이올코스보다 훨씬 중요하고 부강한 도시였던 코린토스의 왕위가 당시 마침 비어 있

70

신화와 정치 선전 ———— 메데이아가 복수극을 벌이게 된 동기는 오늘날의 독자나 관객들도 충분히 납득할 수 있다. 그러나 아테네인들은 비극 『메데이아』를 쓴 에우리피데스가 아테네의 경쟁국 코린토스에 매수되었다고 생각했다. 요컨대 이아손과 메데이아의 아이들은, 메데이아의 선물 때문에 코린토스의 왕궁이 불타버리자 이에 격분한 코린토스인들에 의해 돌에 맞아 죽었다는 것이 당시 아테네인들이 알고 있던 사건의 전말이었다. 그런데 여주인공이 자신의 아이들을 살해하는 장면에서 정점에 이르는 에우리피데스의 비극은 이를 통해 코린토스인들의 죄를 덮으려 했다는 것이다. 코린토스인들이 오랜 과거에 저지른 잘못을 속죄하기 위해 7년마다 귀한 가문 출신의 일곱 소년과 일곱 소녀들로 하여금 머리를 깎고 1년 동안 헤라 여신의 신전에서 봉사하게 한다는 사실을 아테네인들은 알고 있었을 것이다. 헤라는 메데이아의 수호여신이었다. 물론 아테네인들은 연극이 정치 선전의 중요한 도구가 된다는 사실도 알고 있었다. 그러나 에우리피데스에 대한 그들의 의심은 부당한 것이었다.

었다. 코린토스의 주민들은 아르고 원정대를 이끈 이 유명한 영웅을 그들의 새로운 왕으로 모셨다. 현명한 메데이아의 도움을 받아 그는 코린토스를 10년 동안 훌륭하게 통치하며 행복하게 지냈다. 그러나 그 후 그는 메데이아를 버리고 테바이의 국왕 크레온의 딸인 젊고 아름다운 글라우케를 새로운 아내로 맞이하려 했다. 이아손의 이혼 요구에 메데이아는 순순히 응하는 척하면서 심지어 글라우케에게 눈부시게 아름다운 결혼 드레스까지 선물했다. 그러나 글라우케가 그 드레스를 입자 이 옷은 무서운 불길이 되어 타오르기 시작했다. 글라우케는 물론 그녀의 아버지와 그 밖의 대부분의 하객들이 이 불에 타죽고 말았다. 이아손만이 그곳에서 간신히 빠져나왔다. 메데이아의 끝없는 질투와 복수심은 가장 극단적인 짓도 서슴지 않았다. 그녀는 사랑했던 남편과의 사이에 태어난 아이들을 모두 살해했다.

❖ — 독을 섞어 불을 만드는 무서운 여인 메데이아. 이 불에서 메데이아는 글라우케의 옷에 쓰일 실을 뽑아낸다. 프레더릭 샌디스 (1829~1904), 버밍햄, 시립박물관.

이아손은 이 끔찍한 복수로 인한 정신적 고통에서 벗어나지 못했다. 얼마 후 그는 아르고 호의 갑판 위에서 화려했던 젊은 날을 쓰라린 심정으로 되새기던 중 낡아 부서져내린 돛대에 맞아 죽고 말았다.

코린토스를 떠난 메데이아는 날개 달린 뱀이 끄는 마차를 타고 테바이로 갔다. 이곳에서 그녀는, 미친병에 걸려 자신의 자식들을 살해한 헤라클레스의 광기를 고쳐주고 다시 아테네로 향했다. 아테네에서 그녀는 아이게우스왕의 아내가 되어 새로운 삶을 시작했다. 그녀는 이 왕과의 사이에 아들 메도스를 낳아 이 아이를 왕세자로 만들려 했다. 그런데 아이게우스의 장남 테세우스가 아테네에 나타나자 그녀는 그를 독살하려 하였다. 하지만 이 암살 음모는 곧 발각되어 실패로 돌아가고 메데이아와 아들 메도스는 아테네에서 추방된다.

그 후 메도스를 데리고 고향 콜키스로 되돌아간 메데이아는 아버지 아이에테스의 왕위를 물려받은 페르세스를 폐위시키고 자신의 아들을 왕위에 앉혔다. 위대한 무사가 된 메도스는 아시아를 정벌하여 메디아제국을 창건했다. 또 메데이아 자신은 징벌과 구원을 동시

에 관장하는 마법의 여신이 되어 이곳 사람
들의 추앙을 받았다.

그러나 그녀에 대한 신화에서 오늘날 주
로 남아 있는 것은 고대의 두려운 마법의 여
신으로서의 역할보다는 남편에게 배신당한
아내와 무서운 질투와 복수이다. 에우리피데
스는 절망에 빠진 메데이아의 심정을 다음과
같은 불멸의 시구로 표현했다.

❖ ― 메데이아가 아이들을 죽이려 하
고 있다. 들라크루아, 「분노에 찬 메데
이아」, 릴, 보자르 박물관.

눈물을 흘리며 나는 내가 저지를 참혹한 일
을 생각한다.
나의 아이들을 죽여야만 하는 내 숙명이여!
누구도 이 아이들을 구해주지 못하리라.
이아손이 이 핏줄들을 없애버린다면
내가 가장 사랑하는 아이들을 내 손으로 죽이는 이 무서운 죄는
나를 이 나라에서 내쫓고 말겠지….
이아손은 이제, 내 몸으로 낳은 이 아이들을
살아 있는 모습으로는 결코 다시 보지 못하리라.
새 신부도 그에게 새 아이들을 낳아주지 못하리라.
그녀는 이제 곧 죽어야 할 목숨이니까.

메데이아

원전 : 메데이아의 이야기를 처음으로 극화한 사람은 에우리피데스이다. 이 희곡은 이아손과 그의 아내 메데이아의 관계가 심각한 위기에 처해 있는 장면으로 시작한다. 이아손의 지휘 아래 아르고 원정대가 출발하는 이야기와 황금 양모를 얻기 위한 싸움, 그리고 메데이아에 대한 이아손의 사랑 등은 이미 모두 지난 일들로 되어 있으며, 작품의 프롤로그에 요약되어 있다.

에우리피데스는 다른 무엇보다도 주인공 메데이아의 감정 상태에 관심을 기울였다. 작가는 그녀의 독백이나 혹은 그녀와 남편 간의 대화를 통해 이아손의 배신 때문에 메데이아가 느끼는 극심한 마음의 고통을 보여주고 있다. 마침내 메데이아는 찢어지는 듯한 심정으로 복수를 단행하여 이아손과의 사이에서 태어난 자식들을 죽이고 만다. 고대 그리스 시대에 메데이아의 이야기를 소재로 한 희곡들은 여러 편이 있었지만, 현재까지 남아 있는 것은 에우리피데스의 이 비극뿐이다.

로마 시대의 작가이자 철학자인 세네카(B.C. 4~A.D. 65)는 젊은 시절에 이 작품에서 영감을 얻어 같은 주제로 희곡을 썼다. 그러나 이 작품에서 메데이아는 단지 모든 것을 파괴하는 데 그치고 있다. 세네카는 에우리피데스가 쓴 비극의 마지막 장면보다 훨씬 더 강렬한 효과를 노려 메데이아가 무대 위에서 그녀의 자식들을 죽이도록 만들었다.

문학 : 근대 문학사에서 메데이아는 희곡의 주인공으로 여러 차례 등장했다. 프랑스 고전주의 시대에 이 이야기를 다룬 대표적인 작가로는 피에르 코르네유(1606~1684)가 있다. 그의 비극에 등장하는 주요 인물들은 모두 부정적인 모습으로 그려진다. 이들의 유일한 관심은 오직 자신의 욕구를 충족시키는 데 있다. 오스트리아 출신의 작가 프란츠 그릴파르처(1791~1872)는 그의 비극 『황금 양모』에서 메데이아의 이야기를 다룬다. 이 작품은 '환대', '아르고 원정대', '메데이아' 등 모두 3부로 구성되어 있다.

20세기에 들어서는 독일의 작가 한스 헨니 얀(1894~1959), 미국 작가 로빈슨 제퍼스(1887~1962), 프랑스 출신의 장 아누이(1910~1987) 등이 메데이아의 이야기를 소재로 희곡을 썼다.

음악 : 루이지 케루비니(1760~1842)는 메데이아의 이야기를 오페라로 만들었다. 이 이탈리아 작곡가는 이 작품으로 최고의 호평을 받았다. 리하르트 슈트라우스는 이 오페라를 가리켜 "장엄한 예술 작품"이라고 일컬었고, 요하네스 브람스는 "최고의 극 예술 작품"이라고 극찬했다. 이 오페라에서 메데이아의 성격은 그녀의 격정에 찬 고뇌를 통해 표현되고 있다.

조형예술 : 프랑스의 화가 들라크루아(1798~1863)는 「분노에 찬 메데이아」라는 제목의 그림을 그렸다. 이 그림은 릴의 보자르 박물관에 소장되어 있다.

베로네제와 안젤름 포이어바흐(1829~1880)는 메데이아가 자식들을 살해하는 모습을 그렸다. 베로네제의 그림은 베네치아의 아카데미아 미술관에, 포이어바흐의 그림은 만하임의 시립미술관에 전시되어 있다.

> **정리해보기**
> 메데이아는 오늘날에도 비참하게 버림받은 여인들의 증오심과 분노를 대변한다. 그녀는 결국 범죄자가 되지만 우리는 그녀에게 동정심을 느끼지 않을 수 없다.

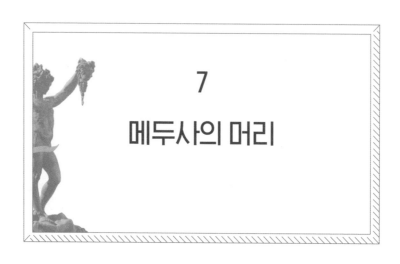

7
메두사의 머리

메두사의 머리. 그것은 그야말로 끔찍함 그 자체이다. 머리카락 대신에 뱀들이 꿈틀대고 있는 머리를 한번 상상해 보라. 메두사의 머리를 보는 사람은 즉시 공포에 질려 돌이 되어버린다. 그리스인들은 아주 먼 옛날부터 이 끔찍한 마녀의 모습을 방패, 문짝, 사원 꼭대기 등에 새겨 넣어 적이나 반갑지 않은 방문객에게 두려움을 주려 했다. 다른 문화권과 마찬가지로 메두사 혹은 고르곤이라고 불리는 이 그리스 마귀의 상도 적대적이고 악한 힘을 물리치는 데 사용되었다. 그러나 언제나 그런 것처럼 그리스 신화는 이 메두사의 경우도 단순한 마귀로만 취급하지는 않았다.

신화에 따르면 원래 메두사는 지진을 일으키는 바다의 신 포세이돈이 사랑에 빠졌을 정도로 젊고 아름다운 여인이었다. 그런데 어느 날 이 신과 메두사는 경박하게도 아크로폴리스에 있는 아테나 여

신의 신전에서 사랑을 즐겼다. 그 일로
해서 메두사는 이 정숙한 처녀신이
가장 증오하는 적이 되었다. 분노
한 이 여신은 메두사를 끔찍한 괴
물로 만들어 버렸다. 이렇게 하여
그녀는 입 밖으로 늘어진 긴 혀와
멧돼지의 어금니, 청동으로 된 손, 황
금 날개, 뱀 머리카락 등 문자 그대로 참
혹한 흉물의 모습을 지니게 되었다. 그러고

나서도 아테나의 분노는 가라앉지 않았다.

❖ — 머리카락이 뱀으로 되어
있는 머리. 카라바조. 피렌체.
우피치 미술관.

마침내 아테나에게 영웅 페르세우스의 호언
장담으로 인해 최후의 복수를 할 기회가 찾아왔다.

　제우스의 아들 페르세우스는 아름다운 어머니 다나에와 함께 세
리포스섬에 살고 있었다. 세리포스의 왕 폴뤼덱테스는 다나에를 아
내로 맞이하고 싶어 안달이었지만 다나에는 그와 결혼할 생각이 추
호도 없었다. 페르세우스는 이 반갑지 않은 구애자가 추근대지 못하
도록 어머니를 보호했다. 그러던 어느 날 폴뤼덱테스는 이제 다른

> **메두사에 대한 다양한 묘사** ——— 지금도 그리스 신화시대에 그려진 수많
> 은 메두사 그림들이 전해진다. 그 대부분은 화병 그림이다. 이는 동아시아에서 많이
> 찾아볼 수 있는 귀면와(귀신의 얼굴을 그린 장식 기와)와 유사하다. 그러나 고전시대에
> 와서 이런 혐오스러운 묘사 방법이 경멸받게 되어 메두사는 아름다운 여인의 모습
> 으로 묘사된다. 그리하여 과거의 마녀 모습에서 뱀 머리카락만 남게 되었다.

나라의 공주에게 청혼하겠다고 하면서 그 공주에게 잘 보일 수 있도록 모든 명문 집안의 젊은이들에게 자기에게 말을 한 마리씩 선물하라고 했다. 세리포스는 작은 섬이라서 그 왕도 별로 부유하지 못했기 때문이다.

그의 부탁을 들은 모든 젊은이들은 말을 바치겠다고 약속했으나 말이 한 마리도 없었던 페르세우스만은 그에게 말을 선물할 수가 없었다. 하지만 페르세우스는 어머니 외에 다른 여자에게 청혼한다면 왕이 원하는 어떤 선물이라도, 심지어 메두사의 머리라도 갖다 바치겠노라고 장담했다. 그러자 폴뤼덱테스는 그렇다면 장담한 대로 메두사의 머리를 가져오라고 요구했다. 이 귀찮은 다나에의 보호자를 해치우는 데 이보다 더 좋은 기회는 없는 듯했다.

하지만 페르세우스는 메두사를 어떻게 처치해야 하는지는 고사하고 이 마녀가 어디에 있는지조차 몰랐다. 그러나 이 마녀를 증오하던 아테나 여신이 페르세우스를 돕기 위해 그를 찾아왔다. 여신은 그에게 청동 방패를 주었다. 그의 이복형제인 헤르메스도 그에게 다이아몬드 칼을 선물했다. 아테나는 아틀라스산맥의 동굴에 사는 그라이아이들에게로 페르세우스를 보냈다. '흉측한 마녀'를 뜻하는 그라이아이는 메두사의 친척뻘 되는 두 노파였다. (헤시오도스가 쓴 『신들의 계보』에는 2명의 이름만 언급되지만 나중에 씌어진 『비블리오테카』에는 3명의 이름이 언급되어 있다. - 옮긴이) 페르세우스는 이들에게 메두사가 사는 곳과 이 마녀를 죽이는 방법을 물었다. 물론 이 노파들은 페르세우스의 물음에 순순히 대답하지 않았다. 그러나 페르세우스는 이들의 입을 열게 할 방

❖ — 프란체스코 마페이 (1600~1660년경), 「메두사를 죽이는 페르세우스」, 베네치아, 아카데미아 미술관.

법을 이미 알고 있었다. 이 흉측한 노파들은 눈과 이가 하나 뿐이라 둘이서 번갈아가며 눈과 이를 사용했다. 이들이 눈을 빼서 상대방에게 넘겨줄 때 페르세우스는 눈을 빼앗고는 그의 물음에 대답할 때까지 돌려주지 않겠다고 했다. 결국 노파들은 페르세우스의 질문에 대답할 수밖에 없었다.

그라이아이들은 페르세우스에게 메두사가 있는 곳을 알려주고 이 마녀를 처치하는 데 필요한 물건들을 가지고 있는 요정들에게로 그를 보냈다. 요정들은 날개 달린 샌들과 위험한 메두사의 머리를 담을 자루, 그리고 몸이 보이지 않게 하는 모자를 그에게 기꺼이 건네주었다.

날개 달린 샌들을 신고 이 용감한 영웅은 하늘을 날아 메두사가 사는 곳까지 갔다. 돌로 굳어진 사람들과 동물들이 널브러져 있는 것을 보고 그곳이 그 마녀가 사는 곳임을 하늘에서도 쉽게 알아볼 수 있었다. 마침 메두사는 잠들어 있었다. 페르세우스는 청동 방패를 거울로 삼아 메두사를 직접 보지 않고도 가까이 접근할 수 있었다. 이 방패와 다이아몬드 칼을 이용하여 그는 단칼에 메두사의 목을 베어버렸다. 이때 메두사는 포세이돈의 아이를 임신하고 있었다. 그녀의 시체에서 천마 페가수스와 거인 크뤼사오라스가 튀어나왔을 때 이 대담한 영웅도 적잖이 놀랐으리라. 페르세우스는 메두사의 머리

❖ ─ 안토니오 카노바, 「메두사의 머리를 들고 있는 페르세우스」, 대리석, 로마, 바티칸, 아이러니컬한 조각 작품. 페르세우스는 메두사를 정면으로 바라본다. 그리고 그는 정말로 돌이 되었다!

를 자루에 집어넣고 그곳을 떠났다. 몸을 보이지 않게 해주는 모자 덕분에 그는 메두사의 두 자매 스테노와 에우뤼알레의 추적을 피할 수 있었다.

❖ ― 벤베누토 첼리니,
「페르세우스」, 피렌체.

이때부터 메두사의 머리는 페르세우스의 가장 강력한 무기가 되었다. 이 무기를 이용하여 그는 거인 아틀라스를 돌로 된 산맥으로 만들어버렸고 아름다운 안드로메다를 아내로 얻을 수 있었다. 후에 그는 메두사의 머리를 그의 수호여신 아테나에게 바쳤다. 여신은 이것을 염소가죽으로 만든 자신의 방패에 붙여놓았다. 이렇게 하여 메두사의 머리는 악한 힘이나 적으로부터 인간을 보호하는 마법의 의미를 얻게 되었다.

권력 있는 사람이나 기관에 의한 보호를 뜻하는 영어의 'aegis(이지스)'와 독일어의 'Ägide'는 방패를 뜻하는 그리스어 'aigis(아이기스)'에서 유래한 것으로 메두사의 머리가 지닌 마법의 힘을 상징한다. ('방패'에서 유래한 이름을 지닌 이지스함은 목표의 탐색으로부터 이를 파괴하기까지의 전 과정을 하나의 시스템에 포함시킨 구축함이다. ― 옮긴이)

정치적 상징 ―――― 피렌체의 궁전 앞 회랑에 세워져 있는 벤베누토 첼리니의 페르세우스 조각상은 바로크 시대의 수많은 페르세우스상의 모범이 되었다. 이 조각상은 국가 및 그 지배자가 언제라도 권력을 휘두를 준비가 되어 있음을 상징한다. 이 페르세우스상에 반대되는 인물상이, 연약한 여자의 몸으로 아시리아군의 적진에 들어가 거인 홀로페르네스의 목을 베었던 성서 속 인물 유디트이다. 근대 초기에 그녀는 공화주의적 자유를 상징하게 되었다.

메두사의 머리

원전 : 고대 그리스의 문학가 헤시오도스는 스테노와 에우뤼알레, 그리고 죽은 메두사 등 세 자매를 고르곤이라 부른다. 로마의 작가 오비디우스는 『변신 이야기』 제4권에서 아테나 여신이 메두사의 아름다운 머리카락을 어떻게 해서 전설 속의 바다뱀인 휘드라 무리로 바꿔버렸는지 이야기한다. 이 휘드라라는 이름은 오늘날 별자리 이름 가운데에서도 찾아볼 수 있다. 오비디우스는 페르세우스가 메두사의 머리를 잘라버리는 이야기도 같은 대목에서 언급하고 있다.

문학 : 이탈리아의 화가이자 작가인 조르조 바사리(1511~1574)는 자신이 쓴 미술가 전기 모음집에서 다음과 같은 일화를 소개하고 있다. 레오나르도 다 빈치는 언젠가 한 농부에게서 문짝에 그림을 그려달라는 청탁을 받은다. 레오나르도는 문에 무엇을 그려넣어야 불청객들이 겁을 집어먹게 될지 궁리해 보았다. 일찍이 저 메두사의 머리가 불러일으켰던 것만큼 심한 공포감을 주고 싶었던 것이다. 고심 끝에 그는 도마뱀, 귀뚜라미, 뱀, 메뚜기, 나방, 박쥐 등을 한 무더기나 잡아다가 자기 방안에 들여놓았다. 그러고는 이 모든 곤충들을 짜깁기해서 – 그 지독한 악취를 맡아가며 – 끔찍스러운 모습의 괴물을 조립해냈다. 레오나르도는 그 괴물을 모델로 삼아 그림을 그렸다. 마침내 문짝이 완성되었고, 레오나르도는 그것이 얼마나 효과가 있을지 시험해 보기 위해 어두컴컴한 곳에서 그의 아버지에게 보여주었다. 그 효과는

더없이 놀라웠다. 레오나르도의 아버지는 그 괴물이 단지 그림일 뿐이라는 사실을 알아채지 못하고 너무 놀란 나머지 줄행랑을 치려고 했다는 것이다.

괴테는 「메두사 론다니니」라는 제목의 시를 남겼다. 이 시는 동일한 이름의 로마 시대 조각상으로부터 영감을 얻어 쓴 것이다.

조형예술 : B.C. 6세기경의 작품으로 알려진 한 화병에 고르곤이 묘사되어 있다. 이것을 제외하고는 이 세 명의 고르곤 자매가 함께 묘사되어 있는 작품은 거의 없다. 회화 작품들은 메두사만을 집중적으로 묘사하고 있다.

코르푸에 있는 아르테미스 신전의 서쪽 꼭대기에서 메두사의 모습을 볼 수 있다 (이 역시 B.C. 6세기경의 작품이다).

메두사의 머리는 그리스와 로마의 미술에서 앰블렘으로 지속적으로 사용되었고, 중세에도 흉측한 마녀의 모습으로 계속 묘사되었다. 근대에 들어 미술가들은 아름다운 얼굴과 그와는 전혀 딴판인 끔찍한 머리카락을 그리는 데 흥미를 느끼게 된다.

이탈리아의 화가 카라바조는 페르세우스에게 살해당한 직후의 메두사의 머리를 묘사해 놓았다. 그 얼굴 표정은 믿기 어려울 정도로 끔찍스럽다. 이 그림은 피렌체의 우피치 미술관에 걸려 있다. 루벤스와 에드워드 콜리 번 존스 경(1833~1898)도 메두사의 머리를 묘사했다. 이 그림들은 빈의 예술사박물관과 슈투트가르트 미술관에 각각 전시되어 있다.

정리해보기

페르세우스와 메두사의 머리에 얽힌 이야기에는, 아득한 옛날부터 악귀를 쫓는 역할을 했던 마녀의 얼굴이 오늘날까지 긴장감과 흥미를 주는 모험담의 소재가 되어 신화 속에 정착하는 과정이 잘 나타나 있다.

8
모신들

모신들은 태곳적부터 지중해권 전역과 그 밖의 지역에서 숭배되었다. 아마도 하나의 '대모신'이 여러 형태로 숭배되었던 것으로 보인다. 모신은 모체뿐만 아니라 들판과 가축들의 생산성도 상징하는 존재였다. 모신들에게 희생 제물을 바치는 제의가 매년 거행되었다. 들판에 곡식이 열리고 어미 가축들이 새끼를 배고 여자들이 임신하는 생산의 순환 과정을 새해에도 보장받기 위해서였다. 지난해에 정성을 다해 올린 희생 제의 덕분에 누릴 수 있었던 자연의 순환과 생산 과정이 새해에도 반복되리라는 보장이 없었기 때문이다.

가부장적 사회의 종교인 올림포스 종교시대에 와서는 모신들의 중심적 위치가 더 이상 인정되지 않았지만, 신화에는 그리스인들이 이주해 오기 전에 발칸반도를 지배하고 있었던 모신을 숭배한 흔적이 무수히 많이 남아 있다. 더구나 농촌이나 외진 지역에서는 그리

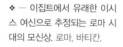

스 고전시대에도 모신 숭배가 여전히 이루어졌으며, 특히 고대(이 책에서의 '고대'는 독일어 'Antike'를 번역한 말로 고대 그리스 로마 시대를 지칭한다 – 옮긴이) 후기에 와서는 퀴벨레나 이시스 등과 같은 오리엔트 지역 모신들의 영향으로 도시의 하층민들 사이에 모신 숭배가 다시 부활했다.

대지의 어머니 가이아 혹은 게Ge에 대한 신화는 모신들이 남신들보다 더 먼저 있었다는 인식이 신화의 심층에 자리잡고 있음을 보여준다. 가이아는 사랑이 지닌 생산력을 뜻하는 에로스와 더불어 태초에 카오스로부터 가장 먼저 생겨난 신이다. 가이아는 하늘 우라노스를 만들어내고 또 그와 결합하여 괴물들과 거인들, 그리고 티탄들을 낳았다. 우라노스는 비와 훈풍을 내려 이 대지의 어머니에게 생식의 씨를 뿌렸지만 그의 후손들 중에서 경쟁자가 나오리라는 것을 알게 되자 가이아의 자궁을 막아버리려고 했다. 그러자 가이아는 아들 크로노스를 시켜 아버지를 거세하게 하여 그의 권력을 빼앗도록 만들었다. 또 크로노스가 누이 레아와의 사이에서 낳은 자식들을 삼켜버리자 가이아는 딸을 도와 그녀의 막내아들 제우스 대신에 바위를 아이로 위장하여 크로노스에게 내주도록 했다. 성인이 된 제우스는 첫 번째 아내 메티스의 도움을 얻어

❖ — 이집트에서 유래한 이시스 여신으로 추정되는 로마 시대의 모신상. 로마, 바티칸.

자신의 형제자매들을 아버지의 몸 안에서 해방시켰다. 그러나 제우스는 메티스가 낳은 아들이 자신의 왕위를 빼앗게 되리라는 가이아의 예언을 듣고 아내 메티스를 삼켜버린다. 결국 가이아는 아들들인 기간테스를 사주하여 제우스와 올림포스 신들의 지배권을 뒤집어엎으려 하였으나 기간테스의 패배로 인해 실패하고 말았다. 이렇게 하여 제우스에 의해 모신들의 지배는 끝나고 가부장제가 – 적어도 현재까지는 – 확립되었다.

그럼에도 그리스인들은 가이아의 신전을 숭배했으며, 이 여신의 신탁에 특별한 중요성을 부여했다. 태초 이래의 모든 사건들을 알고 있는 이 여신보다 더 현명한 이는 아무도 없다고 여겼기 때문이다.

데메테르 여신도 가이아만큼 숭배되었다. 로마

❖ – 페르세포네는 석류를 받아먹음으로써 하데스를 떠나지 못하게 된다. 단테 가브리엘 로세티(1828~1882), 「프로세르피나」 (프로세르피나는 페르세포네의 라틴어 이름 – 옮긴이), 런던, 테이트 갤러리.

인들은 이 여신을 케레스라고 불렀다. 데메테르는 곡식의 성장과 농경 기술을 주관하는 여신이다. 매우 오래된 출산의 여신 중 하나인 데메테르를 그리스인들은 제우스의 누이로 만들었다. 데메테르가 인간인 이아시온을 사랑하게 되어 세 번 갈아엎은 밭에서 그와 잠자리를 함께했다는 이야기는 그리스 이전 시대의 생산의 마법을 우리에게 전해준다. 그녀와 이아시온의 사이에서 풍요와 부의 신 플루토스가 태어났다. 누이가 신분에 맞지 않게 인간과 놀아난 것에 격분한 제우스는 이아시온을 번개로 내려쳐 죽이고 말았다.

❖ ─ 심각하고 슬픈 표정의 데메테르. 1세기 로마 시대의 조각상. 카르타고(튀니지), 박물관.

저승세계의 신 하데스가 데메테르의 딸 페르세포네를 납치했다는 신화도 들판의 생산 사이클을 내용으로 한다. 데메테르는 딸을 찾아 그리스 방방곡곡을 헤매다녔다. 태양신 헬리오스의 도움으로 딸의 행방을 알게 된 여신은 하데스와 제우스에게 딸을 되돌려달라고 요구했다. 하데스가 이 요구에 응하지 않자 데메테르는 올림포스에 있는 신들의 세계로 되돌아가기를 거부했다. 또 그녀는 곡식들의 생장을 돌보지 않음으로써 세계를 심각한 기근에 빠뜨렸다. 인간들이 신들에게 희생의 제물을 바치지 않게 되는 것을 우려한 제우스는 자신의 어머니 레아와 데메테르에게 중재를 부탁했다. 레아는 하데

❖ ─ 케레스, 바쿠스, 아모르가 대지의 결실을 기뻐하고 있다. 한스 폰 아헨(1552~1615), 빈, 예술사 박물관

스가 1년의 3분의 2에 해당하는 기간은 페르세포네를 양보하고 그 나머지 기간만 그녀와 함께 지낸다는 타협안을 얻어냈다. 그리하여 페르세포네가 하데스와 함께 지내는 그 기간은 자연의 생산 활동이 중지되는 겨울이 되었다. 페르세포네와 그녀의 어머니는 그 나머지 두 계절 (그리스인들은 처음에는 계절을 셋으로 구분했다) 동안만 들판의 생산 과정을 돌보았다. 페르세포네를 찾아 헤매다니던 길에 데메테르는 아테네 근방의 엘레우시스를 찾아간 적이 있었다. 이곳에서 여신은 왕의 궁전에서 큰 환대를 받았다. 그 대가로 여신은 왕비 메타네이라의 어린 아들 데모폰을 돌보아 주었다. 이 아이를 사랑하게 된 여신은 그를 불사의 몸으로 만들어주려고, 신들의 음식 암브로시아로 온몸을 발라주고 불길이 이글거리는 재 위에 아이를 재웠다. 어느 날 이것을 보게 된 메타네이라는 놀라 비명을 질렀다.

자신을 믿지 않는 것에 화가 난 데메테르는 재에서 불길이 솟아오르게 하여 어린 데모폰을 타죽게 만들었다. 후에 자신의 행위를 후회하게 된 여신은 엘레우시스 밀교를 탄생시켰다. 이 비밀 제의는 그리스인들과 로마인들이 높이 받들었다. 또 데메테르는 엘레우시스 지방의 왕자 트리프톨레모스에게 농경 기술을 가르쳤다. 이 왕자는 그 기술을 그리스 전역에 전파했다.

또 다른 출산의 여신으로는, 원래 소아시아 지방의 여신으로서 그리스인들이 레아와 동일시하던 퀴벨레가 있다. 디오니소스처럼 이 여신도 광적인 춤을 추는 마이나데스들과 코뤼반테스들을 거느리고 다녔다. 퀴벨레에게는 아티스라는 젊은 애인이 있었는데, 그는 이 정열적인 여신으로 인해 성적 불능 상태가 된 후 일찍 죽고 말았다.

> **밀교** ——— 엘레우시스 같은 밀교 제의에는 누구나 들어갈 수 있는 것이 아니라 복잡한 입회 의식을 거친 사람만이 참여할 수 있었다. 이 밀교 제의는 모신들에게 바쳐지는 것이 대부분이었다. 그리스 시대에 가장 유명한 밀교 제의로는 엘레우시스 외에 가수 오르페우스의 이름을 딴 오르페우스 밀교가 있었다. 로마 시대에 와서는 수많은 밀교 제의들이 생겨나 서로 경쟁했는데, 그 대표적인 경우로는 퀴벨레 숭배, 이시스 혹은 미타라 숭배 등이 있었다. 초기 기독교도 전형적인 밀교 제의의 성격을 지니고 있었다.

출산의 여신을 위한 초기 제의에서는 모신을 대리하는 여사제의 애인이 들판에서 그녀와 잠자리를 함께한 후 제물로 바쳐졌다. 아프로디테와 아도니스의 이야기는 이 희생 제의의 역사를 배경으로 한다. 아프로디테도 그리스인들에 의해 올림포스 가족의 일원으로 받아들여지기 전에는 모신 중 한 명이었다. 심지어 처녀신 아르테미스의 경우도 마찬가지다. 소아시아의 에페소스에 있는 이 여신의 거대한 신전에는 많은 젖가슴이 달린 모신의 모습을 한 신상이 모셔져 있었다.

❖ — 4대 원소 불, 흙, 물, 공기를 비유적으로 표현하는 얀 브뤼겔(1568~1625)의 바로크 시대의 그림에서 흙, 즉 땅을 상징하는 케레스가 한가운데의 왕좌에 앉아 있다. 자연의 풍요로움은 이 4대 원소의 협력으로 생겨난다. 빈, 예술사박물관.

로마인들이 주노라고 부르던 신들의 어머니 헤라에게서는 다른 모신들의 경우와 달리 옛날에 '대모신'이었음을 보여주는 흔적을 전혀 발견할 수 없다. 헤라는 제우스의 누이이자 아내였다. 모든 면에서 집안의 아내 모습을 구현하고 있는 이 여신의 가장 중요한 일과는 질투심에 차서 남편의 탈선 행각을 감시하는 일이었다. 헤라는 전쟁의 신 아레스와 불화의 여신 에리스의 어머니였다. 또 온화한 헤베 여신과 부지런한 대장장이의 신 헤파이스토스의 어머니기도 했다. 그러나 헤라는 좋은 어머니는 아니었다. 헤라는 헤파이스토스를 낳고 이 아이가 불구임을 확인하고는 그를 올륌포스에서 땅으

90

가부장제 ——— 그리스인들은 발칸반도 남부에 정착하기 전까지는 유목민족이었다. 그리스에 정착한 후에도 이들은 유목민족 특유의 가부장제 사회 구조를 그대로 유지했다. 가축과 농경지는 가족의 소유였고, 이 가족의 우두머리는 집안의 아버지였다. 가족의 재산은 아버지로부터 아들과 사위에게 상속된다. 누가 자신의 아들과 손자인지를 분명히 가릴 수 있기 위해 – 물론 이것을 완벽하게 가려내는 일은 불가능했지만 – 가장들은 아내와 딸들의 정조를 매우 중요시했다.

로 내던져버렸다. 그럼에도 그리스 여인들은 출산 때 그녀의 도움을 청했다. 헤라는 다른 무엇보다도 결혼의 여신이었다. 결혼은 그리스인들이 발칸반도에 도입한 제도였다. 그 이전에 이 지역에서는 대모신을 숭배했으며, 공동체 안의 사람들은 아버지가 누구인지 전혀 모르고 오직 어머니가 누구인지만 알 수 있었다. 한마디로 가부장적 결혼 제도가 성립되지 않았던 모계 사회였던 것이다. 하지만 가부장권의 지배하에서

❖ — 기독교의 성모 마리아상은 고대 모신상의 전통과 닿아 있다. 아기 예수를 안고 있는 성모, 비잔티움 시대, 1120년경, 이스탄불, 소피아성당.

도 모신들에 대한 숭배는 거듭 새로운 모습으로 되살아났다.

더 알아보기

모신들

원전 : 세계와 신들이 생겨난 유래에 대해서는 그리스의 작가 헤시오도스가 『신들의 계보』에서 이야기하고 있다. 가이아는 맨 먼저 하늘과 별들을 창조했다. 그 다음에는 산악지대를 만들고, 그 안의 계곡과 골짜기에 사는 요정들을 만들었다. 대양과 파도를 만든 다음, 마지막으로 열두 명의 티탄들 – 여섯 명의 딸들과 여섯 명의 아들들 –을 만들었다. 이외에도 그녀는 외눈박이 거인 퀴클롭스들을 비롯하여 각각 100개의 팔과 50개의 다리를 가진 '뭐라 이름붙이기조차 어려운' 괴물 셋을 더 만들었다. 호메로스는 그가 지은 찬가들 중 가장 긴 작품을 데메테르 여신에게 바쳤다.

호메로스는 페르세포네가 하데스에 의해 납치될 때 가이아가 하데스 편에 서서 도움을 아끼지 않았다고 말한다. 이 소녀가 어머니와 떨어져 있을 때, 가이아는 소녀의 주위에 아름답기 그지없는 꽃들이 피어나게 했다. 페르세포네가 감탄하면서 꽃들을 만져 보려고 하자 대지가 갈라지고 이 틈으로 하데스가 소녀를 납치해 갔다고 한다. 호메로스는 데메테르가 딸을 찾아 나섰다가 메타네이라와 그녀의 아들 데모폰을 만난 이야기도 하고 있다.

고대 그리스의 시인 칼리마코스(B.C. 305~240년경)도 데메테르 여신에게 바치는 찬가를 한 편 썼다. 로마 시대에는 오비디우스가 데메테르의 이야기를 다시 다루고 있다. 그는 『변신 이야기』 제3권에서 페르세포네가 납치되는 이야기를 서술한다. 호메로스의 작품에서와 마찬가지로 여기서도 페르세포네는 꽃을 따다가 납치되는 것으로 나온다. 데메테르 여신은 딸을 찾아 방방곡곡을 헤맨다. 한번은 어느 노파의 오두막에서 발길을 멈추었는데, 그곳에서 한 사내아이가 그녀를 조롱하자 데메테르는 그 자리에서 그를 도마뱀으로 변하게 했다.

문학 : 프리드리히 실러(1759~1805)가 쓴 시들 중에 「케레스의 비애」라는 제목의 시가 있다. 이 시는 딸 페르세포네를 잃어버린 데메테르 여신의 슬픔을 이야기한다. 결국 데메테르는 그녀의 운명에 순응할 수밖에 없었다. 그나마 자식을 완전히 잃은 것은 아니었기 때문이다. "봄이면 맑고 밝은 빛 속에서 / 저 부드러운 젖가슴을 / 가을이면 시든 화관에서 / 나의 고통, 나의 기쁨을 수확하리라."

조형미술 : 필라레테는 페르세포네가 납치되는 이야기를 로마의 베드로 성당 청동문에 묘사해 놓았다. 루벤스, 프란체스코 알바니(1578~1660), 아르테미시아 젠틸레스키(1597~1651), 렘브란트 등도 같은 주제의 그림을 그렸다. 이 그림들은 각각 마드리드 프라도 박물관, 밀라노의 브레라, 피렌체의 팔라초 피티 미술관, 베를린의 노이에 게멜데갈레리에 전시되어 있다.

데메테르 여신을 묘사한 화가로는 발다사레 페루치(1481~1536), 조르조 바사리, 야코프 요르단스(1593~1678), 프란스 반 미에리스(1635~1681) 등이 있다. 이들의 그림은 로마의 빌라 파르네시나, 아레초의 바사리 미술관, 마드리드의 프라도 박물관, 코펜하겐의 국립박물관에 각각 전시되어 있다.

오귀스트 로댕은 데메테르 여신의 대리석 흉상을 제작했다.

정리해보기

모신들은 올림포스의 신들보다도 더 오래되었고, 이미 그리스 이전 시대부터 숭배되었다. 신화는 모신들의 종교적 변천사를 추적하게 해주는 유일한 역사적 원전이다.

9
무사 여신들

　문학가들은 작품을 쓸 때 뮤즈 여신들로부터 영감을 얻는다. 서양 음악, 즉 뮤직music도 뮤즈가 관장하는 분야이다. '뮤직'이란 단어 자체가 원래 '뮤즈의 예술'을 의미한다. 또 그림이나 조각 등 조형예술 작품을 모아놓는 곳을 가리키는 영어와 독일어 'M(m)useum(박물관)'도 원래 뮤즈의 신전을 의미한다. 오늘날의 우리와는 달리 예술과 학문을 그리 멀리 떨어진 것으로 여기지 않았던 그리스인들에게는 학문도 뮤즈의 소관 분야였다. 뮤즈는 그리스어 '무사Mousa(복수는 무사이Mousai)'의 영어식 발음이다.

　그리스 문학 작품들은 초창기부터 거의 대부분 무사 여신들, 특히 자신의 작품과 관련되는 무사 여신을 불러내는 것으로 시작했다. 예컨대 호메로스의 『오뒷세이아』는 "무사 여신이여… 이 영웅에 대한 기억을 떠올리게 해주소서"라는 말로 시작한다. 즉 무사 여신이

❖ ― 우아함을 상징하는 세 명의 그라치아 혹은 카리테스 여신들도 무사 여신들과 비슷한 모습을 하고 있다. 폼페이에서 출토된 로마 시대의 그라치아, 나폴리, 국립박물관(왼쪽 그림). 장 밥티스트 르노(1754~1829), 파리, 루브르 박물관(오른쪽 그림).

시인이자 가수인 호메로스에게 오뒷세우스라는 이름 및 그 이름과 관련된 크고 작은 많은 이야기들의 기억을 살려내 주어야 하는 것이다. 그뿐만 아니라 이 이야기들을 담아내는 리듬과 멜로디를 기억하게 하는 것도 무사 여신들의 일이었다. 문자가 없었던 호메로스의 시대에는 이야기들을 전하는 가수, 즉 '음유 시인'의 기억력을 일깨워주는 무사 여신들의 역할이 매우 중요했다. 그렇지 않으면 위대한 서사시, 즉 광범위한 내용을 담고 있는 신화의 역사가 잊혀버리기 때문이다.

무사 여신들이 원래는 인간의 기억력을 돕는 역할을 했다는 사실은 그 혈통에서도 확인된다. 이들은 제우스와 티탄족 여신 므네모쉬네 사이에서 태어난 딸들이다. 그리스어 '므네모쉬네'는 '기억'을 뜻한다.

초기에 무사 여신은 세 명뿐이었던 것 같다. 역시 기억을 의미하는 므네메, 오늘날의 개념으로는 집중력이라는 단어에 가까운 멜레테, 그리고 노래를 뜻하는 아오이데가 바로 그들이다. 이 점에서도 무사가 시인의 시 음송을 도와주는 여신이었다는 사실이 분명히 드러난다.

후에 예술이 분화되면서 아홉 명의 무사 여신들이 각각 전문 분야를 관장하게 되었다. 그러나 이때에도 이들의 역할은 그다지 명료하게 구분되지 않았다. 이들 중에서 가장 많이 언급된 여신은 서사시의 여신 클레이오, 비극의 여신 멜포메네, 희극의 여신 탈리아였다. 다른 여신들은 여러 종류의 서정시와 음악, 무용 등을 담당했다. 그 이름에서 역할이 가장 분명하게 드러나는 여신은 '하늘'을 뜻하는 우라니아였다. 이 여신은 천문학자들의 신이었다.

무사 여신들의 고향은 올륌포스산 부근의 피에리아다. 이곳은 제

❖ ─ 무사. 그리스 시대의 부조, 1세기, 이스탄불, 고대박물관.

우스가 그들의 어머니 므네모쉬네와 사랑을 나눈 곳이기도 하다. 이곳 주민들의 시조인 피에로스의 딸들은 당연히 무사 여신들의 예술과 친숙했다. 어느 날 자만해진 이들이 무사 여신들에게 도전했다. 물론 승리는 무사 여신들에게 돌아갔다. 이들은 오만함에 대한 벌로 깍깍 대며 노래하는 까치가 되었다. 새 모습을 하고 마법의 노래를 불러 오뒷세우스와 그 일행들을 괴롭혔던 세이렌들도 피에로스의 딸들보다 별로 나을 것 없는 곤욕을 겪었다. 이들도 자신들이 무사 여신들보다 노래를 잘한다고 자랑하고 다녔다. 이들은 무사 여신 멜포메네의 딸들이었지만 무사 여신들과 비견할 정도는 아니었다. 결국 이들은 여신들에게 깃털을 뽑히는 벌을 받고 말았다.

마찬가지로 무사 여신들에게 도전한 시인 타뮈레스는 기억력을 박탈당하는 벌을 받았다. 다시 말해 여신들은 그의 기억력을 도와주는 일을 거부했던 것이다. 그는 생업을 잃고 말았다. 반면에 여신들은 음유 시인 데모도코스의 시력을 빼앗았지만 그 대신에 그를 더 뛰어난 시인으로 만들어주었다. 맹인들은 자신의 기억에 더 집중할 수 있기 때문이다. 같은 이유로 그리스인들은 호메로스도 맹인으로

❖ — 파르나소스산에서 연회
를 열고 있는 무사들과 신들.
안드레아 멘테냐(1431~1506),
「파르나소스」, 파리, 루브르
박물관.

묘사하고 있다. 이것이 문자가 없었던 시대에 그를 유명하게 만들어
준 조건이었다.

무사 여신들은 때때로 신들이나 인간들과 사랑에 빠져 자식을
낳기도 했다. 그 자식들은 모두 특별히 아름답거나 아니면 위대한
예술가가 되었다. 그 한 예가 클레이오 여신과 피에로스 사이에서
태어난 아들 휘아킨토스다. 아폴론은 이 빼어나게 아름다운 소년을
열렬히 사랑했다. 그러나 우연한 실수로 인해 이 미소년은 아폴론
이 던진 원반에 맞아죽고 말았다. 휘아킨토스가 흘린 피에서 히아
신스꽃이 피어났다. 피에로스의 아들과 칼리오페 사이에서 위대한
가수 오르페우스가 태어났다. 탈리아는 아폴론과의 사이에 코뤼반
테스들을 낳았다. 이들은 모신 퀴벨레를 따라다니는 광란의 무용수

가 되었다.

아폴론이 그리스인들에게 예술의 신으로 숭배되면서 무사 여신들은 그의 휘하에 들어가게 되었다. 이렇게 하여 아폴론은 '무사게테스', 즉 '무사들을 이끄는 자'라는 별명을 얻게 되었다. 그리고 무사 여신들도 이에 따라 원래의 고향인 피에리아와 무사의 산으로 숭배되던 헬리콘산으로부터 아폴론이 신탁을 내리는 성소 델포이 신전이 있는 파르나소스산으로 거처를 옮기게 되었다.

아폴론을 둘러싸고 있는 무사 여신들은 고대의 위대한 예술을 다시 구현하려 했던 근대 초기의 시인, 화가, 음악가들의 창작에 가장 중요한 상징적 존재가 되었다. 그 이래로 예술가들은 고대 예술과 비교하여 부끄럽지 않은 작품을 만들어냈을 때 무사 여신을 부르게 되었다.

❖ — 아폴론과 아홉 명의 무사 여신들이 함께하는 전원 풍경. 팔마일 조바네(1544~1628), 「파르나소스」, 파르마, 국립미술관.

더 알아보기

무사 여신들

원전 : 그리스 시인 헤시오도스의 『신들의 계보』에 따르면 무사 여신들은 제우스와 므네모쉬네 사이에서 태어난 아홉 명의 딸이다. 이들은 올림포스 산자락에서 태어났고 또 그곳에서 살았다. 올림포스산 외에 보이오티아 지방의 헬리콘산도 그들이 거주하는 성지로 숭배되고 있다.

헤시오도스는 『신들의 계보』에서 무사 여신들을 칭송하면서 이야기를 시작한다. 그 이유는 이 여신들이 그에게 – 그의 표현을 그대로 빌리자면 – 지식과 시인으로서의 재능을 부여해 주었고, 덕택에 그가 다른 모든 신들에 대해 이야기할 수 있게 되었기 때문이다.

호메로스 역시 『일리아스』와 『오뒷세이아』에서 무사 여신들을 부르면서 이야기를 시작하고 있다. 모든 것을 알고 있는 여신인 무사들이 도와주는 시인은 행복한 사람이기 때문이다. 호메로스는 자신의 짧은 찬가 「무사와 아폴론에 바치는 찬가」에서 이렇게 읊고 있다. "오. 행복하도다! 무사 여신들께서 항상 사랑하는 사람이여! 달콤한 선율이 그의 입에서 샘솟나니!" 그러나 재능을 부여받은 자가 그 대가를 치러야 하는 경우도 종종 있다.

『오뒷세이아』 제8권에서 무사 여신들은 시인 데모도코스에게 큰 재능을 부여하지만 이와 동시에 그의 시력을 앗아가 버린다.

문학 : 작가들에게 최고의 지력과 예술가로서의 능력을 주는 무사 여신들은 모든 시대의 시인들이 즐겨 다룬 주제이다. 근대 문학사에서 무사 여신들은 작가들의 재능과 영감을 상징하는 존재로 묘사된다. 무사 여신들이 도움을 주거나 혹은 – 비유적인 의미에서 – 함께 있어주면 성공적인 창작을 보장받을 수 있었다.

아주 많은 시인들이 여러 편 혹은 적어도 한 편 정도는 여신들에게 바치는 찬시를 지었다. 일례로 러시아 문학사의 경우 다음과 같은 시들을 열거할 수 있다. 알렉산더 푸슈킨(1799~1837)은 무사 여신들이 이미 어린 시절부터 자신을 찾아와 갈대 줄기로 피리 소리 내는 법을 가르쳐주었으며, 그 후 마침내 여신들은 위대한 찬가가 그의 마음속에 떠오르게 해주었다고 말했다. 또 무사 여신들과의 만남은 항상 자신을 기쁨과 행복으로 충만하게 해주었다고 푸슈킨은 고백하고 있다.

그러나 안나 아키마토바(1889~1966)의 짧은 시는 이와는 완전히 다른 느낌을 준다. "내가 짊어진 이 고통스러운 짐을 / 그들은 뮤즈라고 부른다." 상징주의의 대표적 시인인 알렉산더 블로크(1880~1921)는 「뮤즈의 여신들에게」라는 제목의 시에서 이 여신들의 존재와 행위에 대해 의심을 표명한다.

조형예술 : 아폴론과 함께 있는 무사 여신들을 그린 화가로는 이탈리아의 미술가 줄리오 로마노(1499~1546), 펠레그리노 티발디(1527~1596), 네덜란드의 바르톨로메우스 슈프랑어(1546~1611), 프랑스의 니콜라 푸생 등이 있다. 이 그림들은 각각 피렌체의 팔라초 피티 미술관, 파르마 국립미술관, 빈의 예술사박물관, 마드리드의 프라도 박물관에 걸려 있다.

> ### 정리해보기
> 오늘날에도 시인들은 무사 여신들을 내세워 자신을 정당화한다. 무사 여신들의 신화는 시 문학이 역사적으로 어떻게 발생했는지를 잘 보여준다.

10
비너스와 아모르

　지금도 사랑의 여신 비너스는 누구나 잘 알고 있다. 그리고 날개 달린 신 아모르는 여전히 자신의 활을 가지고 사랑, 애무, 섹스가 있는 곳이라면 어디라도 달려간다. 아모르amor, 아무르amour, 아모레amore는 현대 로만어(프랑스어, 이탈리아어, 스페인어 등 고대 로마의 라틴어에 뿌리를 둔 언어의 통칭 - 옮긴이)에서도 사랑을 의미한다. 아모르에 해당되는 그리스어 에로스는 현대의 거의 모든 언어에서 사용되고 있다.

　이제 비너스와 아모르라는 이름은 주로 외설적인 맥락에서 사용된다. 예를 들어 나신裸身의 아름다운 여자를 비너스라고 부르고 스트립쇼를 하는 유흥업소의 네온 간판에 사랑의 화살을 쏘는 아모르를 그려넣는 식이다. 사랑의 근원적 힘을 상징하는 이 두 신들을 이렇듯 가볍게 취급하는 것은 신화를 이용한 일종의 방어술이라고 할 수 있다. 다시 말해 우리는 그런 방식을 통해 인간의 삶에서 가장 강렬한 본능적 충동을 그저 재미있고 무해한 일인 양 꾸미고 있는 것이다.

그러나 초기의 신화 속에 나타나는 비너스 – 혹은 그리스어 이름인 아프로디테 –와 아모르 혹은 에로스는 그 많은 신들 중에서도 가장 오래되고 가장 강력한 신에 속한다. 사랑의 힘을 상징하는 에로스는 그리스 신화에서 대지의 여신 가이아만큼 오래된 신이다. 땅 가이아와 하늘 우라노스를 사랑으로 맺어주고 이를 통해 천지창조를 궁극적으로 완성한 것이 바로 에로스였다. 이 결합에서 티탄족이 생겨났고 티탄족이 신들과 인간들을 만들어냈기 때문이다. 또 아프로디테도 다른 신들보다 훨씬 오래된 신이다. 티탄 크로노스는 그의

❖ – 활을 다듬는 악동의 모습으로 그려진 아모르. 이 활로 그는 저 위험한 사랑의 화살을 쏘아댈 것이다. 파르미자니노(1503~1540), 빈, 예술사박물관.

아버지 우라노스를 거세한 후 잘린 성기를 바다에 버리는데, 거기에 남아 있던 정액이 거품으로 변하면서 이 거품에서 아프로디테가 생겨났다. 이 여신은 키프로스섬에 상륙하여 이 섬을 자신의 성지로 만들었다. 키프로스는 그리스보다는 아시아 대륙에 더 가까이 있다. 고대의 유명한 역사가이자 여행기 작가였던 헤로도토스는 그런 이유로, 아프로디테가 원래 시리아인들과 바빌로니아인들이 이슈타르 혹은 아스타르테라는 이름으로 숭배하던 아시아의 여신이었을 것이라고 추정했다. 오늘날 우리는 이 여신이 원래는 지중해 전역과

중동 지방에서 숭배되던 모신이자 출산의 여신이었음을 알고 있다. 로마인들이 아프로디테와 동일시한 이탈리아 지역의 여신 비너스도 원래는 출산의 여신이었다.

그리스 고전시대에 와서 아프로디테는 올림포스 신들의 일원이 되었다. 아프로디테가 지니고 있는 권력의 원천은 신들과 인간들을 ― 그것이 행복을 가져다 주든 불행을 가져다 주든, 그리고 그들이 원하든 원하지 않든 간에 ― 사랑에 빠지게 할 수 있다는 것이었다. 아프로디테는 또한 모든 연인들의 수호신이기도 했다. 신들의 우두머리 제우스도 숱한 연애 행각을 벌이는 과정에서 항상 그녀의 도움을 받았으며 인간들도 거의 매일 그녀에게 도움을 간청했다.

아프로디테가 여신들 중에서 가장 뛰어난 미녀였음은 물론이다. 이는 파리스의 심판(헤라·아테나·아프로디테의 세 여신이 아름다움을 겨루었을 때 트로이왕의 아들인 파리스가 아프로디테를 그리스 최고의 미인으로 판정한 일을 말한다. 37장 참조 ― 옮긴이)에 의해서도 확인된 바 있다. 따라서 그녀가 많은 신들의 갈망의 대상이 되었던 것은 당연한 일이다. 신들의 전령 헤르메스는 그녀를 너무도 간절히 열망하여 그녀와 하룻밤을 같이 지낼 수 있게 도와달라고 제우스에게 간청했다. 자신의 사랑의 전령으로서 헤르메스가 절실히 필요했던 제우스는 독수리로 변신해, 외모 가꾸는 일을 중요시하는 이 여신이 목욕하는 틈을 타서 그녀의 황금 샌들 한 짝을 몰래 훔쳐내 헤르메스에게 갖다 주었다. 헤르메스는 그녀에게 하룻밤을 함께 보내주지 않으면 샌들을 돌려주지 않겠다고 말했다. 이 짧은 관계에서 양성을 함께 지닌 인간 헤르마프로디토스가 태어났다.

❖ ― 일 구에르치노(1591~1666), 「비너스, 마르스, 쿠피도」, 모데나, 에스텐제 미술관.

훗날의 신화에서는 아모르가 비너스와 전쟁의 신 마르스(아레스의 라틴어 이름 ― 옮긴이) 사이에서 태어났다고 되어 있다. 비너스와 마르스는 서로 연인 관계였다. 그런데 이들이 지속적으로 관계를 유지하는 데는 문제가 있었다. 비너스는 원래 대장장이의 신 불카누스(헤파이스토스의 라틴어 이름 ― 옮긴이)의 아내였기 때문이다. 불카누스는 대부분의 시간을 지하세계에 있는 대장간

❖ — 마르스와 비너스가 함께 있는 현장을 불카누스가 덮치고 있다. 전쟁의 신 마르스는 몸을 숨기고, 어린 아모르는 자신의 침대에 누워 있다. 틴토레토, 뮌헨, 알테 피나코텍.

에서 보냈는데, 어느 날 아내가 지속적으로 바람을 피운다는 이야기가 그에게 들려왔다. 그는 아무도 빠져나갈 수 없는 정교한 그물을 만들어 비너스의 침대 위에 설치했다. 비너스가 그녀의 연인을 침대에 맞아들였을 때 갑자기 그물이 떨어지면서 그들을 덮쳤다. 불카누스는 꼼짝 못하고 그물 속에 사로잡힌 이 바람난 남녀를 다른 신들에게 구경시켜 조롱거리로 만들었다.

비너스는 마르스를 진정으로 사랑했던 것 같다. 마르스가 다른 여자에 관심을 보이면 극심한 질투를 일으켰기 때문이다. 그 일례를 아우로라 혹은 에오스라고 불리는 아름다운 아침 노을 여신의 경우에서 볼 수 있다. 비너스는 이 연적에게 다른 어느 누구도 모방할 수 없는 방식으로 벌을 내렸다. 사랑의 여신은 이루어질 수 없는 사랑으로 인해 끊임없이 고통을 겪어야 하는 저주를 아우로라에게 내렸다.

마르스도 비너스가 미남 아도니스와 사랑에 빠졌을 때 격렬한 질투심에 불탔다. 그는 사나운 멧돼지로 변신하여 사냥을 하던 아도니스를 죽여 버렸다. 커다란 슬픔에 사로잡힌 비너스는 제우스에게 간청하여 아도니스가 1년 중 잠시 저승세계에서 풀려나 그녀와 보낼 수 있도록 했다.

그녀가 이런 일로 인해 인간을 사랑하는 일을 그만둔 것은 아니다. 그녀가 사랑한 또 다른 인간은 트로이인 안키세스였다. 그는 여신과 교제하는 것을 망설였다. 그러나 비너스는 아름다운 시골 처녀로 변신하여 그를 유혹했다. 안키세스에 대한 사랑 때문에 그녀는 트로이인들을 지켜주려 노력

❖ ─ 유명한 밀로의 비너스 B.C. 100년경 헬레니즘 시대의 작품. 파리, 루브르 박물관.

했다. 특히 신들의 미인 콘테스트에서 그녀의 손을 들어준 파리스를 각별히 배려했다. 그러나 그녀는 아테나를 위시해 그리스 편을 든 신들에 맞서 트로이를 구해내지는 못했다. 하지만 안키세스와의 사이에서 낳은 아에네아스를 구해주고 그를 이탈리아까지 무사히 인도해 주었다. 아에네아스는 이곳에 정착하여 카이사르와 아우구스투스를 탄생시킨 율리우스 가문의 선조가 된다.

고대 후기에 와서 비너스는 조각가들과 화가들에 의해 여성미의 상징으로서 형상화되었으며 시인들에 의해 가장 사랑스러운 여성으

❖ — 그리스인들은 아프로디테를 칼리퓌고스Kallipygos, 즉 '아름다운 엉덩이를 가진 여자'라고 불렀다. 로마 시대의 조각상을 뒤에서 본모습. 2세기.

로 찬미되었다. 비너스는 로마의 국가적 제의에서 특별한 중요성을 지니고 있었음에도 이처럼 성적인 의인화의 대상이 됨으로써 그 신화적 힘과 의미를 상당 부분 잃게 되었다. 아모르의 경우도 마찬가지였다. 한때 신들도 두려워하는 권력을 지니고 있었으며, 고대의 시인들이 그 이름 앞에 흔히 '무시무시한'이라는 수식어를 붙였던 아모르는 예쁘장한 소년이 되어 동화적인 이야기들에 등장하기에 이르렀다. 이 중에서 가장 아름다운 것은 아모르와 프쉬케의 이야기이다. 프쉬케는 자신의 아름다움을 지나치게 과시한 탓으로 아모르의 어머니 비너스의 미움을 사게 된다. 비너스는 그녀에게 벌을 내리라고 아모르에게 명령을 내렸지만 프쉬케를 본 이 사랑의 신은 스스로 사랑에 빠지고 말았다.

까마득한 절벽 위에 있는 동굴로 끌려갔던 프쉬케는 부드러운 바람의 신 케퓌르에 의해 아모르의 화려한 궁전으로 실려온다. 깊은 잠에 빠졌다가 깨어난 프쉬케는 그녀에게 원래 예고되었던 대로 무서운 괴물에게 잡혀온 것이 아니라, 어떤 신의 부드럽고 사랑스러운 팔에 안겨 있는 자신을 발견하고는 안도와 기쁨을 느낀다. 어머니의 눈길을 피해 밤에만 프쉬케를 찾아가던 아모르는 그의 얼굴을 보지 않겠다는 약속을 그녀에게서 받아냈다. 아모르가 프쉬케와 사랑에

『아에네아스』 - 문학과 종교와 정치 ─────── 황제를 신격화하는 것이 로마 시대의 정치적 일상사가 되자, 신화에 아우구스투스의 조상이 비너스로 되어 있는 것이 여러모로 커다란 이점으로 작용했다. 로마의 시인 베르길리우스는 호메로스를 본보기로 하여 아에네아스의 일생을 장편 서사시로 그려내라는 과업을 부여받았다. 아에네아스는 비너스와 안키세스 사이에서 태어난 아들로 불타는 트로이를 빠져나온 트로이 측의 유일한 영웅이었다. 그 후 그는 카르타고의 여왕 디도와 쓰라린 결별을 하고 이탈리아에 정착하여 로마 황제 가문의 선조가 된다. 베르길리우스의 『아에네아스』는 비록 정치 선전으로 기능하긴 했지만 고대 문학에서 위대한 걸작 중 하나로 꼽힌다. 이 시인이 여러 해 동안 아무 걱정 없이 작품에만 매달릴 수 있었던 것은 물론 아우구스투스 황제의 배려 덕분이었다.

빠졌다는 사실을 아무도 알아서는 안 되었기 때문이다.

프쉬케는 낮 동안의 적적함을 달래기 위해 그녀의 언니들을 이곳으로 데려왔는데 시기심이 생긴 이 언니들은 프쉬케의 애인이 괴물일지도 모른다며 밝은 빛 속에서 그를 꼭 한 번 보도록 하라고 프쉬케를 부추겼다. 그래서 프쉬케는 등잔을 침대 밑에 몰래 감춰놓고 애인을 기다렸다. 그날 밤 아모르의 모습을 처음으로 본 프쉬케는 그의 아름다움에 완전히 마음을 빼앗겨 그에게 절실한 사랑을 느끼게 되었다. 그러나 서투르게 그를 안으려 하던 프쉬케는 등잔의 뜨거운 기름을 쏟아 아모르의 어깨를 데게 하고 말았다. 결국 상처와 불행을 안고 아모르는 그곳을 떠나야만 했고 프쉬케는 쓸쓸하게 홀로 남겨졌다. 그러나 프쉬케의 불행은 이것으로 그치지 않았다. 아모르가 명령을 이행하지 않은 것에 대한 비너스의 분노는 모두 프쉬케에게 쏟아졌다. 이 여신은 그녀에게 실현 불가능한 과제를 계속해서 내주었다. 그러나 프쉬케는 그녀를 불쌍하게 여긴 동물들과 심지어

❖ ─ 안토니오 카노바, 「아모르와
프쉬케」, 파리, 루브르 박물관.

무생물들의 도움까지 받아 그 모든 과제들을 기적적으로 완수했다. 마지막에 그녀는 비너스를 위해 저승세계의 여왕 페르세포네의 화장품함까지 구해와야 했는데, 여신의 화장품을 사용해서라도 연인 아모르의 사랑을 되찾고 싶다는 간절한 소망을 억누를 수 없어 이 화장품함을 열고 말았다. 그러자 죽음과도 같은 잠이 그녀를 덮쳤다. 이 가엾은 여인을 동정한 제우스가 프쉬케에게 불사의 능력을 주고 아모르에게 그녀와 결혼해도 좋다는 허락을 내린 후에야 프쉬케는 깊은 잠에서 깨어날 수 있었다.

프쉬케의 이야기에 나오는 아모르의 모습은 우아하기는 하지만 강력한 인상은 전혀 주지 않는다. 그의 욕망은 어딘가 유아적으로 느껴진다. '욕망'은 라틴어로 '쿠피도Cupido' (영어 '큐피드Cupid'는 이 라틴어에서 유래한다 ─ 옮긴이)라고 하는데, 이는 아모르의 또 다른 이름이기도 하다. 이미 고대에도 쿠피도는 젊은 미남자로서뿐만 아니라 어린 소년의 모습으로 흔히 묘사되었다. 많은 교회들에 조각되거나 그려져 있는 바로크 시대의 어린 천사상은 이 어린 소년 혹은 '아모레테'에서 유래한 것이다.

이렇게 하여 오늘날 아모르는 귀여운 소년으로 그려지고 비너스는 화장품 회사의 광고 모델이 되었다. 그러나 그렇다고 해서 아모르가 우리들 인간에게 휘두르는 권력이 약해진 것은 결코 아니다.

더 알아보기

비너스와 아모르

원전 : 헤시오도스의 『신들의 계보』를 보면 거품에서 아프로디테가 탄생하는 이야기가 나온다. 그녀가 키프로스섬에 상륙하자마자 에로스가 그녀를 신들에게로 데리고 올라갔다. 처음부터 그녀는 청순한 애교, 발랄한 미소와 영악함, 달콤한 신선미와 관능적 희열, 사랑의 매력과 마음을 어루만지는 부드러움 등의 개성 넘치는 모습으로 등장한다.

호메로스가 아프로디테에게 바친 두 편의 찬가에서도 그녀는 항상 미소짓는 얼굴로 등장한다. 그중 긴 작품인 「아프로디테에게 바치는 찬가」는 이 여신이 인간 안키세스를 사랑하게 되는 이야기를 다룬다. 고대 그리스와 로마를 통틀어 가장 뛰어났던 여성 시인 사포(B.C. 600년경)는 아프로디테에게 올리는 기도문을 지었다. 이 작품은 현재까지 완전한 형태로 남은 가장 오래된 서정시다. 사포는 이 기도문에서 자신의 사랑이 이루어지기를 여신에게 빈다. 「에로스의 힘」이라는 또 다른 사포의 시는 오늘날 부분적으로만 남아 있다. 이 시에서 사포는 사랑의 신 에로스를 "쓰면서도 달콤하고 그 누구도 당해낼 수 없는 괴수"라고 부른다. 비너스가 마르스와 몰래 사랑을 나누다가 불카누스가 만든 정교한 그물에 사로잡혀 망신을 당하는 이야기는 오비디우스의 『변신 이야기』 제4권에 나온다.

문학 : 고상한 의미에서든 저급한 의미에서든 비너스는 사랑과 열정을 다룬 수많은 문학 작품의 소재가 되었다. 문학사에서 가장 빈번히 등장하는 소재로는 두 가지를 꼽을 수 있다. 하나는 연가 가수 탄호이저와 비너스의 산에 얽힌 중세의 전설

이고, 다른 하나는 비너스 조각상으로 인해 사랑의 혼란을 경험하는 한 남자에 관한 이야기다.

이 이야기의 전통은 고대 후기까지 거슬러 올라간다. 그 대표적인 예로서 아이헨도르프(1788~1857)가 쓴 단편소설 「대리석 입상」을 들 수 있다. 프랑스의 작가 프로스페르 메르메(1803~1870)가 쓴 단편소설 「일(Ille)의 비너스」에는 주인공 알퐁스가 비너스 조각상과 약혼하게 되는 이야기가 나온다.

조형예술 : 아프로디테를 묘사한 고대의 조각상은 무수히 많다. 그중 아테네의 조각가 프락시텔레스가 만든 「크니도스의 아프로디테」가 매우 유명하다. 이 작품은 복제품으로만 전해지는데, 현재 바티칸 박물관에 전시되어 있다.

르네상스 시대에는 나체나 여성미에 대한 연구 차원에서 아프로디테의 그림이 많이 그려졌다. 아프로디테의 탄생을 그린 대표적인 화가로는 보티첼리, 티치아노 등이 있다. 보티첼리의 그림은 피렌체의 우피치 미술관에, 티치아노의 그림은 런던의 브리지워터 미술관에 각각 전시되어 있다.

루벤스와 장 오귀스트 도미티크 앵그르(1780~1867)도 같은 주제를 다룬 대표적인 화가이다. 루벤스의 그림은 런던의 국립박물관에서, 그리고 앵그르의 그림은 샹틸리에 있는 콩데 박물관에서 볼 수 있다.

아프로디테와 에로스가 함께 있는 모습을 그린 화가도 많다. 그중 이탈리아의 화가 조르조네(1478~1510)와 프랑수아 부셰(1703~1770), 그리고 아르놀트 뵈클린을 대표적인 예로 들 수 있다. 조르조네의 그림은 워싱턴의 국립박물관에, 부셰의 그림은 베를린의 노이에 게멜데갈레리에 전시되어 있으며, 뵈클린의 그림은 뮌스터의 주립박물관에 소장되어 있다.

정리해보기

비너스와 아모르는 고대의 신들 가운데 오늘날 가장 널리 알려져 있는 신들이다. 그러나 우리는 그들이 한때 매우 강력하고 무서운 신들에 속했다는 사실은 거의 모르고 있다.

11
세이렌의 노래

세이렌의 노래만큼 인간에게 유혹적인 것은 없다. 그만큼 그것은 위험한 음악이기도 하다. 인간의 마음을 유혹하여 현실을 잊게 만들기 때문이다. 세이렌의 노래가 인간들을 사로잡는 것은 그것이 우리의 미래에 대해 속삭여주기 때문이라고 신화는 전한다. 음악의 힘을 이보다 더 잘 비유적으로 표현

세이렌 ——— 세이렌seiren은 세이레네스의 영어식 표기다. 배의 신호음이나 경계 경보음을 내는 장치에 사이렌이라고 이름붙인 기술자들은 음악에 문외한이었음에 틀림없다. 그러나 이들은 적어도 세이렌, 즉 세이레네스가 선박 및 음악과 관련이 있다는 정도는 알고 있었던 것 같다.

할 수 있을까? 음악은 현실을 잊게 하고 시공간이 사라져버리는 비밀스러운 세계로 우리를 끌어들이며 미지의 그 어떤 것에 대한 무한한 동경을 마음속에 일깨운다.

세이렌들은 이탈리아 해안의 한 섬에 살던 날개 달린 여인들 혹

은 여자의 머리를 한 새들을 말한다. 처음에는 두 세 명의 노래하는 여인들이라고 알려졌으나, 후에 관악기와 현악기를 연주하는 세이렌들이 여기에 덧붙여졌다. 세이렌들과 비견할 만한 대상은 무사 여신들 외에는 없었다. 한때 세이렌들은 무사 여신들에게 음악 경연 도전장을 낸 일이 있었는데 무참한 패배로 끝나고 말았다. 그 오만함에 대한 벌로 무사 여신들은 이들의 깃털을 모두 뽑아 그 화려한 깃털로 화관을 만들었다.

❖ — 돛대에 자신의 몸을 묶고 세이렌의 노래를 듣는 오뒷세우스. 아티카 화병, B.C. 500년경.

오직 신을 위해서만 노래하는 무사 여신과는 달리 세이렌은 인간에게도 유혹적인 음악을 들려주었다. 배가 섬 근처에 다가가 뱃사람들이 세이렌들의 노래를 듣게 되면 이들은 모두 배를 버리게 된다. 이들은 간절한 동경에 사로잡혀 해안으로 헤엄쳐 가서는 그 헐벗은 섬에서 비참하게 굶어 죽고 만다. 그 섬은 가엾은 뱃사람들의 창백한 유골들로 뒤덮여 있었다.

한 척의 배라도 그 섬을 무사히 지나가는 데 성공하면 세이렌들은 모두 바다에 뛰어들어 죽게 된다는 이야기가 있다. 그러나 이 이야기는 분명히 잘못이다. 최소한 두 척의 배가 무사히 그 섬을 지나가는 데 성공한 전력이 있기 때문이다.

그 첫 번째 배는 이아손과 메데이아의 지휘하에 황금 양모를 싣고 콜키스에서 고향 땅 그리스로 돌아가던 아르고 호였다. 멀리서

❖ ─ 세이렌의 모험과 스
퀼라와 카뤼브디스의 모험
을 겪은 후 오뒷세우스는
친절한 파이아케스인들이
사는 섬에 홀로 표류된다.
이 섬의 바닷가에서 나우
시카 공주가 그를 발견한
다. 『오뒷세이아』를 소재로
한 연작 프레스코화, 알레
산드로 알로리(1535~1607),
피렌체, 팔라초 살비아티.

세이렌들의 노래가 들려오고 배에 탄 사람들이 불안해하기 시작하
자 배에 함께 타고 있던 가수 오르페우스가 목청껏 노래를 불러 세
이렌들의 노랫소리를 눌러버렸다. 아르고 호의 선원들은 가죽끈으
로 몸을 묶고 그 위험한 섬을 무사히 빠져나갔다. 이들 중 단 한 사

로렐라이 ─────── 라인강의 절벽 위에 앉아 노래로 뱃사공들을 홀리게 하여 지
나가는 배들을 난파시키는 금발의 요정 로렐라이는 근대의 세이렌이라고 할 수 있
다. 하인리히 하이네가 작사한 낭만적인 가곡은 로렐라이의 달콤한 유혹 뒤에 숨겨
진 무서운 위험을 노래한다.

❖ — 오뒷세우스의 귀향. 수많은 모험을 겪은 후 오뒷세우스는 정숙한 아내 페넬로페가 기다리는 고향 아티카로 아무도 모르게 돌아온다. 자신의 정체를 밝힌 후 그는 자신이 겪은 모험들을 들려준다. 요한 하인리히 빌헬름 티슈바인(1751~1829), 「오뒷세우스와 페넬로페」, 도르트문트, 예술사와 문화사 박물관.

람 부테스만이 배에서 뛰어내려 그 헐벗은 섬으로 헤엄쳐 갔다. 그는 사랑에 빠져 있었기 때문에 간절한 동경을 불러일으키는 세이렌들의 노래에 특별히 예민하게 반응했던 것이다. 좀 더 엄밀히 말하면 부테스는 사랑 자체에 대한 사랑에 빠져 있었다고 할 수 있다. 왜냐하면 그가 사랑했던 것은 사랑의 화신 아프로디테였기 때문이다. 여신은 그를 시칠리아 부근의 또 다른 황폐한 섬으로 데려가 그와의 사이에서 아들을 낳았다.

✤ — 헨리 제임스 드레이퍼가 1909년에 그린 이 그림에서는 세이렌의 유혹이 음악적이라기보다 오히려 자극적이고 성적인 모습으로 그려져 있다.

세이렌들의 섬을 무사히 빠져나간 또 한 척의 배는 오뒷세우스 일행의 배였다. 세이렌들의 섬에서 그리 멀지 않은 곳에 살고 있던 키르케가 이 영웅에게 그 위험을 미리 알려주어 이들은 모든 필요한 예방 조치들을 취할 수 있었다.

오뒷세우스는 촛농으로 귀마개를 만들어 선원들의 귀를 막게 했다. 그리고 자신은 위험한 일을 겪지 않고 그 노래를 듣기 위해 배의 돛대에 몸을 꽁꽁 묶었다. 그 위험한 음악을 직접 들어보고 싶었던 것이다. 배가 섬에 가까이 다가가 세이렌들의 노래가 파도 소리보다 더 크게 들리기 시작하자 그는 점차 불안을 느끼기 시작했다. 좀 더 가까이 다가오면 아직 아무도 듣지 못한 것을 듣게 해주고 그 누구도 알지 못하는 것을 알게 해주겠다고 약속하는 세이렌들의 노래가 들려왔다. 그러자 오뒷세우스는 그의 일행들에게 간청하고 애원하고 명령하는 등 온갖 수단을 다해 자신을 풀어달라고 했다. 그러나 다행스럽게도 이들은 키르케의 충고에 따라 미리 약속해 두었던 대로 오히려 그의 몸을 더욱 세게 동여맸다. 이렇게 하여 오뒷세우스 일행은 세이렌들의 섬을 무사히 통과했다.

오뒷세우스의 명료한 현실 감각이 음악의 낭만적 위험성을 이긴 것이다. 그러나 그는 적어도 한순간만은 자신의 삶을 음악에 희생하려고 했다.

스퀼라와 카뤼브디스, 그리고 바다의 또 다른 위험들 —— 어느 시대에나 선원들은 바다나 해안에 잠복해 있는 무서운 위험들에 관해 즐겨 이야기한다. 고대에서는 세이렌의 섬, 그리고 스퀼라와 카뤼브디스가 있는 섬에 관한 이야기가 대표적이다. 아르고 원정대와 오뒷세우스 일행은 스퀼라와 카뤼브디스의 섬 사이를 빠져나갈 수 있는 유일한 좁은 항로를 찾아내야만 했다. 스퀼라는 여러 개의 머리를 지닌 괴물로 변신하는 암초였고, 카뤼브디스는 바닷물을 빨아들이고 뱉어내는 일을 반복하는 무서운 소용돌이를 가리켰다. 오늘날에도 사람들은 두 개의 위험한 난관 사이를 아슬아슬하게 헤쳐 나가야 할 때 이를 흔히 스퀼라와 카뤼브디스라고 부른다. 이와 비슷한 것으로서 두 개의 움직이는 암초 심플레가데스가 있다. 이 두 암초는 끊임없이 서로 충돌하여 그 사이를 지나가려고 하는 배를 박살낸다. 아르고 호는 심플레가데스를 간발의 차이로 비껴갈 수 있었다. 뱃사람 시누에를 주인공으로 하는 고대 이집트의 모험 소설에도 이와 비슷한 이야기가 있다. 아라비아의 뱃사람 신드바드의 이야기는 이 소설의 영향을 받았다.

더 알아보기

세이렌의 노래

원전 : 호메로스의 『오뒷세이아』에는 두 명의 세이렌이 등장하여 노래의 마력으로 오뒷세우스를 사로잡으려 한다. 이들은 노랫소리 외에도 그들이 알고 있는 세상에 대한 지식으로 이 영웅을 유혹한다. 세이렌들의 말을 그대로 따르면, 그녀들은 지상에서 일어나는 일들을 빠짐없이 모두 알고 있다.

배의 돛대에 몸을 묶어 이 위험으로부터 빠져나온 뒤 오뒷세우스는 곧바로 또 다른 모험에 직면한다. 스퀼라와 카뤼브디스 사이의 소용돌이치는 해협을 지나가야만 하는 것이다. 그곳에서 오뒷세우스는 일행 중 여섯 명을 잃게 된다.

아폴로니우스 로디우스(B.C. 295~215년경)의 서사시 『아르고 원정대』는 이아손의 지휘 아래 원정을 떠난 아르고 호의 모험담을 다룬 작품인데, 여기서는 오르페우스가 세이렌들의 – 이 작품에서는 세 명이 등장한다 – 유혹적인 노랫소리에 맞서 큰 소리로 아름다운 노래를 부름으로써 동료들을 위험으로부터 구한다.

오비디우스는 『변신 이야기』 제5권에서 세이렌들이 이상한 모습을 하게 된 이유에 대해 이야기한다. 세이렌들은 원래 여신 프로세르피나를 따르는 시종들로, 하데스가 꽃을 꺾고 있던 프로세르피나를 납치할 때 그녀의 곁에서 함께 꽃을 따고 있었다. 세이렌들은 납치된 여신을 찾아 세상 방방곡곡을 샅샅이 돌아다녀 보았지만 도무지 찾을 수가 없었다. 그러자 이들은 바다 건너 저편까지 가서 여신을 찾아보려 한다. 신들은 세이렌들에게 깃털과 날개를 빌려주어 그렇게 할 수 있도록 했다.

한때는 아름다운 처녀였던 스퀼라가 바다 괴물로 변하게 된 이유도 오비디우스는 이 책의 제14권에서 이야기한다. 이에 따르면 스퀼라를 괴물로 만든 것은 마녀 키르케다. 자신이 열렬히 사랑했던 바다의 신 글라우코스가 이 처녀를 사랑하게 되자, 키르케가 질투심에 불타 스퀼라를 괴물로 만들었다는 것이다. 키르케는 스퀼라가 어느 해안에서 목욕을 즐기고 있을 때 마법의 독약을 이용해 사나운 개들의 공격을 받게 하여 결국 그녀를 괴물로 만들었다. 스퀼라는 계속 그곳에 머무르다가 훗날 오뒷세우스의 동료들을 잡아먹음으로써 키르케에게 복수한다.

조형예술 : 그림이나 조각에서 세이렌들은 다양한 모습으로 나타난다. 고대 초기의 그림들에서는 사람의 머리를 가진 새의 모습으로 묘사되다가 그 후에는 처녀의 상체에 날개가 달린 모습이나 완전한 사람의 모습으로 그려진다. 중세에 들어와서는 여기에 물고기의 지느러미가 한두 개 덧붙여지기도 한다.

세이렌들을 그린 화가 중에 대표적인 인물로는 이탈리아의 안니발레 카라치(1560~1609)와 스페인 출신의 파블로 피카소(1881~1973)를 꼽을 수 있다. 카라치의 그림은 로마의 팔라초 파르네제에, 그리고 피카소의 그림은 앙티브에 위치한 피카소 박물관에 각각 소장되어 있다. 스퀼라를 묘사한 대표적 화가로는 네덜란드의 화가 바르톨로메우스 슈프랑어와 영국 출신의 윌리엄 터너를 들 수 있다. 슈프랑어의 그림은 빈의 예술사박물관에, 터너의 그림은 텍사스의 포트 워스에 위치한 킴벨미술재단에 각각 소장되어 있다.

정리해보기

세이렌의 이야기는 어느 시대에나 항상 있었던 뱃사람들의 재미있는 허풍에 불과할 수도 있다. 그러나 다른 한편으로 이 이야기는 음악의 위력을 보여주는 뛰어난 비유이기도 하다.

12
시쉬포스의 고역

　결코 끝나지 않을 것 같은 일이 있다. 일을 이제 다 끝마쳤다고 생각하는 순간, 처음에 무언가가 잘못 되었다는 사실이 밝혀지고, 그래서 그 일을 처음부터 다시 시작해야 하는 것이다. 이런 일을 우리는 흔히 '시쉬포스의 고역'이라고 부른다. 그러나 원래 인생 자체가 결코 완전한 휴식이 주어지지 않는 시쉬포스의 고역이 아닐까? 우리는 이미 도달한 것에 결코 만족하지 못하기 때문에 항상 새로이 시작하고 출발해야만 한다.

　시쉬포스는 타르타로스에서 엄청난 바위 덩어리를 산꼭대기까지 밀어올려야 하는 영원한 벌을 받았다. 그가 바위를 정상까지 밀어올리면 그때마다 바위는 산 밑으로 다시 굴러 떨어진다. 이것이 가장 끔찍한 벌인 것은 거기에 아무런 희망이 없기 때문이다. 이 고통에 비할 만한 것은 신들이 프로메테우스와 탄탈로스에게 내린 벌

❖ ─ 아브라함 반 디펜벡(1596~1675)의 이 동판화에는 기독교의 지옥에 관한 내용과 고대의 신화가 뒤섞여 있다. 이 그림에서는 시쉬포스가 산꼭대기까지 밀어올린 바위를 작은 악마가 다시 굴려 내려보낸다. 그러나 고대의 신화는 악마의 존재에 대해서는 전혀 알지 못했다.

뿐이다. 신화는 이런 무서운 벌에 대해서는 상세하게 이야기하지만 그 벌을 받게 만든 잘못된 행위에 대해서는 그리 자세히 말해 주지 않는다.

물론 시쉬포스는 죄 없는 어린양이 아니었다. 『일리아스』에서는 그를 "인간들 중에서 가장 교활한 자"라고 표현한다. 그러나 이 표현은 오뒷세우스의 영리함을 돋보이게 하기 위한 일종의 명예로운 호칭으로 사용되었다. 오뒷세우스는 시쉬포스를 아버지로 하고 대도大盜 아우톨뤼코스의 딸 안티클레이아를 어머니로 하여 태어났다고 전해진다.

아우톨뤼코스가 소떼를 훔쳐가면 그것을 되찾는다는 것은 애초부터 틀린 일이었다. 그가 거듭해서 소떼를 완전히 다른 모습으로 바꿔놓았기 때문이다. 그러나 시쉬포스는 자기 소들의 발굽 아래 낙인을 찍어놓음으로써 이 대도의 초원에까지 뒤쫓아갈 수 있었다. 이 악당을 혼내주기 위해 시쉬포스는 그의 소떼 전부 외에 그의 딸까지 납치했다. 그러니까 오뒷세우스는 가장 '교활한' 시쉬포스와 아우톨뤼코스를 양쪽 조상으로 두고 있는 셈이다. 게다가 이 대도의 조상은 도둑의 신 헤르메스로까지 거슬러 올라간다.

그러나 시쉬포스가 대도보다 더 영리하다는 것을 그리스인들은 나쁘게 생각하지 않았다. 문제가 있다면 자기만큼이나 교활하고 신들에게 자기보다 더 고약한 짓을 한 동생을 두었다는 것이다. 그의 동생 살모네우스는 제우스의 모습으로 변장한 채 말 네 마리가 끄는 마차를 타고 온 천지를 돌아다니면서 여자들을 유혹했다. 결국 신들의 아버지가 이 인간 세계의 경쟁자를 번개로 쳐 죽이고 만다.

그러나 시쉬포스에게 동생의 책임을 지울 수는 없는 일이다. 더구나 살모네우스는 시쉬포스의 가장 고약한 적이기도 했다. 코린토스의 왕위를 놓고 그와 싸움을 벌였던 것이다. 심지어 시쉬포스는 동생을 처치하는 방법을 델포이의 신탁에 묻기까지 했다. 델포이의 무녀 퓌티아는 살모네우스의 딸 튀로가 자식을 갖게 되면 이 외손자들에 의해 그가 죽임을 당하게 될 것이라고 예언했다. 그러자 시쉬포스는 그의 질녀를 유혹하여 두 아들을 얻었다. 그러나 그 신탁에 대해 알게 된 튀로는 아버지를 살리기 위해 자신의 자식들을 살해하고 말았다. 이 죄값은 당연히 시쉬포스에게 돌아가야 했지만 신화의 윤리적 기준으로 볼 때 이는 결코 씻을 수 없는 죄는 아니다. 어쩌면 그보다 시쉬포스가 자신의 도시 코린토스를 위해 제우스의 은밀한

❖ ― 시쉬포스의 고역. 남부 이탈리아에서 발견된 그리스의 화병. B.C. 330년경. 뮌헨, 국립고대박물관.

연애 행각을 망쳐놓은 것이 더 치명적인 죄였을지도 모른다.

제우스는 강의 신 아소포스의 딸 아이기나에게 마음을 빼앗겨 그녀를 납치한 일이 있었다. 아소포스는 절망에 빠져 딸을 찾아나섰다. 그는 영리하기로 소문난 시쉬포스를 찾아가 도움을 청했다. 시쉬포스는 실제로 사건의 전모를 알고 있었다. 그는 코린토스 시의 광장에 있는 페이레네 샘을 마르지 않게 하는 방법을 가르쳐주는 조건으로 그가 알고 있는 바를 아소포스에게 모두 털어놓았다. 시쉬포스가 지시한 대로 함으로써 아소포스는 무장을 해제한 채 딸과 함께 있던 제우스를 기습할 수 있었다. 격분한 강의 신의 기습 공격을 받고 놀랐지만 제우스는 돌로 변신함으로써 간신히 그가 던진 창을 퉁겨내고 달아날 수 있었다.

제우스가 시쉬포스에게 원한과 분노를 품게 된 것은 이해할 만하지만 시쉬포스가 왜 그토록 가혹한 벌을 받게 되었는가에 대해서는 이야기가 더 만들어져야 했다. 훗날에 만들어진 신화에 따르면, 화가 난 제우스는 시쉬포스를 지하세계에서도 가장 깊은 곳에 있는 타르타로스에 가두라고 저승의 신 하데스에게 명했다. 그러나 꾀 많은 시쉬포스는 그를 데리러 간 죽음의 신 타나토스를 속여 그를 쇠사슬로 묶는 데 성공한다. 그러자 사람들이 더 이상 죽지 않게 되어 지상에는 사람들로 넘쳐나게 되었다. 할 수 없이 신들은 전쟁의 신 아레스를 보내 죽음의 신을 구출해야 했다.

이제 시쉬포스도 더 이상 어쩔 수 없게 되었다고 사람들은 생각할 것이다. 그러나 시쉬포스는 포기하지 않았다. 죽어가면서 그는 아내에게 자신의 장례를 치르지 말라고 당부했다. 저승에 간 시쉬포

스는 지하세계의 왕비 페르세포네에게 아내가 장례식도 치러주지 않는다고 하소연했다. 그리고 잠시만 그를 지상의 자기 집으로 돌려보내 주면 아내를 꾸짖어 제대로 장례식을 치르게 하고 돌아오겠노라고 맹세했다. 페르세포네는 그의 간청을 너그럽게 받아주어 그를 지상으로 보냈다. 물론 시쉬포스는 지하 세계로 되돌아갈 생각이 추호도 없었다. 교활함에 있어 시쉬포스를 당해 낼 수 있는 유일한 상대였던 헤르메스가 나선 뒤에야 비로소 그를 타르타로스에 완전히 가둘 수 있었다. 이곳에는 저 유명한 시쉬포스의 바위가 그를 기다리고 있었다.

훗날 만들어진 이 동화 같은 신화도 그가 그토록 끔찍한 처벌을 받아야 하는 이유를 만족스럽게 설명해 주지는 못한다. 어쩌면 바로 여기서 이 신화의 심오한 의미를 찾을 수도 있다. 그리하여 프랑스

❖ ― 티치아노는 시쉬포스의 고통을 생생하게 묘사했다. 마드리드, 프라도 박물관.

의 작가 알베르 카뮈는 시쉬포스에게서 인생의 부조리에 대한 상징을 발견한다. 정당한 이유가 결여되어 있는 부조리한 이 삶에서 그 모든 것들의 의미를 찾아내려면, 절망하지 않고 항상 새로이 우리들의 '바위'를 산 위까지 밀어올림으로써 스스로 삶의 의미를 부여할 수밖에 없다는 것이다.

시쉬포스의 고역

원전 : 코린토스의 창건자이자 첫 번째 왕인 시쉬포스의 영리함은 그리스 문학사의 초기 작품들에서는 감탄의 대상이 되었다. 호메로스는 『일리아스』 제16권에서 시쉬포스를 인간들 중 가장 교활한 자라고 말했고, 시인 핀다르도 자신의 작품 『올림피아』에서 시쉬포스는 영리함이 거의 신의 경지에 이른 자라고 이야기했다.

헤시오도스가 남긴 미완성 단편에는 다음과 같은 좀 더 자세한 표현이 나온다. "그의 이해력은 비록 저 올림포스의 저택에 사시는 성신들보다는 못했지만 계획과 묘안을 세움에 있어 그는 다른 어떤 인간들보다 뛰어났다."

그러나 시쉬포스는 후대에 와서 교활한 사기꾼으로 그려졌다. 헤시오도스의 단편은 시쉬포스와 아테네의 왕 아이톤 사이에 벌어진 법적 분쟁에 대해 이야기한다. 싸움의 원인은 아이톤의 딸인 메스트라였다. 이 분쟁은 아테나 여신의 판결로 조정된다.

호메로스의 『오뒷세이아』에서 시쉬포스는 이미 지하세계에 내려와 있다. 오뒷세우스는 타르타로스에 머무는 동안 여러 죄수들 – 예를 들어 탄탈로스 같은 – 사이에서 시쉬포스의 모습을 발견한다. 그는 극심한 고통 속에서 거대한 바위 덩어리를 붙들고 안간힘을 쓴다.

문학 : 폴란드의 문필가 스테판 제롬스키(1864~1925)는 19세기 말 폴란드의 정치

적 상황을 다룬 그의 소설에 『시쉬포스의 고역』이라는 제목을 붙였다. 이 소설에서는 마르친 보로비츠라는 학생을 통해 대표되는 젊은 세대의 이야기가 중심을 이룬다. 알베르 카뮈의 에세이 『시쉬포스의 신화 – 부조리에 대한 시론』은 카뮈 자신의 생애뿐만 아니라 현대 프랑스 철학사에 하나의 획을 긋는 작품이 되었다.

스위스의 극작가 프리드리히 뒤렌마트(1921~1990)는 1945년에 발표한 그의 단편소설에 「시쉬포스의 그림」이라는 제목을 붙였다.

이 신화를 테마로 한 시들 중 20세기의 대표적인 작품으로는 한스 마그누스 엔첸스베르거(1929~)의 시 「시쉬포스의 임무」와 울라 한(1946~)이 지은 「시쉬포스에 대한 담시들」이 있다.

조형예술 : B.C. 6세기경 불치 출신의 어느 고대 예술가가 만든 항아리에는 지하세계에서 산꼭대기로 바위를 밀어올리고 있는 시쉬포스의 모습이 그려져 있다. 이 작품은 뮌헨의 조각미술관에 전시되어 있다.

로마의 에스퀼리누스 언덕 위 공회당의 벽화(B.C. 40년경) 중에는 '오뒷세우스 프레스코화'라고 불리는 그림이 있다. 이 벽화 중 하나에 시쉬포스, 오리온, 티튀오스, 다나이데스 등 지하세계에서 신들의 벌을 받고 있는 자들이 묘사되어 있다. 이 벽화는 현재 바티칸 박물관에서 볼 수 있다. 이탈리아의 화가 티치아노는 시쉬포스가 바위를 등에 이고 나르는 장면을 묘사했다. 이 그림은 마드리드의 프라도 박물관에 전시되어 있다.

정리해보기

시쉬포스의 고역은 악당이라기보다는 악동에 가까운 한 인간에게 내려진 형벌로서는 지나치게 참혹하다. 이 신화에 담긴 더 깊은 의미는 살아가다 보면 무의미한 형벌들이 있으며, 무의미함이 가장 참혹한 형벌이 될 수도 있다는 것이다.

13

신탁

오늘날에도 사람들은 신탁에 도움과 조언을 구한다. 신탁의 종류도 다양해서 신들린 상태에서 이야기하는 영매가 있고, 날아가는 새, 희생 제물로 바친 동물의 창자, 나뭇잎에 스치는 바람 소리나 별들의 운행 등에서 그 안에 예시된 어떤 전조를 읽어내는 사람들도 있다. 고대의 신탁이든 현대의 천궁점성술이든 간에 그 의도는 미래를 내다봄으로써 길한 운은 이용하고 불길한 운은 막아보자는 데 있다. 어떤 신탁도 오해의 여지없이 확실한 행동 지침을 준 적은 없지만 사람들은 신탁에서 어떤 결정을 – 그 결정이 옳은지 그른지는 별문제로 하고 – 내리는 데 필요한 도움을 얻어왔다.

그리스에서 가장 오래된 신탁은 대지의 여신 가이아의 신탁이었다. 이 여신은 세상이 시작된 이래로 일어난 모든 사건을 목격했기 때문에 그 지혜가 무궁무진한 것으로 알려져 있었다. 가이아의 신탁

❖ — 시빌레들은 여러 신탁의 성소에서 '영매' 역할을 했다. 미켈란젤로는 바티칸에 있는 시스티나 성당에 네 명의 시빌레들을 그려놓았다. 이 그림은 그중 하나인 델포이의 시빌레다.

을 들으려면 땅에, 특히 땅이 갈라져 있는 곳에 귀를 대고 그 속삼임을 들으면 되었다. 파르나소스 산허리에 자리잡은 델포이에 그런 갈라진 틈이 있었다. 이곳이 바로 고대에 신탁으로 가장 유명한 곳이었다. 퓌톤이라는 뱀이 이 성소를 지키는 파수꾼이었다. 뱀은 땅에 가장 가까운 동물이었기 때문에 오랜 옛날부터 지혜로운 존재로 인정받았다. 이미 태곳적에 가이아는 델포이의 신탁을 그녀의 딸인 티탄족 여신 테미스에게 물려주었다. 테미스 역시 대지의 여신이자 모신이었다. 델포이delphoi의 어간 'delph-'는 원래 '모체', 즉 어머니의 몸을 의미한다.

그리스인들이 자신들의 가부장적 신들과 함께 발칸반도로 이주해 왔을 때, 모신들 및 그들의 신탁과 남성 신들의 지배권 사이에 일종의 이데올로기 투쟁이 있었을 것이다. 신화에서는 이 갈등이 다음과 같이 서술된다. 관대한 가이아와 테미스는 델포이의 신탁을 젊은 신 아폴론에게 기꺼이 넘겨주려 했으나 이 신탁의 성소를 지키던 뱀 퓌톤이 새 주인을 거부했다는 것

❖ ─ 델포이 신전과 파르나소스 산의 전망.

이다. 격분한 아폴론은 그 뱀을 죽여버렸다. 그러나 이로 인해 그는 모신들의 노여움을 샀다. 가이아는 제우스를 찾아가 그의 아들 아폴론에게 이 일을 보상하게 하라고 요구했다. 제우스는 아폴론에게 명하여 이 여신들에게서 죄를 용서받도록 노력하고, 퓌톤을 추모하는 스포츠 경기를 개최하도록 했다. 이렇게 하여 퓌티아 제전이 생겨났다(델포이에서 4년마다 거행된 스포츠 제전으로 그리스 4대 제전의 하나 - 옮긴이).

또 아폴론은 마지못해 누이동생 아르테미스와 함께 테살리아로 떠났다. 그러나 그의 죄는 씻어지지 않았다. 마침내 그는 돌고래로 변신하여 크레테로 가는 배 위로 뛰어올라 그곳에서 죄를 용서받았

뱀신 ─────── 땅의 소리를 가장 가까운 곳에서 듣는 뱀들은 신화시대의 모신들과 항상 깊은 연관을 맺고 있다. 이 뱀들은 대부분 올림포스 신들의 적이 되었다. 이에 따라 이들은 후에 가서 끔찍한 괴물로 재해석되었다. 그 한 예가 가이아 혹은 헤라의 아들인 튀포에우스의 경우다. 헤라는 델포이의 퓌톤에게 그의 양육을 맡겼다고 한다. 그런데 제우스는 그와 무시무시한 싸움을 벌인 끝에 번개로 그를 쳐 죽여버린다. 뱀들에 대한 신화의 평판이 그리 좋지 않음에도 많은 곳에서 신성한 뱀들이 숭배되었다. 그 대표적인 경우가 에피다우루스에 있는 의술의 신이자 아폴론의 아들 아스클레피오스를 모신 신전이다. 이 신성한 의술의 뱀은 오늘날에도 의사들과 약사들을 상징하는 아스클레피오스의 지팡이에 감겨 있다.

다. 크레테인들은 아폴론을 위해 훌륭한 신전을 지어주었다. 그 이래로 델포이 신전에서 아폴론의 사제는 항상 크레테인들이 도맡게 되었다.

아폴론이 델포이 신탁의 확고한 주인이 된 후로 그에게는 지혜의 신이라는 명성이 덧붙여졌다. 퓌티아(델포이에서 신탁을 말하는 아폴론의 무녀巫女 ─ 옮긴이)의 입을 통해 이야기하는 주체는 아폴론이었다. 초기의 퓌티아는 젊고 아름다운 여자가 맡았다. 이 무녀는 갈라진 땅에서 솟아오르는 증기에 휩싸이거나 아폴론의 성스러운 나무 월계수 잎을 씹음으로써 환각 상태에 빠져든다. 이 신들린 상태에서 퓌티아는 아폴론 신이 아는 바와 원하는 바를 고지했다. 후에는 늙은 여자들이 퓌티아를 맡았는데, 그것은 이곳의 방문객들이 여사제의 아름다움에 한눈파는 일을 막기 위한 것이었다.

퓌티아가 앉는 자리는 바위 옆에 땅이 갈라진 곳이었는데, 이 바위를 사람들은 '세계의 배꼽'이라고 불렀다. 그리스인들은 델포이가 지구의 정확한 중심에 있다고 믿었다. 그리스어로 '옴팔로스Omphalos'라고 불리는 이 바위는 오늘날에도 델포이에서 볼 수 있다.

퀴티아의 말은 항상 애매모호했으므로 아폴론의 사제들이 그 의미를 해석해 주어야 했다. 이것이 사제들에게 커다란 권력을 부여했다. 그러나 이들도 신탁을 구하는 자들이 퀴티아의 예언을 오해하는 것을 막을 수는 없었다. 그 대표적인 예가 오이디푸스이다. 퀴티아가 그에게 아버지를 살해하고 어머니와 잠자리를 같이하는 것을 원치 않는다면 고향 도시로 돌아가지 말라고 이야

❖ — 19세기 후반 사람들이 상상한 델포이 무녀의 모습. 앙리 모테(1846~1922).

기한 것은 옳았다. 그러나 이 무녀는 그의 진짜 고향 도시가 오이디푸스가 믿고 있는 것처럼 코린토스가 아니라 테바이라는 사실을 이야기해 주지 않았다. 또 퀴티아는 막강한 권력과 부를 지닌 리디아의 왕 크로이소스에게 메디아인들과 전쟁을 하면 대제국을 파괴하게 될 것이라고 예언했지만, 이것이 그 자신의 나라라는 것은 이야기해 주지 않았다.

후에 퀴티아는 트로이 근방에 살았던 유명한 예언녀의 이름을

❖ ― 19세기 사람들이 상상한 델포이 신탁의 퓌티아. 하인리히 로이테만의 목판화 1865년.

따서 '시빌레'라고도 불렸다. 고대 후기에는 여러 시빌레들이 있었는데 그중 가장 유명했던 것은 델포이의 시빌레와 이탈리아 남부 쿠마이의 시빌레였다. 이곳에서 내려지는 신탁은 로마인들에게 특별한 중요성을 지녔다.

델포이와 쿠마이 외에 신탁으로 유명했던 곳으로는 도도나에 있는 제우스의 참나무 숲이었다. 이곳의 사제들은 성스러운 참나무에 스치는 바람 소리를 듣고 미래를 예언했다. 소아시아의 디뒤마에 있는 아폴론 신전도 신탁의 성소로

❖ ― 아폴론 신상 앞에서 제물을 바치는 오이디푸스. 로마 시대 석관의 대리석 부조, 3세기, 바티칸 박물관.

유명했다. 이집트의 오아시스 시바에 있는 제우스 암몬 신에 바쳐진 신탁의 성소는 헬레니즘시대에 높은 명성을 누렸다. 로마인들은 신탁을 어떤 특정한 장소에서 받지 않았다. 로마 시대에 가장 유명했던 예언자는 아우구리들이었다. 이들은 하늘, 특히 새들이 날아가는 모습을 보고 예언과 조언을 했다. 오늘날에도 이탈리아인들은 행운을 빌 때 '아우구리'라고 말한다.

고대인들이 현대인들보다 더 미신적인 것은 결코 아니다. 이미 고대 로마 시대에도 신탁에 대해 비판적인 견해들이 있었다. 로마 시대에 '아우구리의 미소'라는 표현이 있었는데, 이는 그들의 말을 쉽게 믿는 민중의 경박함을 보고 아우구리들이 음험한 미소를 짓는 것에서 나온 말이었다.

❖ — 루드거 톰 링(1494~1547), 「델포이의 시빌레」, 르네상스 시대의 시빌레 연작화 중 하나.

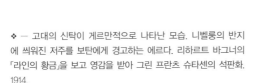

❖ — 고대의 신탁이 게르만적으로 나타난 모습. 니벨룽의 반지에 씌워진 저주를 보탄에게 경고하는 에르다. 리하르트 바그너의 「라인의 황금」을 보고 영감을 받아 그린 프란츠 슈타센의 석판화. 1914.

더 알아보기

신탁

원전 : 호메로스는 그의 찬가 「신탁의 아폴론 신께」에서 델포이에 성소가 세워지는 경위를 이야기하고 있다. 모두 368개의 행으로 이루어진 이 작품은 호메로스의 찬가들 중에서도 가장 길며, 신탁의 성소에 관한 가장 오래된 기록이다. 그런데 이오니아 지방의 시인이었던 호메로스의 이 찬가는 델포이의 전설과는 별 연관성이 없다. 이 찬가는 올림포스에서 열리는 신들의 자유분방한 모임에 대한 묘사로 시작된다. 무사 여신들은 불멸의 신들이 지니고 있는 놀라운 능력과 이 신들이 인간에게 부과하는 시련들, 즉 "그처럼 무분별하고 혼란스럽게 살다가 늙어 죽어야 하는" 인간들의 숙명을 노래한다. 이 신들의 잔치에는 아폴론도 참석한다. 그는 인간들에게 신탁을 내려줄 장소를 찾기 위해 마침내 길을 떠난다. 오랫동안 이곳저곳을 돌아다닌 끝에 아폴론은 드디어 파르나소스 산허리에서 적합한 곳을 발견한다.

호메로스에 따르면, 아폴론은 인간들이 신전을 세우고 난 뒤에 거대한 용 퓌톤을 만나 그를 제압했다. 이어서 아폴론은 크레테의 상인들을 이 새로 세워진 성소의 사제로 삼는다. 델포이에 있는 아폴론 신전은 그리스의 작가 아이스퀼로스가 쓴 비극 『에우메니데스』의 배경이 되는 곳이기도 하다. 이 작품의 처음 부분에서 가이아는 델포이 최초의 신탁 주인으로 등장한다. 그녀의 딸인 테미스의 뒤를 이어 아폴론이 신탁의 세 번째 주인이 된다. 그는 델포이 신탁을 생일선물로 받았다고 한다.

아이스퀼로스의 희곡에서는 모친을 살해한 오레스테스와 그를 벌하려고 쫓아다니는 복수의 여신 에리뉘에스가 이 성소에서 만나게 된다. 아폴론은 오레스테스에게 그를 보호해 주겠노라고 약속한다. 그리고 그가 아테네로 가면 무죄 판결을 받게 될 것이라고 예언한다. 에우리피데스의 비극 『이온』 역시 델포이의 아폴론 신전을 배경으로 삼고 있다.

오비디우스는 『변신 이야기』 제1권에서 아폴론이 거대한 뱀 퓌톤을 상대로 싸워 이기는 내용을 이야기한다.

조형예술 : 루벤스와 요아힘 폰 잔트라르트(1606~1688)는 아폴론이 퓌톤을 제압하는 이야기를 그림으로 그렸다. 루벤스의 그림은 마드리드의 프라도 박물관에, 잔트라르트의 그림은 피렌체의 우피치 미술관에 각각 전시되어 있다. 윌리엄 터너와 들라크루아도 같은 이야기를 주제로 그림을 그렸다. 이 그림들은 런던의 국립미술관과 파리의 루브르 박물관에 각각 전시되어 있다. 이탈리아의 화가이자 작가인 살바토레 로자(1615~1673)는 아폴론과 쿠마이의 시빌레를 함께 묘사했다. 이 그림은 런던에 있는 월리스 컬렉션에 소장되어 있다. 윌리엄 터너도 같은 주제를 다루었다. 터너의 그림은 런던의 데이트 갤러리에 걸려 있다.

정리해보기

신탁의 역사는 인류의 역사만큼이나 오래되었으며 오늘날에도 여전히 사람들은 신탁에 의존하고 있다. 고대 그리스의 신탁 가운데에서도 가장 유명한 델포이의 신탁에 도움을 청하는 이야기가 등장하지 않는 신화는 거의 없다.

14
신화와 황금시대

모든 것이 완벽하게 좋았던 시대가 옛날 옛적에 있었다. 이 낙원과도 같았던 태초의 황금시대가 언젠가는 다시 도래할 것이다. 세계사에 대한 이런 관점은 거의 모든 민족들에게 공통적으로 나타난다.

성서에 나오는 낙원은 그리스 신화에서는 황금시대라고 표현된다. 크로노스 혹은 그의 라틴어 이름 사투르누스가 다스리던 이 시대에는 인간들이 자연과 조화를 이루며 평화롭게 살았다. 황금시대에는 봄이 계속되었고 대지는 인간이 필요로 하는 것들을 끊임없이 내주어, 인간들은 파종과 추수의 노역을 하지 않아도 되었다. 이 황금시대는 크로노스가 아들 제우스에 의해 실각하면서 막을 내렸다. 아마도 이 시대의 인간들은 영혼들이 모여 사는 섬으로 물러나서, 예전의 신들이 현명하게 다스리는 그곳에서 오늘날에도 행복과 불사를 누리며 살고 있는지도 모른다.

❖ ― 황금시대에는 인간과 동물들이 평화롭게 함께 어울려 살았다. 인간들은 필요한 것은 그냥 나무에서 따먹으면 되었다. 세계 연대기에 들어 있는 마테우스 메리안(1593~1650)의 동판화.

황금시대에 뒤이어 그보다 훨씬 나쁜 은의 시대가 도래했다. 이 시대의 인간들은 어른이 되기까지 100년이 걸렸으며 먹을 것을 얻기 위해 힘들게 쟁기로 밭을 갈아야 했다. 은의 시대의 인간들은 사악하고 신들을 존경하지 않았기 때문에 제우스는 이들을 번개로 멸종시켜 버렸다. 이를 뒤이은 청동시대의 인간들은 거칠고 호전적이었다. 이 시대의 인간들은 모든 것을 청동으로 만들었다. 무기는 물론 집조차도 청동으로 만들었다. 청동시대의 인간들은 끊임없는 싸움 끝에 자멸하고 말았다.

신화의 시대 구분을 최초로 이야기한 그리스 초기의 시인 헤시오도스에 따르면 청동시대 다음에는 영웅의 시대가 이어진다. 이 시대도 전쟁의 시대였다. 트로이 전쟁이 바로 이 시기에 있었다. 그러나 이 시대의 인간들은 앞선 시대의 인간들보다는 더 고결했고 신들을 두려워할 줄 알았다. 그리고 철의 시대와 더불어 최악의 시대가 시작되었다. 이 시대의 인간들은 점점 더 사악해져 갔다. 이들은 앞선 시대의 인간들만큼 호전적이었으며 거기에 음흉함과 비열함이 더해졌다. 그들은 오직 황금만을 탐했으며 예전에는 물이나 공기와 마찬가지로 모두가 공유했던 토지를 분할하여 사유재산으로 삼았다. 이로 인해 항상 새로운 분쟁이 생겨났다. 철의 시대는 오늘날까지 계속되고 있지만, 인간들의 사악함을 볼 때 오래 지속되지는 못할 것이다. 그리고 이 시대가 끝난 후에 무엇이 올지는 아무도 알 수 없다.

그런데 다섯이 아니라 네 개의 시대, 즉 황금, 은, 청동, 철의 시대

그리스 신화와 성서 ——— 그리스 신화와 고대 오리엔트 지역의 신화 사이에는 많은 유사점이 있다. 성서에도 고대 오리엔트 신화의 흔적이 많이 남아 있다. 그리스 신화에서 성서와 공통점을 지닌 대표적인 것으로는, 성서의 낙원에 해당하는 황금시대와 성서의 노아의 방주에 해당하는 대홍수의 이야기를 꼽을 수 있다. 그리스 신화와 성서 사이에는 넓은 의미에서의 유사점을 또 하나 찾아볼 수 있는데, 이 것은 거듭해서 새로운 시대가 등장하는 '순환론적인' 역사관이다. 이런 역사관에서는 하나의 시대가 큰 재난으로 파국을 맞게 되면 새로운 시대가 그 뒤를 잇게 되고, 결국에는 이런 시대들의 연속 전체가 또 다시 반복된다. 인도에서 가장 세련된 형태로 발전한 이러한 역사관은 게르만족이나 고대 멕시코 문명에서도 발견된다. 이에 대비되는 직선적인 역사관은 후기 유대 문화에서 시작되어 기독교로 유입되는데, 이 관점에 따르면 역사는 천지창조로부터 인류의 구원이라는 목표에 이르는 하나의 일관된 흐름이다.

로 나누는 것이 더 옳을지도 모른다. 철
의 시대를 살고 있는 오늘날의 인류는
대홍수로 인해 청동시대의 인간들이 멸
망한 후 데우칼리온과 퓌라에 의해 새
로이 생겨난 인종이기 때문이다.

데우칼리온은 프로메테우스의 아들
혹은 창조물이다. 인간을 사랑한 지혜
로운 티탄 프로메테우스는 제우스가 인
류를 멸망시키기로 했다는 이야기를 듣
고 데우칼리온에게 방주를 만들어 식량
과 아내를 싣고 그 안에 피신하라고 일
러주었다. 하늘의 수문이 열리고 비가
끊임없이 쏟아져내려 결국 이 세상에는
오직 그들만이 살아남았다. 아홉 낮과
아홉 밤이 지난 후 수위가 낮아지기 시
작하여 방주는 델포이의 신탁에 가까운
파르나소스 산정에 상륙했다. 당시 이

❖ ― 기독교의 낙원은 황금시대에 관한 고대
신화와 많은 연관성을 지니고 있다. 낙원을 묘
사하는 이 그림에는 성부, 아담, 이브가 등장한
다. 최후의 심판을 그린 삼단성화의 일부. 히에
로니무스 보스(1450년경~1516), 「낙원」, 빈, 조형
예술아카데미.

신탁은 아직 아폴론이 아니라 모신 테미스의 관할 하에 있을 때였
다. 데우칼리온과 퓌라는 여신에게 지상에 인간들이 다시 생겨나게
할 수 있는 방법을 물었다. 신탁은 너희들 어머니의 뼈를 어깨 뒤로
던지라고 대답했다. 이 말뜻을 이해하지 못한 퓌라는 소스라치게 놀
랐지만 데우칼리온은 이 신탁을 올바르게 해석해 냈다. 어머니의 뼈

란 어머니 대지의 뼈인 돌을 의미하는 것이었다. 이들은 그 신탁의
명을 따랐다. 그러자 데우칼리온이 어깨 뒤로 던진 돌에서는 남자들
이 생겨났고 퓌라가 던진 돌에서는 여자들이 생겨났다. 이들이 바로
오늘날 인류의 시조가 되었다.

역사 해석과 정치 선전 ──── 오비디우스나 베르길리우스 같은 위대한 시
인들도 일조했던 아우구스투스 황제의 정치 선전은 그의 치세를 새로운 황금시대라
고 선언함으로써 황금시대로 되돌아가고 싶어 하는 인류의 오랜 갈망을 정치적으로
이용했다. 그러나 얼마 지나지 않아 이런 시대 구분을 이용하여 오히려 반로마적인
감정을 선동하는 사람들이 나타났다. 그 대표적 인물로서 유대인 학자 요제푸스를
들 수 있다. 그는 인류사의 네 시대를 아시리아, 페르시아, 마케도니아, 로마의 네 제
국과 병렬시켰다. 이에 따르면 로마가 세계를 지배하던 시대는 인류의 타락과 몰락
을 가져온 철의 시대가 된다. 기독교 교부들도 역사에 대한 이런 해석을 받아들였다.

❖ ─ 얀 브뤼겔이 그린 네
편의 연작 중 하나인 이 그
림은 지상 낙원을 표현하고
있다. 파리, 루브르 박물관.

더 알아보기

신화와 황금시대

원전 : 세계사나 시대를 넷 혹은 다섯으로 나누는 사고방식, 그리고 특히 그 시작에 '황금시대'를 놓는 사고방식은 여러 문명권에서 찾아볼 수 있다.

그리스 문명의 경우 이런 생각을 처음으로 표현한 작품은 헤시오도스가 쓴 서사시 「일과 날」이다. 이 글에 따르면 최초의 인간들은 신들과 마찬가지로 늙어가는 고통을 겪지 않고 행복하게 근심 없이 살다가 잠을 자면서 죽음을 맞이했다. 그 후 영웅의 시대가 시작된 후에도 황금시대는 피안의 장소인 영혼들의 섬에서 계속되었다. 지상에서의 삶을 아무런 죄 없이 세 번 영위하고 또 현자들이 사는 곳에 세 번 다녀온 자의 영혼에게는 성스러운 섬에서 살 자격이 주어졌다. 그렇지 못한 자의 최후에는 단지 아무것도 없는 죽음만이 있을 뿐이었다.

철학자 플라톤의 경우에서도 볼 수 있듯이 문학사와 철학사에서 황금시대는 큰 역할을 했다. 예를 들어 시인 핀다르도 그의 작품 『올림피아』에서 영혼들이 사는 섬에 대해 이야기한다. 로마의 시인 베르길리우스는 「농촌의 삶」이라는 제목의 교훈시에서 황금시대의 종말에 대해 상세하게 묘사한다.

오비디우스는 『변신 이야기』 제1권에서 네 개의 시대에 관한 이야기와 함께 주피터가 인간에게 내린 대홍수에 대해 이야기한다. 그리고 뒤이어 데우칼리온과 퓌라에 대해서도 자세하게 이야기하고 있다. 주피터는 대홍수 뒤에 유일하게 살아남은 이 두 사람을 파르나소스 산정에서 발견하고는 파도를 잠재우고 수위를 낮추어 언덕과 숲, 해안과 강기슭이 다시 드러나게 한다. 대지가 다시 모습을 드러냈지만 이제 그곳은 텅 비어 황량하기만 할 뿐이다. 데우칼리온과 퓌라는 어떻게 하면 새로운 인간 종족을 생겨나게 할 수 있는지 테미스 여신에게 조언을 구한다.

조형예술 : 황금시대를 묘사한 화가로는 독일의 화가 한스 로텐함머(1564~1625)를 비롯하여 네덜란드의 미술가 헨드릭 골치우스(1558~1617), 코르넬리스 코르넬리츠(1562~1638) 등이 대표적이다. 로텐함머의 작품은 함부르크의 미술관에, 골치우스와 코르넬리츠의 그림은 아라스 박물관과 베를린의 그루네발트 궁전에 각각 소장되어 있다.

이탈리아의 건축가이자 화가인 피에트로 다 코르토나(1596~1669)도 같은 주제를 다루었다. 이 그림은 피렌체에 있는 팔라초 피티의 팔라티나 미술관에서 볼 수 있다. 앵그르와 야포코 주키(1541~1589년경)도 같은 주제의 그림을 그린 대표적인 화가들이다. 앵그르의 작품은 당피에르 궁전에, 주키의 작품은 피렌체의 우피치 미술관에 각각 전시되어 있다. 발다사레 페루치와 도메니코 베카푸미(1486~1551)는 데우칼리온과 퓌라를 그렸다. 페루치의 그림은 로마의 빌라 파르네제에, 베카푸미의 그림은 시에나에 있는 팔라초 빈디 세르가르디에 각각 전시되어 있다. 틴토레토와 루벤스도 같은 테마의 그림을 남겼다. 이 그림들은 모데나의 에스텐제 미술관과 마드리드의 프라도 박물관에 각각 걸려 있다.

정리해보기
황금시대의 낙원이 사라진 이래 인류의 역사는 끊임없이 타락의 길을 걸어왔다. 인간이 오늘날처럼 인간답지 못했던 시대는 일찍이 없었노라고 신화는 말한다.

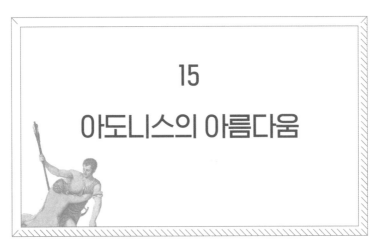

15
아도니스의 아름다움

아도니스는 더할 나위 없이 빼어난 미남이었다. 그러나 그의 형용할 수 없이 아름다운 용모는 여자들뿐만 아니라 자신의 운명까지도 위험에 빠뜨렸다. 사랑의 여신 아프로디테는 아도니스에게 반하게 됨으로써 격렬한 질투와 진정시킬 수 없는 그리움, 상실의 쓰라린 고통 등과 같은 사랑의 번뇌를 온몸으로 체험해야만 했다. 아도니스는 태어나자마자 죽음, 즉 저승세계에 바쳐졌으며 오직 사랑만이 그를 잠시나마 어두운 세상에서 벗어나게 해줄 수 있었다. 아도니스를 그토록 매력적이게 만들었던 것은 그의 아름다움 외에도 그의 주위를 떠도는 어두운 죽음의 그림자가 아니었을까?

아도니스에게는 이미 탄생하는 순간부터 어두운 전조가 드리웠다. 키프로스의 왕 키뉘라스는 자신의 딸 뮈라가 거품에서 생겨난 아프로디테보다 훨씬 더 아름답다고 자랑하곤 했다. 분노한 아프로

디테는 뮈라가 자신의 아버지에게 격렬한
욕망을 느끼도록 만듦으로써 그에게 복수했
다. 뮈라는 시녀의 도움을 얻어 키뉘라스를 술
에 취하게 만든 후 그와 잠자리를 같이하고 말
았다. 얼마 후 뮈라가 임신한 것을 알게 된 키뉘
라스왕은 이 수치에서 벗어나기 위해서는 딸을
처형하는 것 외에 다른 도리가 없다고 생
각했다. 뮈라는 달아났지만
왕은 곧 딸을 붙잡아 그녀를
베려고 칼을 높이 쳐들었다.
그러나 그사이 자신이 저지른 일을
후회하게 된 아프로디테는 재빨리
이 불행한 소녀를 미르라나무로
변신시켰다.

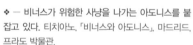

❖ ― 비너스가 위험한 사냥을 나가는 아도니스를 붙
잡고 있다. 티치아노, 「비너스와 아도니스」, 마드리드,
프라도 박물관.

　　내려친 칼이 나무를 가르자 그
곳에서 눈부시게 아름다운 아이가 태어났다. 아프로디테는 그 아이
를 요람에 담아 저승세계의 왕비 페르세포네에게 맡겼다. 이 여신은
그녀의 궁전에서 아이를 길렀다. 아도니스가 청년으로 자라났을 때
페르세포네는 그를 열렬히 사랑하게 되었다. 아도니스가 페르세포
네의 애인이 되었다는 이야기를 들은 아프로디테는 서둘러 지하세
계 타르타로스로 내려갔다. 그리고 이 청년의 눈부신 모습을 보자마
자 곧장 그를 내놓으라고 요구했다. 그리하여 이 아름다운 아도니스

를 놓고 생명력과 사랑을 관장하는 여신과 어둠의 세계와 죽음을 주재하는 여신 사이에 극적인 싸움이 벌어졌다.

페르세포네가 그를 내놓으려고 하지 않자 아프로디테는 신들의 아버지 제우스를 찾아가 도움을 청했다. 그러나 이 싸움에 말려들고 싶지 않았던 제우스는 무사 여신 칼리오페를 재판관으로 내세운다. 칼리오페는 현명한 판결을 내렸다. 그녀는 아프로디테와 페르세포네에게 각각 1년의 3분의 1씩 아도니스와 함께 살 수 있는 권리를 인정하고, 남은 3분의 1의 기간은 아도니스가 오직 자기 자신만을 위해서 살 수 있도록 했다. 하지만 사랑의 불길에 휩싸인 아프로디테는 모든 수단을 동원해 이 판결을 따르지 않았다. 이 여신은 사랑의 매력과 마법의 허리띠를 이용해 아도니스가 저승세계로 돌아가는 것을 잊고 그녀의 곁에 머물도록 만들었다.

이때부터 아프로디테는 연인 아도니스가 가는 곳은 어디라도 따라갔다. 심지어 평소에는 전혀 관심이 없던 남성 스포츠인 사냥에도 그를 따라갔다. 그녀는 이 아름다운 청년을 잃게 될까 봐 항상 마음을 졸였다. 사냥은 저승세계의 권력에 도전하는 것만큼이나 위험한 일이었기 때문이다.

> **『변신 이야기』**
> 그리스인들은 많은 사물들의 이름에 신화적 설명을 부여했다. 그 한 예로서 향나무의 일종인 미르라나무는 아도니스의 어머니인 뮈라의 이름에서 유래했다. 중동과 북아프리카 지방이 원산지인 이 나무의 쓴맛이 나는 수액은 치료 효과가 뛰어나서, 몰약의 원료로 사용되어 왔다. 로마의 시인 오비디우스는 그의 『변신 이야기』에서 변신을 테마로 하는 신화들을 모아 놓았다. 이 책의 원제인 '메타모르포시스 Metamorphosis'라는 단어 자체가 원래 변신을 뜻한다.

❖ ― 니콜라 푸생, 「아도니스의 죽음을 비통해하는 비너스」, 카엥, 보자르 박물관.

한편 실의에 빠진 페르세포네는 전쟁의 신이자 아프로디테의 원래 애인이었던 아레스를 찾아가 아프로디테가 아도니스와 바람이 났다고 일러바친다. 질투심에 불타오른 아레스는 아도니스가 레바논의 산 속에서 사냥을 하고 있을 때 멧돼지로 변신하여 그에게 달려든다. 그는 아프로디테의 눈앞에서 아도니스를 갈가리 찢어 죽인다.

이제 아도니스는 저승세계로 내려가 사계절 내내 페르세포네 곁에서 지내야만 했다. 슬픔에 가득 찬 아프로디테는 아도니스가 흘린 피에서 새빨간 핏빛의 아네모네가 피어나게 했다. 결국 그녀는 아버지 제우스를 졸라 아도니스가 여름 동안만은 그녀의 곁에서 지낼 수 있게 했다.

저승과 이승을 오가는 아도니스의 이야기는 고대 그리스 이전 시대의 관습, 즉 풍작을 기원하며 마을에서 가장 아름다운 청년을 실제로 매년 저승세계에 희생 제물로 바쳤던 관습에서 유래했다. 그 후 고대 그리스 문학에 와서 이 전설은 사랑과 죽음 사이의 비극적인 밀접성을 의미하는 이야기로 발전되었다. 우리는 이와 유사한 테마를 연인 에우뤼디케를 저승세계에서 데리고 나오는 데 실패하는 가수 오르페우스의 이야기에서도 볼 수 있다. 이처럼 죽음만이 그에 필적할 수 있다는 위대한 사랑의 이야기를 훗날 셰익스피어는 로미오와 줄리엣이라는 인물을 통해 새롭게 창조해 낸다.

아도니스의 전설을 문학적으로 가장 아름답게 형상화해 낸 시인으로는 로마 시대의 오비디우스를 꼽을 수 있다. 그는 이 신화에서 줄거리의 윤곽만을 빌려와 이것을 신들의 사랑이 아닌 인간적인 사랑의 드라마로 만들어냈다. 오비디우스의 작품에서, 아프로디테는 여신이면서도 유한한 인간들과 마찬가지로 아도니스를 죽음에서 지켜줄 수 없다는 것을 안타까워한다. 결국 그녀는 연인과 함께 살기

❖ ─ 관능적인 연인인 모습으로 그려진 「비너스와 아도니스」. 바르톨로메우스 슈프랑어, 빈, 예술사박물관.

위해 여신으로서의 삶을 포기하고 올림포스에서 인간세계로 내려온다. "청년의 아름다움에 사로잡힌 아프로디테는 키테라 해변과 심지어 올림포스도 잊어버렸다. 그녀에게는 천상세계보다도 아도니스가 더 소중했다. 아도니스를 두 팔에 안고 언제까지나 그와 함께 지내려 했다. 아름다움을 간직하기 위해 항상 그늘 아래 누워 있던 그녀가 이제는 그와 함께 산과 숲, 암벽과 덤불 속을 돌아다녔다." 아프로디테는 토끼나 사냥하라고 아도니스에게 간청했지만 그는 위험을 추구했다. 하지만 그가 자신의 아름다움을 잃지 않기 위해 토끼나 사냥하고 다녔다면 그녀가 그를 그토록 사랑했을까? 아마도 아니었을 것이다.

원전 : 아도니스의 신화에는 많은 버전들이 있다. 예를 들어 그를 죽음에 이르게 한 장본인이 어떤 곳에서는 페르세포네로 되어 있는가 하면 또 다른 곳에서는 질투심에 사로잡힌 아프로디테의 애인 아레스로 되어 있다.

이집트 파노폴리스 출신의 시인 논노스는 디오니소스에 관한 신화집에서 멧돼지로 변신한 아레스가 아도니스를 죽였다고 말한다. 아도니스에 대한 가장 상세한 이야기는 오비디우스의 『변신 이야기』 제10권에 실려 있다.

문학 : 셰익스피어는 「비너스와 아도니스」라는 제목의 장편 소네트를 쓴 바 있다. 그는 오비디우스에 기초하여 여기에 주변 풍경의 묘사, 인간의 행동을 반영하는 동물 이야기 등을 덧붙임으로써 이야기를 확장했다. 여기서 아도니스는 사냥에만 몰두하고 비너스 여신의 구애에는 아무런 관심을 보이지 않는 모습으로 그려진다.

이탈리아의 시인 잠바티스타 마리노(1569~1625)는 아도니스와 비너스 사이의 사랑을 「아도니스」라는 제목의 스무 편의 시가로 읊었다.

영국의 시인 퍼시 B. 셸리(1792~1822)는 스물여섯의 나이에 폐렴으로 죽은 동료 시인 존 키츠를 애도하면서 「아도니스」라는 비가를 썼다. 이 시에서 셸리는 비평가와 기자들이 키츠를 죽게 한 것으로 묘사한다. 이들은 키츠의 서사시 「엔디미온」을 가혹하게 비평함으로써 그를 죽음으로 몰아넣었다는 것이다.

아도니스에 관한 서정시는 20세기에도 계속 쓰여졌는데 그 대표적인 예로는 미국의 여성 시인 힐다 둘리틀(1886~1961), 역시 미국 시인인 케네스 렉스로트(1905~1982), 아일랜드의 시인 예이츠 등을 들 수 있다.

음악 : 이고르 스트라빈스키(1882~1971)는 아도니스 신화를 「방탕아」라는 제목의 오페라로 번안했다. 줄거리는 18세기의 영국을 배경으로 전개된다. 약혼녀 앤 트루러브와 행복하게 살던 톰 레이크웰은 악마의 유혹에 빠져 타락하게 되고 결국 정신 병원에 수감된다. 그는 자신이 아도니스이고 앤은 그에게 자장가를 불러 주는 비너스라는 망상에 빠진다.

조형예술 : 티치아노는 「아도니스의 탄생」과 「비너스와 아도니스」를 그렸다. 각각 파도바의 치비코 박물관과 마드리드 프라도 박물관에 소장되어 있다. 또 파올로 베로네제는 아도니스의 주검 앞에서 슬퍼하는 비너스를 그렸다. 이 그림은 스톡홀름 국립박물관에 소장되어 있다.

프랑스의 화가 니콜라 푸생은 두 차례에 걸쳐 아도니스를 그렸다.

정리해보기

아도니스에 관한 신화는 사랑을 다룬 세계 문학 중 매우 아름다운 이야기의 하나다. 이 신화에는 젊은 남자를 모신에게 제물로 바쳤던 고대 그리스 이전 시대의 관습이 반영되어 있다.

16

아르테미스
-순결한 사냥의 여신

그리스 여신 아르테미스의 라틴어식 이름인 디아나(영어식으로는 다이애나)는 오늘날 서구에서 매우 선호되는 여자 이름 중 하나다. 이 이름은 손에는 활을 들고 등에는 화살통을 맨 채 사냥개들에 둘러싸여 숲속에서 사냥을 하는 건강하고 날씬한 젊은 처녀의 모습을 떠올리게 한다. 이 모습에 반해 치근대거나 다가가려는 남자들을 그녀는 단호히 물리치는데, 실제로 이것이 이 여신에 관한 이야기의 대부분을 차지한다.

그리스 신화에 나오는 올림포스의 신들은 전형적인 가족 멜로드라마의 배역들을 맡고 있다. 제우스는 권위주의적인 아버지, 헤라는 남편의 바람기에 속썩는 질투심 많은 어머니, 아프로디테는 복잡한 남자 관계로 끊임없이 문제를 일으키는 시집간 큰딸이다. 여기서 아르테미스는 남자를 꺼리고, 결혼해서 남자에게 구속될 생각은 추호도 없는 작은딸의 역할을 맡고 있다. 아폴론은 지중해권의 남자 형제들이 흔히 그런 것처럼 여동생에게 접근하는 남자들을 질투하고 감시한다. 그리고 올림포스의 멜로드라마에 나오는 신들은 전혀 늙지 않기 때문에 이런 역할들은 거의 변하지 않는다. 그러나 아르테미스는 신화 속에서만 이런 처녀의 역할을 맡을 뿐, 종교적 제의에서는 전혀 다른 모습으로 나타난다.

남자에게 관심이 없는 거만한 처녀에게는 남자들을 골려먹는 즐거움을 함께 나누는 여자친구들이 있게 마련이다. 아르테미스는 그녀를 따르는 요정들과 항상 함께 다닌다. 그들 중 누구라도 그러한 금남의 묵계를 깨뜨리고 남자와 관계를 맺게 되면 가혹한 처벌이 뒤따른다. 그 대표적인 예가 바로 제우스의 아이를 임신한 칼리스토다. 그들은 함께 목욕을 하다가 칼리스토의 임신 사실을 알게 된다.

❖ ― 사슴으로 변한 악타이온을 뒤쫓는 디아나와 사냥개들. 루카 조르다노(1634~1705), 「디아나의 사냥」, 파리, 루브르 박물관.

❖ — 얀 브뤼겔, 「사냥하는 디아나와 요정들」

아르테미스 일행은 그녀에게 온갖 욕설을 퍼붓고 수치를 준 후 그녀를 암곰으로 변신시켜 버렸다. 아티카 지방의 브라우론에 있는 아르테미스 신전의 여사제들은 그리스 고전시대까지 암곰으로 분장했는데, 아마도 이는 이 여신의 뜻을 어기면 어떤 벌을 받게 되는가를 상기시키려는 의도였던 것 같다.

그런데 이 처녀 여신에게 접근하려는 남자들에게는 더 가혹한 벌이 내려졌다. 더구나 아폴론도 여동생의 명예를 지키는 일을 자신의 과업으로 여기고 있었다. 위대한 사냥꾼 오리온은 자주 아르테미스와 함께 사냥을 다녔다. 오리온과 아르테미스에 관한 신화에는 두 가지 버전이 있다. 하나는 오리온이 그녀에게 욕정을 품자 아르테미

목욕 장면 ──── 요정들과 함께 목욕하는 디아나의 모습은 특히 바로크 시대의 화가들이 애호한 그림 소재였다. 여러 명의 아름다운 여인들의 나신을 하나의 화폭에 담을 구실을 제공했기 때문이다. 또 화가들은 칼리스토의 임신 사실이 밝혀지는 장면에서 또 다른 성적 자극을 제공하는 소재를 발견했으며, 악타이온의 이야기에서는 그들 자신의 관음증을 아이러니컬하게 표현할 수 있는 기회를 포착했다.

스가 그를 죽여버렸다는 것이다. 이보다 더 아름답고 진실에 가까워 보이는 버전은 이렇다. 아르테미스는 이 뛰어난 사냥꾼을 진심으로 사랑하게 되었다. 그러나 아폴론은 이것을 막으려 한다. 그는 누이동생에게 활쏘기 겨루기를 제안한 후, 멀리 바다 위에 떠 있는 점 하나를 가리키면서 너무 멀어 못 맞출 것이라고 은근히 그녀를 약올렸다. 물론 그녀는 그것을 맞출 수 있었다. 그러나 그녀의 화살이 꿰뚫은 것은 바로 바다에서 수영을 즐기던 오리온의 머리였다. 사랑하는 오리온의 시신을 보고 아르테미스는 커다란 슬픔에 잠겨 그를 하늘의 별자리로 만들어 자신의 간절한 사랑을 표시했다. 그리하여 오리온은 오늘날에도 밤하늘에서 밝게 빛나는데, 이 점만 봐도 이 버전이 더 신빙성이 있다고 할 수 있다.

오리온과 달리 악타이온의 죽음에는 아르테미스 자신에게 직접적인 책임이 있다. 그는 단지 숲속에서 사냥을 하고 있었을 뿐이다. 이 사냥길에 그는 우연히 샘 하나를 발견했는데, 마침 그곳에서는 아르테미스와 요정들이 목욕을 하고 있었다. 그는 이 아름다운 나신의 처녀들이 이야기하며 노는 모습을 엿보았다. 이때 그는 알아서는 안 될 아르테미스의 비밀 하나를 엿듣게 되었다. 아르테미스는 자신보다 더 아름답다고 뽐내는 키오네를 활로 쏘아 죽인 일이 있었다.

아르테미스는 대체로 얌전한 편이었지만, 누가 그녀의 허영심을 건드리는 경우에는 결코 참지 않았다. 그녀가 키오네를 벌한 것은 알려지면 안 되는 비밀이었다. 키오네는 아폴론과 헤르메스의 사랑을 동시에 받고 있었기 때문이다. 숨어 있던 악타이온이 아르테미스 일행에게 발견되었을 때 그녀는 극도로 화가 나 그에게 특별히 가혹한 죽음의 벌을 내렸다. 그는 사슴으로 변해 결국 자신의 사냥개들에 쫓기다가 그들에게 갈가리 찢겨 죽고 말았다.

❖ ― 악타이온이 디아나와 요정들의 목욕 장면을 엿보다가 발각되고 있다. 얀 브뤼겔, 「디아나와 악타이온」, 스톡홀름, 국립박물관.

사냥꾼 처녀로서의 아르테미스 여신에 대한 이러한 이야기들은 그녀가 출산의 여신이기도 했다는 사실과 전혀 어울리지 않는다. 아테네의 여인들에게 아르테미스는 출산을 돕는 여신이었다. 로마에서도 디아나는 출산의 여신들과 모신들 중 매우 중요한 여신의 하나였다. 그녀의 신전 중에서 가장 큰 것은 소아시아의 에게해 해안에 있는 에페소스에 세워졌다.

이 신전은 세계 7대 불가사의 중 하나로 오늘날에도 그 초석이 남아 있어 당시의 엄청났던 규모를 짐작케 한다. 그런데 일반인들에게도 잘 알려진 에페소스 신전의 조각상들 중에서 사냥꾼 처녀의 모습을 하고 있는 것은 단 하나도 없다. 모두가 다산에 관련된 것들뿐이다. 신화학자들은 이러한 모순을 다음과 같이 해석한다. 그리스의 아르테미스 여신과 로마의 디아나 여신은 원래 지중해권의 무수히 많은 모신들 중 하나였다. 이 여신에 대한 숭배가 그리스에서 유행하게 되자 그녀는 올림포스 신들의 가족 관계에 편입되었다. 그리고 여기서 그녀에게 남아 있던 자리는 결혼하지 않고 처녀의 명예를 지키는 역할뿐이었던 것이다.

헤로스트라토스 ———— 세계 7대 불가사의 중 하나인 에페소스의 아르테미스 신전은 원래의 건물이 B.C. 356년 화재로 소실된 후 다시 세워진 것이다. 화재의 원인은 방화였다. 그 범인인 헤로스트라토스는 단지 유명해지고 싶다는 이유 때문에 신전에 불을 질렀다. 그리고 그 소원은 이루어졌다. 헤로스트라토스라는 이름은 후세에 이름을 남기는 것을 소중하게 생각했던 그리스인들의 전통적 가치가 어떤 터무니없는 결과를 빚어낼 수 있는가를 보여주는 중요한 역사적 예가 되었다.

더 알아보기

아르테미스
- 순결한 사냥의 여신

원전 : 헬레니즘 시대의 대표적인 문학가 칼리마코스^(B.C. 300년경)는 신들에 대한 찬가를 여러 편 지었다. 그 가운데 여신 아르테미스에게 바쳐진 헌시도 한 편 있다. 호메로스도 이미 B.C. 7세기에 아르테미스에 대한 짧은 찬가를 지었지만, 이보다는 칼리마코스의 시가 아르테미스를 더 상세하게 묘사하고 있다. 칼리마코스는 호메로스의 작품에서 영감을 얻었다. 호메로스의 짧은 찬가를 보면 아르테미스는 활과 화살을 몸에 지니고 황금 마차에 올라 질주하는 모습으로 등장한다.

그 후 고대 그리스의 작가 에우리피데스는 그의 작품 『히폴뤼토스』와 두 편의 이피게네이아 비극(『아울리스의 이피게네이아』와 『타우리스의 이피게네이아』)에서 이 사냥의 여신을 등장시킨다.

아르테미스의 사냥 동료인 칼리스토의 이야기는 오비디우스의 『변신 이야기』 제2권에 나온다. 칼리스토는 주피터의 유혹에 넘어간 나머지 아이를 갖게 되고, 이 사실을 알게 된 동료들은 그녀를 추방한다. 주피터의 아내 주노는 칼리스토를 곰으로 변신시켜 앙갚음한다. 곰으로 변한 칼리스토는 끊임없이 공포에 떨며 사냥꾼들을 피해 숲속을 헤맨다. 이 숲은 얼마 전까지만 해도 그녀 자신이 사냥을 다녔던 숲이었다. 결국 보다 못한 주피터가 그녀를 구해주고, 하늘로 들어올려 별이 되게 한다. 이것이 바로 큰곰자리다. 악타이온이 사슴으로 변하게 되는 이야기는 오비디우스의 『변신 이야기』 제3권에서 찾아볼 수 있다.

문학 : 여신 디아나에 얽힌 이야기는 다양한 형태로 중세 문학에까지 이어진다. 당시 민중 신앙에서 디아나는 마녀들을 이끄는 우두머리 신으로 여겨졌다. 이탈리아의 문학가 단테(1265~1321)는 디아나를 순결의 화신으로 묘사하고 있다. 조반니 보카치오(1313~1375)의 「디아나의 사냥」이라는 시에는 나폴리를 떠나 사냥을 나가는 귀족 부인이 등장한다.

근대 문학에서도 디아나는 순결의 화신으로 묘사된다. 더 나아가 자유에 대한 열망을 상징하는 존재로 묘사되기도 한다. 하인리히 만(1871~1950)의 3부작 소설 『여신들』이 대표적인 예다.

영국의 문필가인 조지 메레디스(1828~1909)는 그의 소설 『십자로의 다이애나』에서 여성 해방을 위해 투쟁하는 주인공의 이야기를 펼친다.

조형예술 : 여신 아르테미스는 활과 화살 외에도 타오르는 횃불을 높이 치켜든 모습으로 묘사되기도 한다. 횃불을 쥐고 숲을 달리는 그녀의 옆에는 종종 사냥개 한 마리가 따르기도 한다. 이탈리아의 조각가이자 건축가인 필라레테는 로마의 베드로 성당 청동문에 악타이온의 이야기를 묘사해 새겨놓았다. 이 밖에도 동일한 주제의 그림을 그린 화가로는 티치아노, 베로네제(1528~1588), 안니발레 카라치, 조반니 바티스타 티에폴로(1696~1770) 등을 꼽을 수 있다. 티치아노의 그림은 에든버러의 스코틀랜드 국립미술관에, 베로네제의 그림은 필라델피아의 미술박물관에, 카라치의 그림은 브뤼셀의 고미술박물관에, 티에폴로의 그림은 베네치아의 아카데미아 미술관에 각각 소장되어 있다.

> ### 정리해보기
> 아르테미스는 고대 신화에 등장하는 신들 가운데서도 빼놓을 수 없는 중요한 신이다. 그녀는 문학과 여러 예술 장르에서 위대한 사냥의 여신으로 거듭 등장한다. 그러나 사냥만이 그녀의 유일한 역할은 아니었다.

17

아마존족의 여전사들
-히폴뤼테와 펜테실레이아

오늘날에도 우리는 특별히 싸움이나 운동을 잘하는 여자들을 아마존족에 비유한다. 이 여전사들만으로 이루어진 종족은 신화시대에 이미 그리스인들이 알고 있던 세계의 변방으로 이주해 살고 있었다. 신화시대의 그리스인들은 이 용맹스런 여전사들에게 매력과 두려움을 동시에 느꼈다.

고전시대에 세워진 그리스 신전의 벽면들은 전쟁 장면들로 장식되어 있다. 그것들은 거의 언제나 태초에 있었던 신들과 거인족 기간테스 사이의 전쟁이나 인간들과 반인반마인 켄타우로스족 사이의 전쟁, 혹은 그리스인들과 아마존족, 다시 말해 남성과 여성 사이의 전쟁을 묘사한다. 기간테스나 켄타우로스 같은 거친 거인들의 패배가 그려진 경우, 고대 그리스인들에게 그 의미는 자명했다. 그것은 야만에 대한 문명의 승리를 뜻했다. 기간테스족이나 켄타우로스족

❖ ― 프란츠 폰 슈투크
(1863~1928), 「부상당한
아마존」.

과의 전투 장면은 거친 민족들의 우직한 힘에 대한 그리스인들의 두
려움을 진정시켜 주었다. 그렇다면 그리스 남자들은 여자들에 대해
서도 두려움을 느꼈던 것일까?

　여자들이 사회에서 능동적이고 우월한 역할을 하는 종족과 충
돌했을 때, 그리스인들이 이것을 그들의 가부장적 사회 질서에 대한
위협으로 받아들였으리라는 것은 충분히 짐작 가능한 일이다. 하지
만 그리스인들로 하여금 남녀간의 전쟁에 그토록 커다란 관심을 쏟
게 만들었던 것은 두려움만이 아니라 남성과 동등한 힘을 지닌 여성
들의 에로틱한 매력 때문이었다. 그 증거로서 조형예술품에 나오는
아마존 전사들이 특별히 아름다운 모습으로 묘사되어 있다는 사실
을 들 수 있다. 또 다른 증거는 신화의 내용이다.

그리스의 매우 위대한 영웅들은 거의 예외 없이 아마존족과 싸워야만 했다. 예를 들어 헤라클레스와 테세우스의 신화에는 이들이 함께 아마존족과 그 여왕 히폴뤼테에 맞서 전쟁을 벌이는 이야기가 나온다. 헤라클레스가 히폴뤼테에게서 빼앗았다고 전해지는 마법의 허리띠는 그리스 고전시대에 이르기까지 펠로폰네소스의 아르고스에 있는 헤라 신전에 보물로 소중히 간직되었다. 테세우스는 이 아마존 여왕을 아테네로 데려오는 데 성공한다. 어떤 이들은 그녀가 전쟁 포로로 잡혀왔다고 하고 또 다른 이들은 그들이 서로 사랑하게 되어 자발적으로 왔다고도 하는데, 우리로서는 후자가 옳다고 생각하고 싶다. 아무튼 아마존족은 납치당한 여왕을 구출하기 위해 아테네로 쳐들어와 이 나라를 아수라장으로 만들었다. 어떤 이들은 오랜 전투 끝에 결국 이들을 무찔렀다고 주장하고 또 어떤 이들은 서로 평화 조약을 맺었다고 전하는데, 이번에도 우리는 후자의 편을 들고 싶다. 왜냐하면 히폴뤼테가 그사이에 테세우스의 아이 히폴뤼토스를 낳았기 때문이다. 이 아이는 후에 비극적인 운명의 주인공이 된다. 아이와 평화 조약에도 불구하고 히폴뤼테는 테세우스에게 버림받는다. 그리고 결국 비극적인 최후를 맞이한다. 아마존족의 또 한 명의 지도자 펜테실레이아가 실수로 그녀를 살해했던 것이다.

펜테실레이아는 신화에 나오는 아마존들 중에서 가장 빛나는 인물이다. 그녀는 아름다웠을 뿐만 아니라 무술에도 뛰어났다. 그도 당연한 것이, 그녀는 바로 전쟁의 신 아레스의 딸이었다. 어떤 곳에서는 모든 아마존들이 아레스의 딸이라고 되어 있는데, 대부분의 사람

❖ — 아마존 여왕 안티오페 혹은 히폴뤼테를 죽이려고 하는 헤라클레스. 시칠리아의 셀리눈테에 있는 헤라 신전의 벽면 조각, B.C. 460년경.

들은 이 주장에 대해 회의적이다. 왜냐하면 아마존도 다른 인간들처럼 정상적인 방식으로 자식을 낳아 기른다는 이야기가 전해지기 때문이다. 이에 따르면 아마존들은 때때로 남자들을 끌어들여 아이를 임신했다. 그러나 사내아이가 태어나면 죽이거나 거세하거나 혹은 국경 너머의 아버지에게 넘겨주는 방식으로 여자들만의 종족을 유지했다고 한다. 오직 여자아이들만 전사로서 길러졌다. 활시위를 당기는 데 방해가 되는 오른쪽 젖가슴은 불로 지져 없앴다. 이것이 사실이었는지는 아무도 알 수 없는 일이지만 아무튼 '아마존'이란 말은 원래 '젖가슴이

모계 사회의 기억 ——— 신화학자들은 그리스인들이 어떻게 해서 아마존 여전사들에 대한 신화를 남기게 되었는지에 대해 궁금해했다. 역사에서 여전사족의 존재는 아직 실증된 바가 없다. 하지만 그리스 인근의 소아시아 지방이나 코카서스 혹은 우크라이나의 초원 지역에는 여자들이 지배적인 역할을 하던 종족들이 살았을 가능성이 매우 높은 것으로 추정된다.

없는 여자'라는 뜻이다.

히폴뤼테를 죽임으로써 무거운 죄업을 갖게 된 펜테실레이아는 트로이로 간다. 이 도시를 다스리는 현명한 노왕 프리아모스만이 그녀에게 씌워진 저주를 벗겨줄 수 있다는 신탁을 받았기 때문이다. 프리아모스는 그녀에게서 동족 살해의 죄를 정화시켜 주고 그 대가로 그리스와의 전쟁에서 트로이 편에 서겠다는 약속을 받아낸다. 그녀는 이 약속을 지켰다. 그녀와 그녀를 따르는 용감한 여전사들은 그리스 진영에서 공포의 대상이 되었다. 무수히 많은 그리스 병사들이 펜테실레이

❖ ― 현대의 아마존. 바실리 칸딘스키의 유리 그림. 1918, 상트 페테르스부르크, 에레미타제 박물관.

아에 의해 쓰러져가자 이제 그리스의 영웅들 중에서도 가장 뛰어난 자, 즉 아킬레우스만이 그녀를 대적할 수 있다는 사실이 분명해졌다.

펜테실레이아와 아킬레우스는 그들이 대표하는 성, 즉 여성과 남성 중에서 가장 강하고 빨랐을 뿐만 아니라 동시에 가장 빼어난 아름다움을 지닌 인물들이었다. 결국 이들은 서로에게 사랑의 감정을 느끼게 된다. 하지만 전쟁과 자존심이라는 냉혹한 논리로 인해 이들

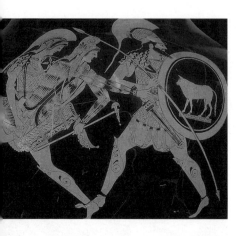

❖ ─ 아마존 여왕 히폴뤼테 혹은 안티오페를 납치하고 있는 테세우스와 그의 친구 페이리토스. 아티카시대의 화병, B.C. 480년경.

의 사랑은 이루어지지 못한다. 호메로스의『일리아스』에서 아킬레우스는 펜테실레이아를 죽인 후 그녀의 주검 앞에서 발길을 돌리지 못한다. 그는 그녀의 죽음으로 인한 마음의 고통을 이겨낼 수 없었다. 호메로스가 저열한 인간으로 묘사하고 있는 테르시테스라는 그리스인이 뻔뻔스러운 태도로, 적인데다가 여자에 '불과한' 펜테실레이아의 죽음을 끝없이 애통해한다고 아킬레우스를 비웃는다. 많은 시인들은 테르시테스가 결국 슬픔과 분노가 한꺼번에 폭발한 아킬레우스에게 맞아 죽었다고 전한다. 반면에 호메로스는 테르시테스가 오뒷세우스에게 맞아 죽었다고 말하고 있다. 이 이야기는 슬픔과 사랑의 감정을 존중하지 않는 인간을 그리스인들이 경멸했다는 사실을 잘 보여준다.

19세기의 위대한 극작가 하인리히 폰 클라이스트는『펜테실레이아』에서 남녀간의 투쟁으로서의 사랑과, 사랑으로서의 투쟁을 탁월하게 그려낸다. 이 작품에서도 아킬레우스와 펜테실레이아는 서로간의 대결이 불가피함을 알고 있다. 이들은 둘 다 상대방을 살아남게 하리라고 결심한다. 작품의 결말에서 치명상을 입은 펜테실레이아는 자신이 아킬레우스를 이겼다고 생각하면서 이 사실상의 패

배자에게 자신을 내맡긴다. "나는 여자
들의 법보다는 이 젊은 용사를 따
르겠노라."

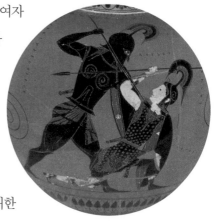

남자와 여자는 본래 서로 동
등하다는 사실을 알게 된다면
더 이상 싸울 필요가 없다. 따라
서 여자들은 아마존족이 되지 않
아도 되고 남자들은 아마존족에 대한
두려움에 시달리지 않아도 될 것이다.

❖ ─ 펜테실레이아를 죽이는 아킬레우스.
B.C. 540년경 아테네에서 만들어진 도자
기. 런던, 대영박물관.

클라이스트와 『펜테실레이아』 ─────── 하인리히 폰 클라이스트는 1808년에
『펜테실레이아』를 발표했다. 괴테의 혹독한 비판에도 이 작품은 독일 연극사상 가
장 큰 성공을 거둔 작품 중 하나가 되었다. 베를린 샤우뷔네의 공연은 영화로도 만들
어져 대성공을 거두었다. 이 작품의 주제인 사랑과 죽음에의 동경 사이의 밀접한 관
계를 클라이스트는 몸소 절실히 느끼고 있었던 것 같다. 1811년 그는 애인 헨리에테
포겔과 동반 자살했다.

아마존족의 여전사들
– 히폴뤼테와 펜테실레이아

원전 : 아킬레우스의 죽음을 다루는 서사시 「아이티오피스」는 B.C. 7세기에 밀레토스의 아르크티노스가 쓴 것으로 알려져 있는데, 여기서 이미 아킬레우스와 펜테실레이아 사이의 대결이 그려진다. 호메로스의 『일리아스』에도 아마존족에 대한 이야기는 여러 곳에 등장하는데, 아마존족의 특징은 "남자들과 같은 힘을 가진"이라는 수식어로 표현되고 있다.

문학 : 이 신화를 다룬 근대 문학 중 가장 유명한 작품으로는 하인리히 폰 클라이스트의 비극 『펜테실레이아』를 꼽을 수 있다. 이 작품에서는 사건의 외적 줄거리인 전쟁이 뒷전으로 물러나고 펜테실레이아의 내면 감정이 전면에 부각된다. 격렬한 감정을 극단적으로 묘사하는 이 격정적인 작품에 대해 클라이스트의 동시대인들은 심한 거부 반응을 보였다. 특히 괴테는 이에 대해 혹독하게 비판했다. 표현주의시대에 와서야 클라이스트가 묘사한 감정 세계가 제대로 평가받게 된다.

　마리아 야니체크(1859~1927)는 『아마존족의 전투』라는 제목의 소설에서 남녀 갈등, 그리고 남자들의 특권을 거부하는 여권 운동가들을 그려내고 있다.

플랑드르 지방의 서정시인 카렐 반데 뵈스티네(1878~1929)는 아킬레우스와 펜테실레이아 사이의 사랑에 헌시를 바쳤다.

음악 : 펜테실레이아와 아킬레우스의 이야기를 다룬 매우 중요한 음악 작품으로는 오스트리아의 작곡가 후고 볼프의 교향시 「펜테실레이아」와 스위스 작곡가 오트마르 쉐크(1886~1957)의 동명 오페라가 있다. 이 두 작품은 모두 클라이스트의 비극에 토대를 두고 있다. 쉐크의 곡은 현악기들을 빼버린 특이한 오케스트라 구성을 특징으로 하는데, 1927년 드레스덴 국립오페라단의 초연 이후에 쉐크는 이 작품을 정상적인 오케스트라 구성에 맞게 만들었다.

조형예술 : 아티카 시대의 공예가가 B.C. 460년경 만든 접시에 아킬레우스와 펜테실레이아 사이의 대결이 묘사되어 있다. 이 도자기는 뮌헨의 국립고대박물관에 소장되어 있다.

클라이스트의 『펜테실레이아』가 나온 것과 같은 해에 요한 하인리히 퓌슬리(1741~1825)는 서로 사랑에 빠진 이 두 사람 사이의 결투 장면을 그렸는데, 그는 이것을 아킬레우스가 죽고 펜테실레이아가 비탄과 절망에 빠져 있는 새로운 버전으로 묘사했다. 아마존들의 전투 장면을 그린 그림으로는 루벤스의 작품이 유명하다. 이 그림은 뮌헨의 알테 피나코텍에 걸려 있다.

정리해보기

아마존족에 대한 신화에는 남자들과 같은 힘을 지닌 여전사들이 등장한다. 그리스인들은 이들에 대해 두려움과 매혹을 동시에 느꼈다.

18
아킬레우스의 발꿈치

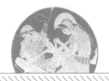

　트로이 전쟁에 참가한 영웅 중에서 가장 유명한 인물인 아킬레우스는 보통의 인간이 아니라, 바다의 여신 테티스와 인간인 펠레우스왕의 아들이었다. 그는 아버지의 이름을 따라 펠리데라는 이름으로 불리기도 했다. 그에게는 전쟁터에서 젊은 나이에 죽게 되리라는 예언이 내려져 있었다. 여신인 그의 어머니는 누구도 주어진 운명을 벗어날 수 없다는 사실을 잘 알고 있었지만 아들의 운명을 다른 방향으로 돌리기 위해 모든 힘을 기울인다. 바로 이 점이 호메로스의 『일리아스』에 나오는 아킬레우스에 관한 이야기에 긴장감을 불어넣는다. 그가 과연 그 일을 해낼 수 있을까? 과연 인간이 자신의 숙명에서 벗어날 수 있을까?

　저승세계의 강 스틱스에 몸을 담그면 부상을 입지 않는다는 것을 안 테티스는 아킬레우스가 어렸을 때 스틱스강에 그의 몸을 담갔

다. 그러나 그녀가 잡고 있던 아킬레우스의 발꿈치에는 강물이 닿지 않아 그곳은 부상을 입을 수 있는 곳으로 남게 되었다(여기서 유래하여 단 한군데의 치명적인 약점을 가리켜 아킬레스건이라고 말한다 - 옮긴이).

트로이 전쟁이 시작되자 테티스는 아들에게 여자 옷을 입혀 그가 군인이 되는 운명에서 벗어나도록 했다. 그러나 트로이 전쟁의 그리스군 총사령관 아가멤논을 대리하여 군대를 모집하고 있던 꾀 많은 오뒷세우스가 기지를 발휘한다. 그는 적의 기습이 있는 것처럼 경보 나팔을 불게 한다. 그러자 아킬레우스는 여자 옷을 벗어던지고 방패와 창을 들고 달려 나왔다.

❖ — 아킬레우스의 스승은 켄타우로스족의 현자 케이론이다. 케이론이 아킬레우스에게 활쏘기를 가르치는 모습. 주세페 마리아 크레스피(1665~1747), 빈, 예술사박물관.

트로이 전쟁이 시작된 지 10년이 흘렀을 때 그리스군 총사령관 아가멤논과 아킬레우스 사이에 심각한 불화가 발생한다. 아가멤논이 아킬레우스의 여종 브리세이스에 반해 아킬레우스에게서 그녀를 빼앗았던 것이다. 명예에 타격을 입은 아킬레우스는 분노에 차 전쟁터에서 물러난다. 트로이인들이 거듭 승리를 거두어도 모욕감에 사로잡힌 아킬레우스는 꼼짝도 하지 않았다. 심지어 그의 가장 절친한 친구 파트로클로스가 간청을 해도 그는 완고하게 고개를 내저었다. 그러자 테티스가 다시 개입했다. 그녀는 여전히 예언이 두려웠지만,

이제 아들의 명예를 생각해야 했고 용감한 아들 아킬레우스가 그리스인들의 전쟁을 수수방관하는 것을 더 이상 지켜보고 있을 수가 없었다. 테티스는 올림포스산에 있는 제우스를 찾아가 아가멤논이 브리세이스를 내놓게 해달라고 간청한다. 테티스에게 마음이 약해진 제우스는 – 이 신들의 아버지는 한때 테티스와 결혼하려 했었다 – 그녀의 간청을 받아들였다. 그는 트로이인들이 계속 승전을 거두게 하여 그리스인들을 매우 위급한 상황에 빠뜨림으로써, 이제 아킬레우스만이 승리를 이끌 수 있는 유일한 가능성이 되게끔 상황을 몰고 갔다. 이 방법은 효과를 거두었다. 아가멤논은 브리세이스를 되돌려주고 자신의 전리품 상당 부분도 내놓겠다고 제안함으로써 영웅 아킬레우스를 다시 전쟁에 끌어들이려 했다. 그러나 아가멤논은 사과를 하는 것은 거부했으며 따라서 아킬레우스도 분노를 거두려 하지 않았다.

그리스 측의 전황이 극도로 악화되어 패전을 모면할 수 없는 지경에 이르게 되자, 아킬레우스는 친구인 파트로클로스에게 자신의 갑옷을 입혀 마치 그가 다시 전선에 출정한 것으로 믿게 하려 했다. 하지만 파트로클로스는 아폴론 신의 총애를 받고 있던 트로이의 영웅 헥토르에게 죽임을 당한다. 친구가 전사했다는 소식을 듣고 아킬레우스가 비탄과 분노의 소리를 질러대자, 트로이인들은 즉시 퇴각한다. 이제 모든 일은 급속도로 진전된다. 헥토르에 대한 복수심에 가득 찬 아킬레우스가 화해하겠다는 전갈을 아가멤논에게 보내자 아가멤논도 사과를 표명하고 브리세이스를 돌려보낸다. 아킬레우스는 전쟁터로 돌진하여 마침내 헥토르와 마주선다. 이 두 영웅 사이에 무서운 싸움이 벌어진다. 이 둘은 똑같이 위대한 영웅이었기 때문에 최후의 결정은 제우스가 내려야 했다. 그는 아킬레우스를 살리고 헥토르를 죽게 한다.

아킬레우스와 지크프리트 ───────
천 년이 넘는 시간이 흐른 후 용을 죽인 중세의 영웅 지크프리트에게 아킬레우스의 경우와 같은 문제가 발생한다. 그는 용의 피에 몸을 담금으로써 부상을 입지 않는 신비한 힘을 얻지만, 이때 그의 등에 보리수 잎이 떨어져 그곳이 그에게 '아킬레스건'이 된다.

그런데 아킬레우스는 분노로 인해 그만 신들의 법에 어긋나는 행위를 저지른다. 헥토르의 시체를 마차에 매단 채 성곽 주위를 수백 바퀴나 내달렸던 것이다. 그는 헥토르의 찢겨진 시체를 진지 부근에 내던져두고 파트로클로스를 위해서는 성대하게 장례를 치르게 했다. 헥토르의 아버지이자 트로이의 왕인 프리아모스가 몸소 탄원

❖ ─ 여자로 변장하고 뤼코메데스의 딸들 사이에 숨어 있는 아킬레우스. 오뒷세우스와 디오메네스가 선물을 가지고 왔을 때 아킬레우스는 무기를 집어들어 자신의 정체를 드러내고 만다. 에라스무스 퀠리누스(1607~1643), 바두즈의 왕궁 소장품.

❖ — 아킬레우스가 그의 친구 파트로클로스의 상처를 붕대로 감아 주고 있다. 아티카 시대의 접시, 베를린, 고대미술관.

사절단을 이끌고 찾아와 아들의 시신을 넘겨달라고 간청했을 때에야 비로소 아킬레우스는 자신의 명예롭지 못한 행동을 깨닫고 시신을 거두어 돌아가도록 허락한다.

아킬레우스가 다시 출전하기 전에 테티스는 대장장이의 신 헤파이스토스에게 부탁하여 특별히 몸을 보호해 주는 새 갑옷을 아들에게 만들어준다. 하지만 아킬레우스는 자신에게 주어진 운명에서 벗어나지 못한다. 그가 성벽을 공격할 때 헥토르의 막내동생이자 미녀 헬레나를 납치하여 이 전쟁을 일으킨 장본인인 파리스의 화살이 이 영웅의 발꿈치를 꿰뚫었던 것이다. 트로이를 편들고 있던 아폴론이 화살이 정확히 목표를 맞히도록 도와주었다.

아킬레우스를 위한 장례는 17일 동안 계속되었다. 테티스와 바다의 요정 네레이데스들이 장례식장을 돌보았으며 아테나 여신은 몸소 신들의 음식 암브로시아를 아킬레우스의 시신에 발라주었다. 18일째에 그는 성대하게 화장되었다. 호메로스의 『일리아스』는 아킬레우스의 분노와 완강한 고집을 모티브로 하나의 통일성을 이룬다. 그리고 피할 수 없는 운명을 되돌리려는 어머니의 노력이 『일리아스』에 긴장감을 불어넣는다. 이러한 긴장감이 없었다면 '아킬레스 건'이라는 말도 생기지 않았을 것이다.

더 알아보기

아킬레우스의 발꿈치

원전 : 아킬레우스의 분노는 호메로스의 『일리아스』에서 중심 테마를 이룬다. 1만 5,000여 시행으로 구성된 이 서사시는 트로이 전쟁이 시작된 지 9년이나 흐른 뒤의 짧지만 매우 중요한 한 시기를 다룬다. 이야기는 그리스군 총사령관 아가멤논과 영웅 아킬레우스 사이의 분쟁에서 시작되어 아킬레우스가 분노한 원인과 그 결과, 그리고 그가 분노를 거두게 되는 과정 등을 그리고 있다. 후에 로마의 시인 푸블리루스 파피니우스 스타티우스(45~96년경)는 「아킬레우스」라는 제목의 서사시를 쓴 바 있다. 원래 그는 이 영웅의 삶과 숙명 전체를 이야기로 옮길 계획이었으나 그 일부분만을 실현하는 데 그쳐 이 작품은 미완성으로 남게 되었다. 아킬레우스와 시크로스 국왕의 딸 데이다메이아 사이의 사랑이 이 서사시의 가장 중요한 줄거리를 이루고 있다.

문학 : 아킬레우스가 항상 빛나는 영웅으로만 그려졌던 것은 아니다. 셰익스피어는 희비극 『트로일루스와 크레시다의 이야기』에서 아킬레우스를 매우 탐탁치 않은 모습으로 그리고 있다. 아킬레우스는 모욕감에 사로잡힌 채 막사에 틀어박혀 그의 친구 파트로클로스와 농담을 시시덕거린다.

셰익스피어는 『일리아스』의 소재를 패러디하는 방식으로 그의 작품을 전개한다. 약 200년의 세월이 흐른 후 괴테는 아킬레우스의 또 다른 측면을 부각시킨다. 괴테는 그의 「아킬레우스」를 원래 일곱 편의 시가로 완성할 계획이었지만 그중 제1편만을 쓰는 데 그치고 말았다. 이 시편은 전쟁에서 항상 직면하게 되는 죽음의 문제에 대한 아킬레우스의 생각과 행동을 묘사한다.

음악 : 아킬레우스를 둘러싼 많은 연애담이 특히 바로크 시대에 여러 오페라로 만들어졌다. 프랑스의 작곡가 장 밥티스트 룰리(1632~1687)는 이 테마로 「알키디아네와 폴뤼산드레」라는 제목의 발레조곡을 만들었다.

가장 유명한 오페라로는 프리드리히 헨델(1685~1759)이 1739년에 작곡한 「데이다메이아」를 들 수 있는데, 이 작품은 아킬레우스의 사랑 이야기를 그로테스크하게 그려내고 있다.

조형예술 : B.C. 5세기에 만들어진 유명한 도자기에 아킬레우스와 브리세이스의 모습이 그려져 있는데, 이 도자기를 만든 예술가는 오늘날 '아킬레우스의 화가'라는 이름으로 불린다.

루벤스는 「아킬레우스를 스틱스에 담그는 테티스」와 「아가멤논을 향한 아킬레우스의 분노」라는 두 그림(로테르담의 보이만스 반 보이닝엔 박물관 소장)을 그렸다.

프랑스의 화가 앵그르는 「아가멤논의 사절단을 맞이하는 아킬레우스」(파리의 에콜 데 보자르 박물관 소장)를 그렸다.

정리해보기

가장 위대한 영웅도 숙명을 벗어날 수 없다는 사실, 바로 이것이 아킬레우스의 발꿈치에 대한 신화의 핵심 내용이며 동시에 호메로스의 「일리아스」를 이해하는 열쇠이기도 하다. 아킬레우스의 영웅으로서의 숙명은 우리 시대에는 더 이상 어울리지 않지만 그 이야기는 여전히 사람들을 매혹시킨다.

19

아테나의 올빼미

어린이 동화책에서 올빼미는 어려움에 처한 사람들에게 해결책을 찾아주는 매우 지혜로운 새로 나온다. 그리스인들에게 올빼미는 여신 아테나를 상징하는 새였다. 오늘날까지 올빼미가 지혜로운 새라는 명성을 누리고 있는 것은 이 여신의 덕택이라 할 수 있다.

아테나는 과학적 발명과 학문의 수호여신이었으며 오뒷세우스 같은 지혜로운 인간들의 보호자였다. 또 아테나는 그 이름이 말해주듯이 아테네 시의 수호자로서 아테네 시민들이 가장 사랑한 신이었다. 따라서 아테네 시민들이 다른 어떤 인간들보다 자신들이 더 현명하다고 자부했던 것은 그리 놀라운 일이 아니다. 다른 사람들에게는 완전히 새로운 지식이 그들에게는 이미 오래전부터 알고 있던 상식에 불과했다. 그런 지식을 팔아먹으려고 돌아다니는 것을 빗댄 고대의 속담으로, "아테네에 올빼미를 가져간다"는 말이 있다. "뉴캐

❖ — 소녀스러우면서도 용감하고 지혜로운 아테나 여신. 뮈론의 아테나 여신상 머리 부분, B.C. 5세기, 프랑크푸르트, 리비히하우스.

슬에 석탄을 가지고 간다"는 영국 속담도 같은 의미를 지닌다. 이 모두는 어떤 것을 원래 유래한 곳으로 가져가는 어리석음을 지적하는 것이다.

뛰어난 지혜를 지닌 올뻬미의 여신 아테나는 처음부터 머리와 깊은 인연을 맺으며 태어났다. 그녀는 문자 그대로 머리에서 태어났던 것이다. 제우스는 크로노스를 거세하고 신들의 왕의 자리에 오르자마자, 모든 신들 중에서 가장 지혜로웠던 티탄족 여신 메티스를 아내로 맞이하려 했다. 하지만 메티스는 온갖 모습으로 변신하여 그에게서 벗어나려고 했다. 그러나 결국 그녀는 제우스의 힘에 굴복하고 말았다. 메티스가 임신했을 때 제우스는 그녀가 처음에는 딸을, 그다음에는 아들을 낳지만 이 아들이 그의 왕위를 빼앗을 것이라는 신탁을 받았다. 대지의 여신 가이아와 하늘의 신 우라노스는 권좌를 지키고 싶으면 그의 아버지 크로노스가 자식들을 삼켜 버렸던 것처럼 메티스를 삼켜버리라고 권고했다. 제우스는 즉시 이 충고를 따랐다. 그러나 얼마 후에 그는 자신이 너무 성급했다는 것을 깨달았다. 자신에게 아무런 해를 끼치지 않을 딸도 어미와 함께 삼켜버렸기 때문이다. 게다가 신탁은 이 딸이 반드시 태어나게 되리라고 했다. 곧 제우스는 참을 수 없는 두통을 앓게 되어, 뛰어난 솜씨를

지닌 대장장이의 신 헤파이스토스에게
자신의 두개골을 도끼로 쪼개달라고 부
탁할 지경이었다. 그러자 제우스의 머리
속에서 아테나가 튀어나왔다. 그것도 완
전 무장을 갖춘 성숙한 처녀의 모습으로
말이다. 제우스는 자신이 몸소 산고까지
겪으며 낳은 이 딸을 다른 자식들보다
더 사랑했다. 그는 아테나의 소원을 단
한 번도 거절한 적이 없었다.

❖ ─ 아테나 여신을 상징하는 올빼미. B.C. 5
세기 중반의 동전. 런던, 대영박물관.

　제우스와의 이런 각별한 관계로 인해 아테나는 다른 신들보다
훨씬 막강한 권력을 소유했으며 특히 지혜에 있어서는 어떤 신들보
다도 뛰어났다. 신화가 말해 주는 그녀의 발명 목록은 감탄할 만큼
많다. 여자들에게 그녀는 베틀 일, 바느질, 마름질, 염색, 자수 등을
가르쳤다. 또 아테나는 이런 섬유 기술의 제1인자임을 자부하고 있
었다. 어느 날 아라크네라는 처녀가 자신의 천 짜는 솜씨가 아테나
여신보다 더 낫다고 자랑하며 겨루기를 요청했다. 아테나는 이 도전
을 받아들여 신에게 도전한 인간이 어떤 벌을 받게 되는가를 주제로
하여 자신의 천을 짜나갔다. 아라크네가 천에 짜 넣은 것은 신들이
부도덕한 정사를 일삼는 모습이었다. 이것을 본 아테나는 격노하여
이 파렴치한 내용을 담은 천을 찢고는 아라크네를 거미로 만들어버
렸다. 오늘날까지도 아라크네는 그때처럼 천을 짜고 있다. 거미류의
절지동물을 가리키는 영어 'arachnid'나 독일어 'Arachnide'는 아

라크네의 자식들이란 뜻이다.

아테나는 도예가들에게 도자기 굽는 법을 가르쳤고 농부들에게는 쟁기를 만들어주어 그들의 노고를 덜게 했다. 올리브에서 기름을 짜내는 법도 이 여신이 가르쳐준 것이라 한다. 또 아테나는 물품을 운송하는 수레를 발명했고 조선 기술을 개량했다. 이 여신은 음악에도 조예가 깊었다. 피리와 나팔을 발명했고 음정들 사이의 올바른 비례 관계를 가르쳤다. 화음은 숫자로 표시될 수 있는 수학적 비례 관계를 갖고 있기 때문에 수학도 아테나의 학문으로 알려져 있다. 그리스인들에게 음악과 수학은 밀접히 연관된 분야였다.

아테나는 싸움과 전쟁을 싫어했지만, 전쟁술에 있어서도 설명이 필요 없는 최고수였다. 무기는 소유하지 않았지만 무기가 필요한 경우에는 아버지 제우스에게 빌려 사용했다. 아테나는 싸움을 시작하면 항상 승리했다. 전쟁의 신 아레스나 심지어 아폴론과 싸워서도 그녀는 승리를 거두었다. 지혜와 전술에서 누구보다도 월등했기 때문이다. 신들과 기간테스 사이의 전쟁에서 그녀는 놀라운 전훈을 세웠다. 시칠리아섬을 통째로 엔켈라두스에게 집어던져 그를 깔아 죽인 일도 있었다. 아테나는 그리스인들이 전쟁에서 도움을 구하는 유일한 신은 아니었다. 그러나 정치적 지혜를 내려주는 신으로는 유일했다. 특히 아테네 사람들에게 이 여신은 폭동과 내전을 피하려면 법을 준수하고 분쟁을 평화롭게 조정해야 한다고 거듭 깨우쳐주었다.

❖ ─ B.C. 5세기 초 아티카의 그릇에 그려진 올빼미. 코린트, 박물관.

영리함에서 지혜로 ─ 올빼미 여신의 역사적 이력 ─────
그리스 도시국가들의 정치 권력이 약화되고, 반면에 그리스 문화의 영향력은 커져감에 따라 아테나 여신은 새로운 과제를 부여받았다. 이 여신은 아폴론보다도 더 중요한 학문과 예술의 진정한 수호자가 된 것이다. 그리하여 아테나의 라틴어식 이름 미네르바와 여신의 성조 올빼미는 오늘날에 이르기까지 학문과 예술에 반드시 따라다니는 상징이 되고 있다.

　무수히 많은 도시들이 이 여신을 수호신으로 삼았지만 그중에서도 아테네는 이 여신과 가장 밀접한 관계에 있는 도시국가였다. 여기에는 한 가지 일화가 있는데, 이 이야기는 지혜와 더불어 아테나의 가장 중요한 덕목인 처녀의 순결성과 중요한 연관이 있다.

　아테나가 순결의 문제에 얼마나 예민했는가는 테바이 사람 테이레시아스의 예화가 잘 보여준다. 그는 뜻하지 않게 이 여신이 목욕

✤ ─ 아테나를 무서운 여자 무사로 그린 19세기 말 구스타프 클림트(1862∼1918)의 그림. 빈, 역사박물관.

하는 모습을 목격하게 되었다. 당황하고 화가 난 아테나는 그의 눈을 멀게 만들었다. 그녀는 곧 자신이 지나쳤다고 후회했지만 신들도 이미 일어난 일을 되돌릴 수는 없었다. 여신은 대신에 테이레시아스에게 예언의 능력과 긴 수명을 선물했다. 그리고 죽은 후 하데스의 왕국에서도 지력을 잃지 않는 특별한 권리를 보장했다.

아테나의 처녀성이 더 심각한 위기에 처했던 것은 그녀의 산파역을 맡았던 헤파이스토스가 흑심을 품고 그녀에게 달려들었을 때였다. 그녀는 창을 휘둘러 간신히 그를 철창 속으로 몰아넣었지만, 너무 흥분한 헤파이스토스는 그만 사정을 하고 말았다. 그의 정액이 떨어진 곳이 바로 아테네 땅이었다. 신의 정액을 수정한 아테네 땅에서 열 달 후에 에릭토니오스가 태어났다. 아테네인들은 이 에릭토니오스가 그들의 조상 에렉토스와 같은 인물이라고 믿는다. 아크로폴리스 언덕에는 오늘날에도 그의 신전이 남아 있다. 아무튼 아테나는 에릭토니오스를 맡아 키웠는데, 이는 아마도 그가 자신의 아들이 될 뻔했기 때문일 것이다. 아테나는 그를 자신의 신전에서 키웠으며, 이런 연고로 그가 세운 도시 아테네에 나름의 의무감을 느끼게 되었다. 아테네 사람들은 이에 대한 감사의 표시로 그들의 주화에 아테나의 올빼미를 새겨 넣고는 자신들이 세계에서 가장 지혜로운 종족이라 자부했다.

❖ — 5세기 고전시대 초기의 이 청동 조각상에서 아테나 여신은 여자 무사의 모습으로 묘사되고 있다. 아테네, 국립고대박물관.

　　이러한 자부심은 어느 정도 오만과 결부되어 있었다. 결국 아테네인들은 그러한 자기 과신으로 인해 정치적으로 몰락하고 말았다. 독일 철학자 헤겔이 말했듯이 "미네르바(아테나의 라틴어 이름)의 올빼미는 황혼녘에야 날갯짓을 시작한다"는 사실을 그들은 깨닫지 못했던 것이다. 요컨대 "지혜는 나중에야 찾아오는 법이다."

더 알아보기

아테나의 올빼미

원전 : 아테나의 출생 배경에 대해서는 헤시오도스가 『신들의 계보』에서 이야기하고 있다. 그리스 시인 핀다르도 그의 시집 『올림피아』에서 이에 대해 서술한다. 호메로스는 두 편의 「아테나에게 바치는 찬가」 중 하나에서 아테나 여신의 탄생 과정을 이야기한다. 그녀는 창을 휘두르고 눈빛을 번뜩이면서 맹렬한 기세로 제우스의 머리에서 튀어나왔다고 한다. 주위의 올림포스산과 대지가 뒤흔들리고 대양은 거품을 내뿜었다. 모든 신들이 놀라움에 가득 차 이 광경을 지켜보았다. 이보다 짧은 다른 찬가에서 아테나는 아테네 시의 수호여신으로서 그 시민들이 전쟁을 치를 때 이들을 지켜주는 여신으로 묘사된다.

호메로스의 『오뒷세이아』 맨 첫 부분에서는 아테나가 영웅들의 수호신으로 묘사된다. 오뒷세우스는 배가 난파된 뒤 요정 칼립소에 의해 7년 동안이나 섬에 갇혀 살아야 했다. 이때 아테나는 그가 고향으로 돌아올 수 있도록 하기 위해 신들의 회합을 성사시킨다. 오뒷세우스에게 아테나는 여신이라기보다는 오히려 도움을 아끼지 않는 친구였다. 그에게 조언을 해주고, 그가 바다의 신 포세이돈에게 노여움을 샀을 때에도 그를 구해주었다. 여기서 아테나는 "올빼미의 눈을 가진 여신"으로 일컬어진다.

에우리피데스의 비극 『트로이의 여인들』은 트로이 해안가에서 포세이돈과 아테나가 대화를 나누는 장면으로 시작된다. 트로이는 이미 정복되었으며 시내에서는 아직도 드문드문 연기가 피어오르는 것이 보였다. 트로이와의 전쟁에서 승리한 뒤 기고만장해진 그리스인들을 귀향길에서 전멸시키기 위해 아테나는 포세이돈을 끌어들이려 한다. 아테나는 포세이돈에게서 약속을 받아낸다. 아테나 자신의 신전을 비롯한 여러 신전을 모독한 벌로 그들이 고향으로 돌아가는 뱃길에 폭풍우를 보내기로 한 것이다. 이에 대해서는 제우스도 이미 도와주겠노라고 약속한 뒤였다.

조형예술 : 아테나 여신을 묘사한 작품들 중 가장 유명한 것은 아테네의 조각가 피디아스가 B.C. 5세기에 만든 「아테나 파르테노스」라는 이름의 입상이다. 이 작품은 높이가 12미터에 이르며, 전체가 황금과 상아로 입혀져 있다. 이 입상은 아테네의 아크로폴리스 언덕 위에 있는 아테나 여신의 신전 파르테논에 세워졌다. 아테나는 무장을 갖추고 오른쪽 손바닥에 그리스의 승리의 여신 니케를 올려놓고 서 있다. 수많은 복제품들과 이를 축소시킨 소입상들이 만들어졌으며, 이 모습을 새긴 주화나 화병들도 만들어졌다. 이 입상의 모습은 오늘날까지도 널리 알려져 있다.

아테나는 전쟁을 치를 때마다 – 정복을 위한 전쟁이든 단순한 겨루기든 간에 – 언제나 승리를 가져다 주었기 때문에 승리의 여신이 그녀의 추종자로 묘사되는 경우가 흔하다.

이외에도 피디아스가 완성한 두 개의 청동상 「아테나 프로마코스」와 「아테나 렘니아」가 아크로폴리스에 세워졌다. 드레스덴에 있는 국립미술박물관에 이 두 청동상의 복제품이 전시되어 있다.

정리해보기

오늘날에도 올빼미는 지혜를 상징하는 새로 통한다. 올빼미는 고대 그리스 로마 시대에도 아테나 여신의 새이자 아테네 시를 상징하는 표지였다. 이 신화를 통해 지혜와 아테나 여신, 그리고 도시국가 아테네가 어떤 관계를 맺고 있었는지 알 수 있다.

20

아틀라스의 힘과 아둔함

그리스인들은 운동을 중요시했지만 단순히 육체적 힘만 강한 것은 그리 높이 평가하지 않았다. 그들이 사랑한 영웅 헤라클레스는 힘뿐만 아니라 지적 능력도 뛰어났다. 자신들을 문명화된 민족이라고 생각하여 야만족들과 항상 구분지으려 했던 그리스인들은 어리석은 힘 자랑을 야만족의 특징이라고 생각했다. 그리스인에게 올림포스의 신들은 자신들의 모습, 좀 더 엄밀히 말해 그들이 꿈꾸는 이상을 형상화한 것이라는 게 오늘날의 일반적인 해석이다. 반면 신들과의 전쟁에서 패배한 태고시대의 거인족 기간테스는 그리스인들에게 야만적 무지함의 대명사였다.

아틀라스는 티탄족의 일원이었다. 신들이 티탄족을 굴복시켰을 때 그는 하늘과 땅이 만나는 세계의 끝, 정확히 말해 태양이 지는 서쪽 끝에서 천구를 떠받들고 서 있어야 하는 벌을 받았다. 고대인들

에게 서쪽 끝은 오늘날의 모로코였는데, 이
곳에는 이 티탄족 거인의 이름이 붙여
진 산맥이 솟아 있다.

근대 초기의 지도에는 천구를
떠받들고 있는 아틀라스의 그림
이 그려져 있었다. 오늘날 육지와
바다 혹은 창공 등을 그린 지도책
을 두고 아틀라스라고 부르는 건 이
때문이다.

거인 아틀라스가 암석들로 이루어진 산
맥이 된 연유는 영웅 페르세우스의 이야기
에서 알 수 있다. 페르세우스는 자신의 모
험길에 세계의 끝에 있는 아틀라스에게로

❖ ― 근대에 그려진 이 아틀라스는 천구
가 아니라 지구를 짊어지고 있다. 잠바티
스타 젤로티(1526∼1578), 베네치아, 마르치
아나 도서관.

가게 되었다. 긴 여행에 지친 그는 아틀라스에게 잠자리를 부탁했는
데 아틀라스는 그것을 거부했다. 화가 난 페르세우스는 그가 가지고
있는 가장 무서운 무기, 즉 바라만 봐도 모든 사람들을 돌로 만들어
버리는 무서운 메두사의 머리를 아틀라스에게 보여주었던 것이다.

한편 아틀라스가 페르세우스를 손님으로 예우하지 않은 데에는
그 나름의 이유가 있었다. 그에게는 도둑이 찾아와 그의 가장 중요
한 소유물인 '에스페리테스 자매들의 사과'를 훔쳐간다는 예언이 내
려져 있었던 것이다. 그는 페르세우스가 그 도둑이라고 생각했다.
그러나 도둑은 다른 사람이었다. 바로 헤라클레스였다.

헤라클레스는 자식을 죽인 벌로 미케네의 왕 에우뤼스테우스의 노예로 살아가야 했다. 왕은 이 초인적인 힘을 지닌 노예를 멀리 떼어놓고 싶어 계속해서 점점 더 어려운 과제들을 맡겼다. 그중 하나가 '에스페리데스 자매들의 사과'를 구해오라는 것이었다. 이것은 지상에서 매우 어려운 일 가운데 하나였다. 이 황금 사과는 대지의 여신이 신들의 어머니 헤라에게 결혼 선물로 준 것이었다. 이 사과가 열리는 나무는 에스페리데스라고 불리는 요정들이 돌보고 있었다. 에스페리데스는 '저녁의 여인들'이란 뜻이었는데 이 정원이 해가 지는 곳에 있었기 때문에 붙여진 이름이다. 에스페리데스 자매들의 아버지가 바로 아틀라스였다. 그런 이유로 아틀라스는 이 황금 사과나무의 관할권이 자기에게 있다고 생각했다. 헤라 여신은 사과나무를 확실히 지키기 위해 100개의 머리를 가진 용 라돈을 또 하나의 파수꾼으로 세워놓았다.

헤라클레스는 에스페리데스의 정원이 어디에 있는지 알 수가 없었다. 그는 이집트, 아라비아, 리비아와 아시아 일대를 돌아다니며 이제 일상이 되어버린 온갖 모험들을 견뎌냈다. 한번은 거인 안타이오스가 그의 길을 가로막았다. 안타이오스는 바다의 신 포세이돈과 대지의 여신 가이아의 아들이었다. 헤라클레스는 그를 거듭 때려 눕혔지만 아무런 소용이 없었다. 그가 땅에 눕기만 하면 어머니인 대지의 여신이 그에게 새로운 힘을 불어넣어 주었기 때문이다. 싸움은 끝없이 새로 시작되었다. 헤라클레스가 지쳐갈 무렵 그에게 좋은 생각이 떠올랐다. 그는 상대를 높이 들어올려 그의 갈비뼈를 부수어버렸다. 그리고 그 상태로 적이 숨을 거둘 때까지 기다렸다. 이렇듯 그는 힘과 두뇌를 함께 사용하여 승리를 거두었다.

코카서스에서 헤라클레스는 쇠사슬에 묶여 고통을 당하고 있던 티탄족 출신의 신 프로메테우스를 만나 그를 풀어준다. 프로메테우스

❖ − 헤라클레스가 아테나 여신의 도움을 받아 하늘을 짊어지고 있을 때, 아틀라스가 에스페리데스의 사과를 손에 들고 돌아오고 있다. 그는 곧 이 무거운 짐을 넘겨받게 된다. 올림피아에 있는 제우스 신전의 벽면 부조, B.C. 460년경.

는 감사의 표시로 자신의 형제 아틀라스가 있는 곳과 그를 구슬리는 법을 알려주고 직접 사과를 따러 가는 것은 너무 위험하다고 충고한다. 또 아틀라스는 하늘을 떠받치고 있는 일에 싫증이 나 있기 때문에 잠시 그 일을 대신해 주겠다고 약속하면 기꺼이 사과를 따다 줄 것이라고 일러주었다.

마침내 헤라클레스는 아틀라스가 있는 곳에 도착했다. 이때 아틀라스는 산맥이 아니라 또 다시 살과 피를 지닌 거인의 모습을 하고 있다. 그러고 보면 신화도 그렇게 논리적인 것은 아니다. 아무튼 모든 일이 계획대로 진행된다. 헤라클레스가 그 무서운 용 라돈만 처치해 준다면 즉시 사과를 가져다 주겠노라고 아틀라스는 약속했다.

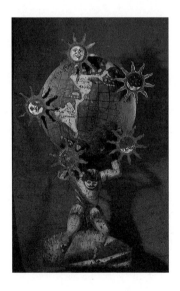

❖ ─ 지구를 떠받치고 있는 아틀라스의 형상으로 만들어진 사격 표적. 19세기 말 작품, 빈.

헤라클레스는 자신의 활로 이 괴물을 쏘아 죽이고 하늘을 자신의 어깨에 넘겨받았다. 그리 오래지 않아 아틀라스가 사과를 가지고 돌아왔다. 그러나 해방감을 맛본 아틀라스는 하늘을 다시 넘겨받으려 하지 않았고 자신이 직접 이 사과를 에우뤼스테우스에게 갖다 주겠다고 우겼다. 아틀라스의 생각을 바꿀 수 없음을 안 헤라클레스는 한 가지 꾀를 냈다. 그는 자신의 짓눌려 있는 어깨에 양피를 몇 장 받쳐 댈 수 있도록 잠시만 하늘을 들어달라고 아틀라스에게 부탁했다. 아틀라스는 사과를 내려놓고 익숙한 이 짐을 넘겨받았다. 그러자 헤라클레스는 이 귀한 과일을 집어들고 쏜살같이 사라져버렸다.

힘과 영리함을 두루 갖춘 헤라클레스가 그저 힘만 센 아틀라스에게 승리를 거두는 이 이야기가 무척이나 그리스인들의 마음에 들었던 모양이다. 그리스인들은 그들의 신전 중에서도 가장 신성한 곳인 올림피아의 제우스 신전에 이 이야기를 조각해 새겨놓았다.

아틀라스의 힘과 아둔함

원전 : 그리스 문학에서 아틀라스는 헤시오도스의 『신들의 계보』, 에우리피데스의 비극 『이온』, 아이스퀼로스의 비극 『쇠사슬에 묶인 프로메테우스』 등에 등장한다. 아틀라스는 어떤 곳에서는 하늘을 머리와 손으로 받치고 있고, 또 다른 곳에서는 어깨나 목덜미에 짊어지고 있는 것으로 나온다.

에우리피데스의 비극 『이온』의 첫 구절에서 헤르메스는 아틀라스에 대해 이렇게 말한다. "청동처럼 강인한 힘으로 신들의 고향인 하늘을 짊어진 아틀라스는 여신과 결혼하여 나의 어머니 마이아를 낳았고 어머니 마이아는 위대한 신 제우스와의 사이에 신들의 전령인 나를 낳았노라."

아이스퀼로스는 이 프로메테우스의 형제가 하늘을 짊어지는 벌을 받게 된 것은 티탄들의 반란에 가담하여 디오니소스를 찢어 죽였기 때문이라고 말한다.

아틀라스가 산맥으로 변하게 된 것에 관해서는 베르길리우스의 『아에네아스』와 오비디우스의 『변신 이야기』 제4권에 언급되어 있다. 여기서 거인 아틀라스는 에스페리데스의 무한히 광활한 땅에서 수천 마리의 양떼와 소떼들에 둘러싸여 있는 모습으로 그려진다. 오비디우스는 아틀라스가 산맥으로 변하는 과정을 여러 단계로 나누어 묘사한다. 머리카락과 수염은 숲으로, 어깨와 손은 산마루로, 머리는 산꼭대기로 변하고 뼈들은 암석이 되어 굳어진다. 이 산맥은 온 사방으로 무한히 뻗어 있으며 그 위에는 하늘이 얹혀 있다.

황금 사과나무가 있는 에스페리데스의 정원 소재지는 헤시오도스가 『신들의 계보』에서 서쪽나라 끝에 있다고 했던 신화 속의 섬일 것이라고 대부분의 그리스인들은 추측했다. 그러나 또 다른 원전에 따르면 이 정원은 리비아에 있었거나 혹은 아폴로도로스의 글에 나오는 것처럼 휘페르보레이오스족이 살고 있는 땅에 있었다. 휘페르보레이오스족은 세계의 끝에 살고 있는 종족으로서 이들은 이 이상향에서 신들과 같은 삶을 영위한다고 그리스인들은 믿었다.

조형예술 : 플랑드르의 화가 루벤스는 아틀라스를 포함한 티탄족들이 깊은 나락에 내던져지는 모습을 그렸다. 또 동일한 소재를 독일 화가 안젤름 포이어바흐도 그렸다. 이 그림들은 브뤼셀의 고미술박물관, 빈의 조형예술아카데미 미술관에 소장되어 있다. 에드워드 콜리 번 존스 경은 페르세우스에 의해 돌로 변하는 아틀라스를 그렸다. 이 그림은 사우샘프턴 미술관에 걸려 있다. 아고스티노 카라치와 그의 동생 안니발레 카라치는 각각 헤라클레스와 아틀라스를 그렸다. 이들의 그림은 볼로냐의 팔라초 삼피에리와 로마의 팔라초 파르네제에 각각 소장되어 있다.

이탈리아의 화가 라파엘로는 에스페리데스들을 소재로 한 그림을 남겼다.

정리해보기
미련한 거인을 속여먹는 이야기는 동화 속에 자주 등장하는 모티브이다. 이 모티브는 오늘날의 문학과 영화에도 여러 가지 변형된 모습으로 나타난다.

21
아폴론

그리스 신화에서 "젊은 신과 같은 아름다움"이란 말은 곧 아폴론의 아름다움을 뜻한다. 많은 시인과 예술가들은 거듭해서 이 신의 모습을 묘사해 왔다. 그것은 어떤 모습일까? 활짝 꽃피운 젊음과 눈부신 아름다움, 이미 소년기는 지났고 아직 장년은 아닌 나이, 운동으로 단련된 균형 잡힌 몸매와 건강한 생명력, 자신감에 찬 방관자적 무관심, 강렬하면서도 다소 오만한 눈빛을 지닌 미남 청년. 바로이것이 아폴론의 모습이다. 그의 피부에서는 싱그러운 산록의 풀 향기, 태양과 바다의 내음이 풍겨 나오고, 그의 영혼에서는 사람들의 마음을 사로잡는 활력이 솟아난다. 그는 스포츠의 우승자, 월계관을 쓴 승리자다. 누구도 그의 적이 되는 것을 바라지 않는다. 하지만 그의 부드러운 미소 뒤에는 그가 잔인해질 수 있는 가능성이 숨어 있다. 그는 또한 문예의 애호자이며 뛰어난 음악가다. 그리고 또 하나,

그 누구도 그를 속일 수 없다. 그는 상대방의 마음을 가장 깊은 곳까지 꿰뚫어보고 사람들의 현재와 미래에 관한 모든 것을 알고 있다. 그는 기도와 경외의 대상이다. 한마디로 그는 신인 것이다.

2500년 전부터 아폴론은 서구 세계의 이상적 남성상을 구현해 왔다. 로버트 레드퍼드나 케리 그랜트 같은 정형화된 할리우드의 남성상으로부터 19세기, 바로크 시대, 르네상스의 신화 그림들을 거쳐 그리스 고전시대의 아폴론 조각상에 이르는 길을 우리는 큰 어려움 없이 추적해 올라갈 수 있다.

그는 마초macho적 남성의 이상이기도 하다. 단련된 몸매, 예리한 두뇌, 음악적 교양, 냉혹한 성격 등 모든 면에서 우월한 신과 같은 남자. 물론 여기에 타고난 혈통도 추가된다. 아폴론은 가장 전능한 신 제우스와 태고시대의 모신 레토의 아들이다. 그는 쌍둥이 누이 아르테미스와 함께 그리스의 델로스

❖ ─ 로마 바티칸 박물관이 소장하고 있는 아폴론 조각상.

아폴론과 붓다 ─────── 아폴론의 모습으로 구현된 서구의 이상적 남성상이, 인간이 생각해 낼 수 있는 유일한 남성상은 결코 아니다. 이 사실은 아시아적 이상인 붓다의 밝고 고요하고 친근한 모습을 아폴론과 비교해 보면 명백히 확인된다. 그 뚜렷한 대조는 놀라울 정도다.

에서 태어났다. 오늘날에도 이 섬에는 그의 신전 잔해가 남아 있다.

그가 처음 모험길에 올랐던 곳은 델포이였다. 이곳에서 그는 신탁의 성소를 지키던 뱀을 죽인다. 이 성소는 미래에 대한 예지가 대지의 품에서 솟아나오는 곳이었다. 아폴론은 이 신탁의 성소를 차지함으로써 지혜의 신이 된다. 이렇게 하여 인간들은 물론 신들도 어려운 문제가 생기면 자문을 구하기 위해 그를 찾아갔다.

문제를 해결해 주는 신이 됨으로써 그는 불가피하게 의술의 신도 되었다. 그는 이 의술을 아들 아스클레피오스에게 전해주어 아들을 의사들의 신으로 만든다. 아스클레피오스가 가지고 다녔다는 뱀이 감긴 지팡이는 오늘날에도 의사와 약사의 상징으로 사용되고 있다.

아폴론은 뛰어난 지식을 지녔을 뿐만 아니라 리라의 명인이기도 했다. 리라는 하프처럼 생긴 그리스의 현악기로 아폴론은 이 악기를 즐겨 연주했다. 원래 리라는 전령의 신 헤르메스의 발명품이었는데, 거래를 통해 아폴론은 이 악기를 자신의 악기로 만들었다. 리라의 명인으로서 아폴론은 예술의 여신들인 무사들을 관장하는 역할도 맡았다. 이 예술과 지혜의 신은 자신의 우월성을 인정하지 않는 자에게는 더없이 잔인했다.

아폴론은 여동생 아르테미스와 함께 왕비 니오베의 많은 아이들을 모조리 활로 ― 그는 최고의 궁수였다 ― 쏘아 죽였다. 니오베가 자기 자식들이 그들의 어머니 레토가 낳은 자식들보다 더 훌륭하다고 말했다는 이유에서였다. 피리의 명인 사튀로스 마르쉬아스가 그에게 음악 경연을 도전해 왔을 때도 아폴론은 승리한 것에 만족하지

❖ ─ 리라를 옆에 낀 채 음악 경연을 도전해 온 사튀로스 마르쉬아스를 노려보는 아폴론. 그 뒤는 전설의 왕 미다스. 미다스는 마르쉬아스 편을 들었다가 아폴론의 노여움을 사서 당나귀 귀를 얻게 된다. 파리스 보르도네(1500~1571)의 그림, 드레스덴, 미술박물관.

않고 산 채로 마르쉬아스의 털북숭이 가죽을 벗겨 그의 오만함을 벌했다.

영리함, 매력, 잔인함 등과 같은 아폴론의 특징은 그가 요정 다프네를 사랑하게 되었을 때의 이야기에서 가장 잘 드러난다. 다프네는 순결의 여신 아르테미스의 시녀였다. 아르테미스의 시녀들은 이 여신과 마찬가지로 남자들에 무관심한 처녀들이었다. 바로 이것이 오히려 많은 남자들의 관심을 자극했고, 또 많은 남자들의 목숨을 앗아갔다. 한꺼번에 두 명의 숭배자가 다프네를 간절히 사랑했다. 하나는 인간인 레우키포스였고, 다른 하나는 바로 아폴론이었다. 레우키포스는 처녀로 변장하여, 열렬히 사랑하는 다프네 주위에 가까이 다가갈 수 있었다. 이에 질투를 느낀 아폴론은 친구들과 함께 그의 연못에서 목욕을 하고 싶다는 다프네의 청을 받아들이면서 목욕하는 사람들이 모두 여자라는 것을 확실히 하기 위해 모두가 옷을 벗어보라고 충고했다. 결국 정체가 발각된 레우키포스는 다프네의 친구들에게 찢겨 죽는다. 그러나 이런 계교에도 불구하고 아폴론은 다프네의 사랑을 얻을 수 없었다. 그는 다프네의 마음을 움직이려 온갖 노력을 다했지만 그녀는 그가 가까이 다가가기만 해도 달아났다. 그의 매력이 통하지 않자 아폴론은 힘으로라도 그녀를 갖겠다고 결심했다. 달아나던 다프네는 붙잡힐 위기에 처하자 자신이 사제로 모시던 대지의 여신 가이아에게 도움을 청했다. 여신은 그녀를 월계수로 변하게 했다.

"그녀의 사지가 마비되어 굳어갔다. 두 발은 뿌리가 되어 지면에 달라붙고, 나무껍질이 그녀의 새하얀 허벅지를 두르고, 두 팔에서는 나뭇가지들이 뻗어 나왔다. 바람이 이 연약한 처녀를 안고 얼러대자 반짝이는 초록 이파리로 변한 머리카락이 나부꼈다." 로마의 시인 오비디우스는 『변신 이야기』에서 다프네의 놀라운 변신을 이렇게 묘사했다.

아폴론은 깊은 슬픔에 - 사랑의 아픔 때문인지, 상한 자존심 때문인지는 알 수 없지만 - 사로잡혔다.

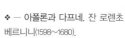

❖ ― 아폴론과 다프네. 잔 로렌초 베르니니(1598~1680).

오늘날에도 승리자의 머리에 씌우는 월계관은 사실 승리자의 전형인 아폴론의 쓰라린 패배의 기억을 간직하고 있는 셈이다. "젊은 신과 같은 아름다움"을 지닌 행운아들이 이러한 사실을 가끔 생각해 봐도 나쁘지 않을 것이다.

월계수 ――――― 고대에 월계수는 아폴론을 상징하는 신성한 나무였다. 아폴론과 같이 되기를 갈망하는 자들, 즉 올림픽 우승자, 개선장군, 유명한 시인 등에게 월계관이 씌워졌다. 또 신탁을 전하는 델포이 신전의 여사제 퓌티아들은 월계수 잎을 씹음으로써 강신 상태에 이르렀다.

더 알아보기

아폴론

원전 : 아폴론은 호메로스의 『일리아스』맨 첫 부분에 등장한다. 아폴론은 그리스 군 총사령관 아가멤논이 트로이의 아폴론 신전 여사제 크뤼세스의 딸을 납치해 풀어주지 않은 데 대한 벌로 그리스 진영에 역병을 퍼뜨린다. 아폴론을 노래한 고대의 시 중에서 두 편의 찬가가 유명하다. 그 하나는 호메로스, 다른 하나는 헬레니즘 시대의 문학가 칼라마코스의 작품이다.

아폴론과 다프네에 대한 이야기는 오비디우스의 『변신 이야기』 제1권에, 그리고 아폴론과 마르쉬아스 사이의 음악 경연에 대한 이야기는 제6권에 각각 실려 있다.

문학 : 예술과 문학의 신 아폴론은 문학 작품에 자주 등장한다. 하지만 그가 중심 인물로 나오는 경우는 극히 드물다. 이탈리아의 시인 페트라르카(1304~1374)는 아폴론에게서 달아나려다가 월계수로 변한 다프네에 관한 시를 그의 『칸초니에레』에 싣고 있다.

장 지로두(1882~1944)의 희극 『아폴론』에서 아폴론은 남성미의 이상으로 나타난다. 일자리를 구하려고 발명특허청을 찾아온 여주인공 아그네스 앞에 아폴론은 발명가의 모습으로 나타난다. 관청에서 근무하는 모든 남자들에게는 멋있다는 말 외에 다른 말은 결코 해서는 안 된다고 아폴론은 아그네스에게 충고한다. 이 작품은 아그네스가 사람들의 남성미를 칭찬함으로써 얻어내는 효과를 줄거리로 하고 있다. 작품의 결말에 이 발명가가 아폴론임이 밝혀진다. 아폴론에 대한 시를 쓴 대표적 인물로는 아일랜드의 작가 조나단 스위프트(1667~1745), 영국의 시인 존 키츠가 있다. 라이너 마리아 릴케는 아폴론의 조각상을 다룬 「고대의 토르소상」이라는 시를 남겼다.

음악 : 헨델은 「아폴론과 다프네」라는 칸타타곡을 작곡했다. 미국 국적의 작곡가 이고르 스트라빈스키는 「아폴론과 무사들」이라는 발레곡을 작곡했다. 이 곡은 1928년 파리에서 세르게이 디아길레프가 감독하는 세계적으로 유명한 러시아 발레단에 의해 초연되었다.

리하르트 슈트라우스는 아폴론과 다프네의 이야기를 「다프네」라는 제목의 오페라로 만들었다. 그 밖에도 벤저민 브리튼(1913~1976)의 「젊은 아폴론」이 있다.

조형예술 : 태양왕 루이 14세는 태양의 신 아폴론을 각별히 좋아했다. 따라서 베르사유 궁전에서 아폴론의 그림과 조각상은 중요한 위치를 차지했다. 한 예로 중앙 분수에는 마차를 끌고 승천하는 아폴론의 조각상이 서 있다.

아폴론과 다프네를 그린 화가 중에서는 이탈리아 화가들인 안토니오 델 폴라이우올로(1433~1498), 프란체스코 알바니, 조반니 바티스타 티에폴로 등이 있다. 폴라이우올로의 그림은 런던 국립미술관에, 그리고 다른 두 화가의 그림은 파리의 루브르 박물관에 각각 소장되어 있다.

정리해보기

아폴론은 올림포스 신들 중에서도 가장 다양한 면모를 지닌 신이다. 그는 아름답고 잔인하며 최상의 교양을 갖춘 인물로서 (거의) 모든 남성의 이상이다.

22
안티고네의 저항권

신화와 세계 문학을 통틀어 매우 주목할 만한 여성 중의 하나는 바로 안티고네일 것이다. 그녀는 테바이의 불행한 왕 오이디푸스의 딸이다. 아테네 고전시대의 위대한 비극 시인들은 그녀를 소재로 많은 작품들을 썼다. 특히 소포클레스의 『안티고네』는 오늘날에도 자주 무대에 올려지는데, 이는 거기에 함축된 정치적 의미가 여전히 현실성을 지니기 때문이다. 그 정치적 의미란 '부당한 국가 권력에 대한 개인의 저항은 정당하다'는 것이다.

이야기의 시작은 정치극이라기보다는 왕가의 비극에 가깝다. 오이디푸스가 죽은 후 안티고네의 숙부 크레온이 아직 미성년이었던 안티고네의 두 오빠 에테오클레스와 폴뤼네이케스를 대신하여 나라를 다스렸다. 이들이 성년이 되자 두 사람 중 누가 왕이 될 것인가를 놓고 다툼이 벌어졌다. 결국 이들은 1년씩 교대로 나라를 다스린

❖ — 오이디푸스는 죽기 전에 아테네 근방의 콜로노스를 향해 망명길에 오른다. 그의 딸 안티고네가 동행했다. 요한 페터 크라프트(1780~1866), 「오이디푸스와 안티고네」, 파리, 루브르 박물관.

다는 애초부터 현실성이 없는 타협안에 합의했다. 제비를 뽑은 결과 에테오클레스가 첫 해의 왕이 되었고 폴뤼네이케스는 외국으로 떠났다. 물론 에테오클레스는 권력을 다시 내놓을 생각이 전혀 없었다.

폴뤼네이케스는 권력을 쟁취하기 위해 동맹군을 끌어 모았다. 이렇게 해서 폴뤼네이케스를 비롯한 일곱 명의 영웅들이 이끄는 군대가 테바이로 쳐들어와 이른바 그 유명한 '테바이를 공격하는 7인'의 전쟁이 시작되었다. 두 형제의 군대는 포위군과 농성군으로 나뉘어 테바이 성벽 앞에서 오랜 전쟁을 벌였다. 영웅들 외에 신들까지 개입하여 많은 무용담을 낳은 이 전쟁 끝에 두 형제는 단 둘이서 결전을 벌이다가 모두 죽고 만다. 결국 사령관을 잃은 포위군은 퇴각해버리고 늙은 크레온이 다시 테바이의 정권을 잡게 된다. 그가 첫 번째로 내린 결정은 에테오클레스를 위해서는 – 그는 공식적으로 적법한 왕이었다 – 성대한 장례식을 치러주되 반역자인 폴뤼네이케스의 시체는 매장하지 않고 들판에 내버려두어야 한다는 것이었다. 그리고 이 명령을 어기는 자는 사형에 처하겠다고 선언했다.

이것은 정치적으로는 어느 정도 이해가 가지만 그리스인들의 도덕관에는 어긋나는 일이었다. 그리스인들에게는 엄숙한 장례식을 치르지 못하는 것이 죽음 자체보다도 더 끔찍한 일이었다. 그리고 그것은 두 오빠 모두를 똑같이 소중하게 생각했던 안티고네의 생각과도 어긋나는 결정이었다.

안티고네는 여동생 이스메네를 찾아가 함께 오빠에게 최후의 경의를 표하자고 간청한다. 하지만 이스메네는 크레온의 징벌을 두려워한다. 결국 안티고네는 이 어려운 일을 홀로 감당한다. 그녀는 몰

연극 ——— B.C. 5세기 아테네의 민주정시대만큼 연극이 중요한 역할을 했던 때는 없었다. 관객들은 아이스퀼로스, 소포클레스, 에우리피데스의 비극들이 보여주는 극적인 상황들을 통해 "나라면 어떻게 행동했을까" 하고 자문하지 않을 수 없었다. 이처럼 연극은 관객들이 자유로운 결정을 내리도록 심사숙고하게 만듦으로써 민주주의를 위한 교육장이 되었다.

래 성 밖으로 빠져나가 폴뤼네이케스의 시신을 거두어, 아직 불타고 있는 에테오클레스를 화장한 장작더미 위로 끌고 간다. 바로 그때 그녀는 왕의 파수병에게 발각되어 크레온 앞으로 끌려간다. 소포클레스의 정치극은 바로 여기서부터 시작된다.

안티고네는 자신이 한 일을 떳떳하게 자백한다. 신이 내린 법이 국법보다 더 중요하며, 따라서 자신에게는 국가 권력에 저항할 권리가 있다고 주장한다. 크레온과의 열띤 논쟁에서 안티고네는 자신의 행위를 변론하고, 왕은 불가

❖ ― 19세기 사람들이 상상한 고대 극장. 타오르미나의 극장에서 소포클레스의 『안티고네』를 공연하는 모습. 프란츠 마치가 그린 빈 궁전극장의 천장화를 모사한 에칭 동판화, 1889.

피한 경우 국가는 복종을 강요해야 한다고 주장한다. 소포클레스의 연극에서 국민의 입장을 대변하고 있는 합창단은 불안해하며 이 논쟁의 귀추를 뒤쫓지만 그들도 누가 옳은지 결정을 내리지 못한다.

크레온의 태도는 완강하여 결국 질녀인 안티고네에게 사형을 선고한다. 하지만 이야기는 그것으로 끝나지 않는다. 크레온의 아들이자 안티고네의 약혼자인 하이몬이 나타나 아버지가 판결을 바꾸도록 모든 노력을 기울인다. 안티고네가 타협 없는 단호한 태도를 취

저항권 ——— 소포클레스의 『안티고네』를 본뜬 문학 작품 중 가장 유명한 것은 프랑스 극작가 장 아누이의 작품이다. 이 작품은 독일이 프랑스를 점령했던 1942년 파리에서 발표되었다. 소포클레스의 비극과 마찬가지로 아누이의 작품도 인간의 도덕적 근본을 무시하는 국가 권력에 대한 저항권을 다룬다.

했던 것과는 달리 그는 외교적으로 논리를 전개한다. 또 크레온이 절대 군주로서 권력을 행사하려는 반면에 그의 아들은 국민의 여론에 귀를 기울이는 민주적 정치가의 모습으로 나타난다. 하이몬은 합리적 논증을 통해 왕을 설득하려 한다. 그는 자신의 진정한 의도는 안티고네를 구하려는 것보다 오히려 아버지가 치명적인 정치적 실책을 저지르지 않게 하려는데 있다고 말한다. 국민의 여론은 폴뤼네이케스의 매장을 금한 것이 지나쳤다고 생각하며 안티고네를 처벌하는 것에도 반대하고 있다면서, 하이몬은 정치가란 어떤 결정이 잘못되었음이 드러나면 그것을 바꿀 줄도 알아야 한다고 왕을 설득한다. 하이몬은 온갖 정치적 웅변을 동원하고, 합창단은 그의 합리적 주장에 귀를 기울여야 한다고 크레온에게 경고한다. 하지만 크레온은 하이몬의 주장을 국가에 대한 충성심이 아니라 자신에 대한 거역이라고만 생각한다. 그는 하이몬이 사랑에 눈멀었다고 자신의 아들을 깎아내린다.

소포클레스의 연극에서 여기까지는 현명한 정치가로 나오는 하이몬은, 아버지의 고집으로 인해 좌절한 뒤에 신화에 흔히 나오는 성급한 젊은이로 돌변한다. 그는 안티고네와 더불어 죽겠다고 결심한다. 사랑할 뿐만 아니라 그 도덕적 고결성을 존경하는 안티고네와 함께 죽기 위해 그는 그녀가 갇힌 지하 동굴에 들어가 밖을 막게 한다.

모든 사람들의 존경을 받는 눈먼 예언자 테이레시아스가 등장하면서 소포클레스의 관객들은 다시 한 번 희망의 가능성에 가슴 졸인다. 그는 주저하지 않고 크레온이 무거운 죄를 짓고 있다고 질책하면서 그 잘못을 되돌리라고 그에게 권고한다. 그러나 크레온은 끝까지 고집을 피우면서 이 예언자가 그의 정적들에게 매수되었다고 비난한다. 격노한 테이레시아스의 경고와 합창단, 즉 국민들의 들끓는 여론을 듣고서야 크레온은 이성을 되찾는다.

그러나 막혀 있던 지하 동굴을 다시 열었을 때는 이미 모든 것이 너무 늦어버린 상태였다. 안티고네는 목을 매 자결했고 하이몬은 자신을 칼로 찌른 채 그녀의 시신 위에 쓰러져 있었다.

이 연인들은 스스로 죽음을 택함으로써 국가 권력도 그들의 신념을 꺾을 수 없다는 것을 보여주었다. 이들은 다른 사람들에게 저항심을 고취시키는 모범이 되었다.

❖ ─ 「오이디푸스와 안티고네」, 에밀 테센도르프(1833~1894)의 목판화.

안티고네의 저항권

원전 : 안티고네의 운명을 그린 가장 중요한 작품은 소포클레스의 비극이다. B.C. 442년경에 발표된 이 작품은 『엘렉트라』, 『오이디푸스왕』과 더불어 이 비극 시인의 대표작으로 꼽힌다.

문학 : 크레온과 그의 질녀 안티고네 사이의 심각한 갈등은 수십 세기에 걸쳐 시인, 철학자, 학자들의 많은 관심을 끌었다.

마르틴 오피츠(1597~1639)는 1636년에 이 소포클레스의 비극을 최초로 독일어로 옮겼다. 1804년에 발행된 프리드리히 횔덜린의 새로운 번역은 괴테와 실러를 비롯한 동시대인들의 극심한 혹평을 받았다. 그 후 20세기 초에 와서야 이 작품은 재평가와 인정을 받게 되었다. 소포클레스의 비극은 19세기에 커다란 반향과 예찬을 불러일으켰다. 철학자 헤겔(1770~1831)은 이 작품을 "모든 시대에 걸쳐, 모든 관점에서 가장 숭고하고 가장 탁월한 예술 작품"이라고 격찬하고, 안티고네를 "지상에서 가장 존귀한 인물"이라고 말한 바 있다.

오늘날 안티고네는 국가 권력에 대한 저항권과 시민적 용기의 상징적 인물로 해석된다. 그 대표적 예로는 발터 하젠클레버(1890~1940)와 베르톨트 브레히트가 1917년과 1948년에 각각 발표한 희곡 작품을 꼽을 수 있다.

하젠클레버는 전형적인 표현주의적 기법들을 사용하여 이 고대의 소재를 제1차

세계 대전을 배경으로 하는 반전드라마로 만들었다. 브레히트 역시 이 신화를 파시즘과 연관시켜 개인들의 정치적·사회적 참여를 촉구했다.

그 밖의 중요한 작품으로는 나치 점령기에 프랑스에서 발표된 장 아누이의 희곡을 비롯하여 롤프 호흐후트의 소설 『베를린의 안티고네』가 있다.

음악 : 안티고네의 운명을 다룬 두 편의 오페라가 20세기에 작곡되었다. 그 하나는 프랑스계 스위스 작곡가 아르튀르 오네제르(1892~1955)의 작품으로 1927년 브뤼셀에서 초연되었다.

다른 하나는 독일 작곡가 카를 오르프(1895~1982)의 작품이다. 오르프의 「안티고네」는 몇 구절을 삭제한 것 외에는 거의 전적으로 횔덜린의 번역 작품을 기초로 하고 있는데, 특이한 오케스트라 구성으로 인해 전통적 의미에서의 오페라와는 많은 차이점을 보여주는 작품이다. 1949년 잘츠부르크에서 초연되었다.

정리해보기

소포클레스의 『안티고네』는 고대의 가장 위대한 비극 작품으로 꼽힌다. 그 주제인 국가 권력에 대한 개인의 저항권은 고대와 마찬가지로 오늘날에도 여전히 현실성을 갖는다.

23

암피트뤼온,
그리고 또 한 명의 암피트뤼온

암피트뤼온과 그의 아내 알크메네의 이야기는 고대의 사랑 이야기 중에서도 매우 재미있는 이야기의 하나로 꼽는다. 이것은 엄청난 혼동의 희극으로 끝맺는 긴 이야기이고, 정절과 변치 않는 사랑의 이야기면서 동시에 실수로 인한 부정不貞과 정욕의 사기 행각에 관한 이야기다.

암피트뤼온은 사랑하는 알크메네를 아내로 맞기 위해 오랜 세월을 기다려야 했다. 그의 숙부이자 미케네의 왕인 엘렉트리온은 기꺼이 딸을 주겠다고 약속하지만, 한 가지 전제를 단다. 아들들을 살해한 텔레보스인들에 대한 복수 원정에서 자신이 돌아올 때까지는 딸을 결혼시키지 않겠다는 것이었다. 그리고 자신이 원정을 떠나기 전에 암피트뤼온이 자신의 소떼를 훔쳐간 도둑의 무리를 소탕하고 돌아와야 한다는 것이었다.

서둘러 떠난 암피트뤼온은 며칠 만에 소떼를 고스란히 되찾아왔다. 그러나 그가 소떼를 숙부에게 되돌려주려는 순간 불행한 사건이 벌어지고 말았다. 날뛰는 소를 겨냥해 던진 암피트뤼온의 몽둥이가 그만 엘렉트리온을 맞혔던 것이다. 왕은 그 자리에서 즉사하고 말았다. 암피트뤼온은 알크메네가 이제 다시는 자신을 보려 하지 않을 것이라 생각했다. 하지만 그를 사랑하던 알크메네는 이 일을 용서했을 뿐만 아니라 테바이로 망명하는 그를 따라간다. 그런데 이번에는 알크메네가 그에게 숙제를 내준다. 그가 아버지의 마지막 소원을 이루어주기 전에는, 다시 말해 그녀의 오빠들을 위해 텔레보스인들에게 복수를 하기 전까지는 결혼을 허락하지 않겠다는 것이었다. 그래서 암피트뤼온은 테바이의 왕 크레온에게 출정을 위한 군사들을 내줄 것을 부탁한다. 크레온왕은 이 청을 받아들이면서 또 다시 거기에 전제를 달았다. 테바이의 골칫거리인 고약한 여우를 잡아달라는 것이었다. 이 일은 듣기에는 그리 어렵지 않을 것 같지만 문제는 이 여우가 보통 여우가 아니라는 데 있었다. 이 여우는 어느 누구도 잡을 수 없다고 신들이 정해놓은 여우였다. 과연 정말 불가능한 일일까?

하지만 사랑에 불가능이란 없다. 암피트뤼온은 자신을 도와줄 지원자들을 모집했다. 이 사냥 원정대에 아테네에서 온 케팔로스라는 사람이 참가했는데, 그는 라일랍스라는 이름의 뛰어난 사냥개를 함께 데리고 왔다. 라일랍스는 어떤 동물도 잡을 수 있다는 사냥개였다. 자, 이제 어떻게 될까? 결코 놓치지 않는 사냥개와 결코 잡히지 않는 여우. 이런 어려운 문제는 제우스의 도움을 얻어 푸는 수밖에

❖ ─ 장 지로두가 쓴 『암피트뤼온 38』의 광고
포스터.

없었다. 제우스는 이 두 동물을 모두 돌로 만들어버렸다. 이렇게 하여 암피트뤼온은 마침내 군대를 얻어 텔레보스인들과 전쟁을 벌일 수 있게 되었다.

그런데 문제는 테바이의 여우가 특별한 여우였던 것처럼 텔레보스의 왕 프테렐라오스도 특별한 왕이라는 데 있었다. 그는 불사의 능력을 지니고 있었다. 그렇다면 신혼의 꿈도 끝난 것일까? 하지만 이번에도 행운은 암피트뤼온의 편을 들어주었다. 암피트뤼온을 사랑하게 된 프테렐라오스왕의 딸이 아버지에게 불사의 힘을 부여한 황금 머리카락을 뽑아버린 것이다. 암피트뤼온은 왕뿐만 아니라 배은망덕하게 아버지를 배신한 딸까지 모두 죽여버린다.

암피트뤼온은 아름다운 알크메네가 그를 애타게 기다리는 테바이로 개선한다. 이제 모든 장애물은 사라졌다. 그런데 오늘날 이름을 알 수 없는 한 서사 시인이 묘사하는 암피트뤼온의 귀한 모습은 혼외정사나 동성애만을 애호했던 그리스 남자들의 일반적인 특성에는 완전히 반대된다. "그날 밤 위대한 개선장군 암피트뤼온은 집으로 돌아왔다. 그러나 그가 가장 서둘렀던 일은 시종들이나 들판의 가축들이 모두 제대로인지 살펴보는 것이 아니었다. 그는 아내의 침실로 곧장 뛰어 올라갔다. 만백성의 지배자인 그의 마음을 가득 채운 것은 오직 한 여자에 대한 열렬한 그리움뿐이었다. 그는 기쁨과 환희에 들떠 집으로 돌아와 사랑하는 부인 곁을 밤새 떠나지 않았다. 아프로디테의 멋진 선물에 흠뻑 취한 채…."

그러나 암피트뤼온은 곧 실망했다. 알크메네가 그리 열띤 반응을 보이지 않았기 때문이다. 다음날 그녀는 몇 시간 전에 벌써 그가 곁에 와서 자신의 사랑을 실컷 받았기 때문이라고 이유를 설명했다. 이 말을 듣자 알크메네가 다른 남자와 잔 것이 아닐까 하는 불길한 의심

이 암피트뤼온의 마음에 일어났다. 하지만 그녀가 스스로 그 이야기를 꺼냈기 때문에 그는 그녀의 이야기를 그대로 믿어보기로 했다.

어찌할 바를 모르는 절망감에 사로잡혀 암피트뤼온은 눈먼 예언자 테이레시아스를 찾아가 물어보았다. 사건의 전모를 알고 있던 이 현명한 예언자는 어떤 일이 일어났는지 그에게 설명해 주었다. 제우스가 암피트뤼온의 모습을 하고 알크메네를 찾아가서 이 미녀의 사랑을 마음껏 누렸다는 것이다. 더구나 그 밤을 너무나 멋지게 즐긴 이 신들의 아버지는 태양신 헬리오스에게 명하여 아침이 오는 것을 늦추도록 했으며, 그래서 이 사랑의 밤은 다른 정상적인 밤보다 세 배나 더 길었다는 것이다.

✤ — 「암피트뤼온 – 행운은 구름에서 나온다」
에서 알크메네 역을 맡았던 케테 골드.

"맙소사, 두 명의 암피트뤼온이라니!" 하인리히 폰 클라이스트의 아름답고도 심오한 희극에서 알크메네는 상황이 밝혀지자 경악하여 이렇게 소리친다. 아마도 이 작품은 "아!"라는 단 한마디의 대사로 끝나는 유일한 연극일 것이다. 그러나 알크메네가 내뱉는 이 한마디 감탄사는 그 안에 많은 이야기를 함축하고 있다. 이 희극은 극단의 공연 계획표에 쉬지 않고 등장하는 고전적인 작품의 하나가 되었다.

암피트뤼온은 오쟁이를 진 셈이지만 또 한편으로는 그렇지 않다고도 말할 수 있다. 알크메네의 입장에서 볼 때 그녀가 껴안았던 것은 결코 다른 어느 누구도 아닌 암피트뤼온이었기 때문이다. 그래서 그들은 결국 화해하고 부부로서 함께 산다. 이 이중의 신혼 초야로 인해 알크메네는 쌍둥이를 임신한다. 그녀는 두 아들을 낳는데, 물론 그 하나는 제우스의 아들이고 다른 하나는 암피트뤼온의 아들이다. 그리고 여기서 나온 제우스의 아들이 바로 그리스 신화 전체를 통틀어 가장 유명한 영웅 헤라클레스다. 헤라클레스의 명성은 지금까지도 여전해서 그리스인들은 오늘날까지도, 현대식의 몰취미한 건물을 지을 때 사용하는 시멘트 상표에 헤라클레스라는 이름을 붙여놓고 있을 정도다.

암피트뤼온의 이야기는 끊임없이 작가들을 자극했다. 이미 로마 시대의 희극작가 플라우투스가 이 이야기를 무대에 올린 바 있으며 그 후에는 몰리에르(1622~1673)가 같은 작업을 했다. 그리고 하인리히 폰 클라이스트는 제우스가 꾸민 계교의 사실상의 패자는 바로 제우스 자신임을 보여준다. 알크메네로서는 그녀가 자신을 바친 대상은 제우스가 아닌 사랑하는 암피트뤼온이었기 때문이다. 사랑은 사기극을 통해 얻어낼 수 없으며, 실수로 인한 부정이란 있을 수 없는 일이다.

❖ ─ 두 번째로 찾아온 ─ 이번에는 진짜인 ─ 암피트뤼온을 쳐다보는 알크메네의 눈길이 의심으로 가득 차 있다. 「암피트뤼온 ─ 행운은 구름에서 나온다」의 한 장면.

영화화된 암피트뤼온 ──── 클라이스트의 『암피트뤼온』은 나치 치하였던 1935년에 영화화되어 극장에서 상영되었다. 이 영화는 당시의 시대 분위기에 어느 정도 영합하면서도 동시에 군국주의를 유쾌하게 조롱했다. 알크메네 역의 케테 골드와 질투심에 불타는 헤라 역의 아델레 잔트로크가 보여준 불멸의 연기 덕분에 이 영화는 고전의 반열에 올랐다.

암피트뤼온, 그리고
또 한 명의 암피트뤼온

원전 : 제우스가 꾸며낸 이 혼동의 드라마를 다룬 원전 중에서 오늘날 남아 있는 가장 오래된 것은 로마 시대의 시인 플라우투스의 작품이다. 프롤로그에서 그는 이 작품을 희비극으로 정의한다. 그는 암피트뤼온과 알크메네 그리고 제우스 사이에서 벌어지는 이 혼동의 이야기에, 그들의 시종 소시아스와 메르쿠리우스가 벌이는 또 하나의 혼동 사건을 추가했다. 그가 만들어낸 이 희극 소재는 그 후 세계 문학사의 무수한 희극들에 모범이 되었다.

문학 : 프랑스의 극작가 몰리에르(1622~1673)는 1668년 파리에서 초연된 희극 『암피트뤼온』에 외설적인 사회극의 성격을 부여했다. 그로부터 20년 후 영국 작가 존 드라이든(1631~1700)은 희극 『암피트뤼온 혹은 두 사람의 소시아스』에서 시종들이 벌이는 혼동 사건을 작품의 중심으로 만들었다.

하인리히 폰 클라이스트의 『암피트뤼온』은 몰리에르의 작품을 기초로 하지만 여기서 그는 이야기의 비극성에 더 많은 무게를 두고 있다. 알크메네는 이 사기 사건으로 인해 혼란과 회의 속으로 빠져든다. 이 작품의 희극적 측면은 주로 소시아스나 메르쿠리우스 같은 조연들의 몫이 되고 있다.

프랑스의 작가 장 지로두는 이 신화에 대한 자신의 버전에 『암피트뤼온 38』이라는 제목을 붙였는데, 이는 자신의 작품이 이 고대의 소재를 38번째로 다루고 있다는 것을 뜻한다.(1929년 파리에서 초연됨) 이 작품에서 알크메네와 암피트뤼온은 신에게 대항한다. 남편의 모습을 한 제우스는 자신이 신이라는 것을 입증하려 하지만, 알크메네는 그것을 믿지 않는다. 그녀는 그를 오직 그녀의 남편으로서만 사랑한다. 신은 신뢰로 굳게 결합된 이들 사이에 끼어들 여지를 전혀 발견하지 못한다.

페터 학스는 신이 인간사에 개입하면 어떤 결과가 빚어지는가라는 문제를 이 신화를 통해 제기한다. 그는 자신의 작품에서 앞선 대표적 작품들을 하나로 결합시키려고 했다. 이에 대해 학스는 다음과 같이 설명했다. "암피트뤼온을 플라우투스는 가장 힘차게, 몰리에르는 가장 교묘하게, 드라이든은 가장 대담하고 관능적으로, 그리고 클라이스트는 가장 심오하게 각각 그려냈다. 각자의 방식에 있어 그들은 누구도 능가할 수 없는 탁월함을 보여주었다. 그러나 이러한 장점들을 한 작품 안에 하나로 결합시킬 수 있는가를 실험해 보는 것도 가치 있는 일이다." 페터 학스의 암피트뤼온은 아내 알크메네보다 자신의 직업과 출세를 더 중요시하는 현대의 평균적인 소시민의 모습으로 등장한다. 알크메네는 결국 남편의 모습으로 그녀를 찾아온 주피터의 정체, 즉 그가 신이라는 것을 알아차린다. 그녀는 암피트뤼온과 신 모두에게 항의한다.

정리해보기

혼동을 다룬 희극의 고전적 걸작. 암피트뤼온, 제우스, 알크메네의 이야기에 담겨진 도덕의 문제는 오늘날에도 여전히 현실성을 지닌다.

24
에리뉘에스

로마 시대에서는 푸리아라고 불리던 에리뉘에스는 무서운 여자 모습을 하고 있는 복수의 여신들이다. 이들은 살인을 저지른 사람을 죽을 때까지 뒤쫓아다닌다. 이들은 항상 여럿이 함께 몰려다니기 때문에 이들 하나하나의 이름은 별 의미가 없다. 그중에서 가장 잘 알려진 이름은 메가이라다. 무섭게 화내는 여자를 욕할 때 사용되는 독일어 'Megäre'는 이 이름에서 유래했다.

에리뉘에스는 법 질서가 거의 가족 단위에 제한되어 있어 피의 복수가 유일한 사법 형식이었던 신화시대의 여신들이었다. 남의 손에 살해당한 가족의 복수를 미루는 사람은 에리뉘에스에게 시달림을 받게 된다. 그리고 자신의 부친이나 모친을 살해함으로써 신성한 가족의 유대를 끊어놓은 자 역시 반드시 에리뉘에스의 손에 찢기어 죽게 된다. 결국 에리뉘에스는 복수의 정신 및 존속 살해에 대한 양심의 가책이 신격화된 것이라고 할 수 있다. 이들은 분노에 의해 불려 나와 마음의 평화를 교란한다. 이 끔찍한 여신들을 달래기 위해 옛날부터 사람들은 이들을 미화하여 에우메니데스라고 불렀다. 에우메니데스란 '친절한 여인들'이라는 뜻이다.

에리뉘에스의 탄생 ―――
에리뉘에스는 신화에서도 가장 오래된 신들에 속하는 것으로 이야기되고 있다. 이들은 하늘의 신이자 최초의 세계 지배자인 우라노스가 그의 아들 크로노스에 의해 거세될 때 흘린 피에서 생겨났다고 한다. 무서운 거인족 기간테스도 이 피에서 생겨났다.

피비린내 나는 싸움은 끝없는 복수의 악순환을 가져오기 때문에 모든 공동체에 파괴적인 결과를 가져온다. 서로 다른 가족 사이에, 혹은 한 가족 안에서 어느 한쪽이 피의 복수를 시작하면 다른 한쪽도 그것을 앙갚음할 수밖에 없으며, 이 끔찍한 폭력은 세대를 거쳐 이어진다. 오늘날에도 국가 권력이 미약해 마피아적 가족 구조가 지배적인 권력을 행사하는 곳에서는 피의 복수가 끊임없이 자행된다. 이러한 복수의 악순환은 강력한 국가의 힘에 의해서만 종식될 수 있다. 국가가 판결권을 독점해 폭력에 대한 보복을 대신해야만 한다.

아테네의 전성기가 시작되면서 대가족적이고 씨족적인 사회 구조는 점차 국가적 법 질서에 의해 대체되었다. 이 시기에 아이스퀼로스의 비극 『에우메니데스』가 탄생했다. 이 비극은 에리뉘에스가 이 도시국가의 수호여신 아테나에 의해 힘을 잃게 되는 것을 테마로 한다.

아이스퀼로스는 피의 복수라는 원칙이 부조리함을 보여주는 신

화적 예인 오레스테스의 경우를 소재로 삼았다. 오레스테스는 그의 어머니 클뤼타임네스트라를 살해했다. 이것은 에리뉘에스의 법에 따른 일이었다. 클뤼타임네스트라가 정부 아이기스토스와 함께 모의하여 트로이에서 돌아온 그녀의 남편 아가멤논을 살해했기 때문이다. 오레스테스는 어머니에게 복수를 해야 하는지 델포이의 신탁에 자문을 구했다. 델포이의 신 아폴론은 아버지를 살해한 어머니에게 죽음의 복수를 해야 한다는 신탁을 내렸다. 오레스테스는 누이 엘렉트라의 도움을 받아 어머니 클뤼타임네스트라와 아이기스토스에게 피의 복수를 행했다. 여기에는 아가멤논의 왕위를 찬탈한 아이기스토스가 엘렉트라를 욕보이고 그녀를 궁전에서 내쫓았던 것에 대한 복수의 의미도 있었다. 에리뉘에스에게 시달리지 않기 위해 복수를 해야만 했던 이 오누이는 이제 모친 살해범이 되어 또 다시 에리뉘에스의 가혹한 추적을 받게 되었다.

엘렉트라와 오레스테스는 고향에서 추방되어 법의 보호를 받지 못하고 이방을 떠도는 신세가 되었다. 그들은 여러 차례 죽음의 고비를 겪었다. 주범 오레스테스는 에리뉘에스의 저주를 받아 미쳐버리고 말았다. 그러나 이러한 어려움을 겪으면서도 그는 델포이까지 갈 수 있었다. 이곳에서 그는 아폴론 신에게 다시금 신탁을 간구했다. 아폴론은 그에게 아테네로 가서 그곳의 법정인 아레오파고스의 판결을 받으라는 신탁을 내렸다. 아레오파고스의 현명한 재판관들도 이 까다로운 사건을 놓고 의견이 반반으로 갈렸다. 표결 끝에 결국 아테나 여신의 표가 판결을 결정하게 되었다. 이 지혜의 여신은 이들의 죄를 사한다는 판결을 내렸다. 이렇게 하여 아테네의 법정은 복수의 악순환에 종지부를 찍었다. 이 사건의 가장 중요한 의미는 복수에 대한 법적 권리와 의무가 가족으로부터 법정으로 옮겨갔다는 것이다.

그러나 에리뉘에스가 완전히 실권한 것은 아니었다. 이들은 오레스테스를 광기에서 풀어주는 것을 거부했다. 이들을 달래기 위해 오레스테스는 어려운 과제를 해내야만 했다. 그 과제는 신비한 마력을 지니고 있는 아르테미스 신상을 타우리스에서 빼앗아 아테네로 가져오는 것이었다. 그러나 이 원정 모험은 지극히 행복하게 끝났다. 타우리스에서 그는 누나 이피게네이아를 만났다. 아르테미스가 아울리스에서 아가멤논이 희생 제물로 바친 그녀를 이곳으로 데려왔

아레오파고스 ─────── 아크로폴리스 아래쪽에 있는 아레오파고스 언덕은 아테네의 귀족들이 모여 도시의 중요한 정치 문제를 토론하거나 법적 판결을 내리던 곳이었다. B.C. 5세기 초 민주정이 시작되면서 아레오파고스는 점차로 민회와 시민 법정에 권한을 넘겨주었다. 아레오파고스에 마지막까지 남아 있던 권한은 살인 사건에 관한 형사 재판뿐이었다. 아테네인들은 고대의 원초적 감정을 그대로 불러일으키는 이 범죄 사건들만은 그들의 국가 기관 중에서도 가장 보수적인 이곳에 판단을 위임했던 것이다.

던 것이다. 이피게네이아의 도움으로 신상을 훔쳐낸 후 이들은 함께 그리스로 되돌아왔다. 그사이 엘렉트라는 오레스테스의 절친한 친구 필라데스와 결혼했다. 오레스테스는 미케네의 왕이 되어 많은 영웅적 업적을 남겼다. 그들을 뒤쫓던 에리뉘에스는 온화한 에우메니데스가 되었다.

❖ ─ 아모르를 사랑해서 비너스의 노여움을 산 프쉬케가 에리뉘에스에게 벌을 받고 있다. 모리츠 폰 슈빈트, 프레스코화, 독일 작센 주, 뤼디히스도르프 박물관.

더 알아보기

에리뉘에스

원전 : 아가멤논이 자신의 아내 클뤼타임네스트라와 그녀의 정부 아이기스토스의 손에 살해당하는 내용은 고대 그리스 문학 작품들에서 자주 등장한다. 오레스테스가 자행한 피의 복수 역시 자주 이야기된다. 이미 호메로스도 『오뒷세이아』에서 수차례 인용한 바 있다.

아이스퀼로스는 그가 남긴 3부작 비극 『오레스티에』에서 이 이야기를 다룬다. 이 작품은 「아가멤논」, 「무덤가의 희생 제물」, 「에우메니데스」의 3부로 구성되어 있다. 제3부에서 에리뉘에스는 합창단으로 등장하여 오레스테스를 뒤쫓는다. 아폴론은 이 복수의 여신들로부터 오레스테스를 보호해 주고, 마침내 오레스테스는 아레오파고스에서 무죄 판결을 받게 된다.

에우리피데스도 두 편의 비극 『엘렉트라』와 『오레스테스』에서 이 이야기를 소재로 삼았다. 그러나 이 작품은 내용상 아이스퀼로스의 것과 많이 다르다. 어머니를 살해한 뒤 미쳐버린 오레스테스를 위협하는 것은 에리뉘에스가 아니라 아르고스의 주민들이다. 이 밖에도 에우리피데스와 소포클레스는 그들이 쓴 엘렉트라와 관련된 비극들에서 각각 이 이야기를 다루고 있다. 후기 작품들에 나타나는 에리뉘에스의 성격상 특징들은 이미 호메로스의 작품에서도 찾아 볼 수 있다. 호메로스에 따르면 에리뉘에스는 저승세계에 거주하고 있으며, 끔찍스러울 정도로 냉혹한 여신들이다. 에리뉘에스는 한 번 내린 저주는 거두어들이는 법이 없으며(『일리아스』 제9권), 죄인을 미치게 만들거나 눈이 멀게 만든다(『오뒷세이아』 제15권).

로마 신화에서 이들은 에리뉘에스라는 이름 대신 '푸리아'라는 이름으로 등장한다. 이 이름은 오비디우스의 『변신 이야기』 제14권에서 찾아볼 수 있다. 여신 주노는 저승세계로 내려가는 도중에 밤의 딸들과 마주친다. 푸리아의 무리들 가운데서 피로 얼룩진 망토를 입은 테이시포네가 걸어 나와 저승으로 가는 길을 막아선다. 독을 뿜는 검은 뱀들이 뒤엉킨 채 그녀의 온몸을 휘감고 있다.

문학 : 문학사에서 에리뉘에스는 거의 어떤 역할도 하지 못했다. 괴테의 『파우스트』 제2부(제1막)에는 알레크토, 메가이라, 티시포네라는 이름의 세 푸리아가 등장한다.

프랑스의 철학자이자 작가인 장 폴 사르트르는 그의 희곡 『파리떼』에서 이 신화를 재해석한다. 이 희곡은 고대의 이야기를 전혀 다른 의미로 뒤바꿔놓은 작품이다. 여기서는 민중이 억압당하는 상황과, 이런 부조리한 상황을 극복하는 것이 중요한 문제로 부각되고 있다. 이런 상황은 도시 전체를 뒤덮고 있는 파리떼를 통해 가시적으로 표현된다.

오레스테스는 공포정치를 타파하기로 결심하고, 지배자인 아이기스토스와 그의 아내 클뤼타임네스트라를 살해한다. 오레스테스는 자신이 저지른 죄목을 스스로 일일이 열거하고, 살인을 떳떳이 자백한다. 그는 자신의 '자유'를 분명히 의식한 상태에서 마땅히 그들을 죽여야 한다고 여겼기 때문에 살인을 저질렀다고 말한다. 이 희곡의 마지막 부분에서 파리떼의 모습을 한 에리뉘에스가 나타나 망명길에 오르는 오레스테스와 동행한다.

정리해보기

이 끔찍한 복수의 화신들은 고대 그리스의 비극에서 큰 역할을 한다. 동시에 그리스 비극은 이 복수의 화신들이 힘을 잃게 되는 과정도 보여준다. 이는 문명화의 과정을 반영하고 있다.

25

에우로페

　유럽 대륙이 그 이름을 따온 미녀 에우로페Europe는 원래 유럽 출신이 아니라 아시아에서 건너왔다. 이 신화에는 많은 역사적 진실이 담겨 있다. 실제로 유럽 문화의 요람은 아시아이기 때문이다. 아득한 고대에 바빌로니아와 이집트에는 이미 고도로 발달된 문명이 있었다. B.C. 3000년경 크레테섬의 주민들은 이 두 문화권이 교차하는 시리아의 지중해 연안으로부터 문자를 사용하고 도시 형태의 궁성을 건설하는 사회체제를 받아들였다. 유럽 땅 위에 세워진 최초의 문명인 미노아 문명과, 이를 계승한 미케네 문명은 그리스 북쪽에서 쳐내려온 부족들에 의해 완전히 파괴되고, 그 후 그리스는 오랜 기간 야만 상태에 머물러 있었다. B.C. 8세기경에 그리스인들이 새로이 도시를 세워 함께 모여 살면서 항해와 무역을 시작했을 때, 이들이 결정적인 문화적 영향을 받은 것도 지중해 동부 지역이었다. 이

❖ — 황소를 탄 에우로페. B.C. 4세기경 남부 이탈리아 지방의 접시 그림, 빈, 예술사박물관.

해안 지역의 도시에서 살던 페니키아인들로부터 그리스인들은 알파벳을 받아들였다. 그리스인들은 자신들이 만든 도자기에 스핑크스 등 오리엔트 지역의 신화적 존재를 그려넣었고 그 밖에도 동방의 종교와 신화로부터 많은 문화적 요소들을 수용했다.

이 모든 역사적 사실들을 알고 있어야만 에우로페 신화를 제대로 이해할 수 있다. 이 신화에는 그 수백 년 간의 역사에 대한 기억이 아로새겨져 있다.

에우로페는 시돈 혹은 튀로스라 불리는 페니키아 최대의 항구 도시를 다스리던 아게노르왕의 딸이었다. 그는 원래 이집트 출신이라고 전해진다. 나일강 유역에 세워진 이집트와 페니키아 사이에는 당시 많은 교역이 이루어지고 있었다. 아게노르는 딸을 자신의 눈처럼 소중히 여겼고, 이 아름다운 딸을 누가 납치해 갈까 봐 밤낮으로 살폈다. 에우로페의 미모에 반한 제우스는 그래서 특별히 조심스럽게 그녀에게 다가갈 수밖에 없었다. 그는 황소로 변신해 지중해 해변의 초원에서 풀을 뜯는 아게노르의 가축들 속에 끼어들었다. 에우로페와 그녀의 친구들은 곧 새끼 양처럼 얌전한 아름다운 황소에게 눈길이 끌렸다. 처녀들은 이 황소에게 장난을 치기 시작했는데 황소는 그 모든 짓궂은 장난을 고분고분 받아들였다. 그리고 마침내 에우로페는 용기를 내서 황소의 등에 올라탔다. 그러나 잠시 소를 타보려던 에우로페는 긴 여행길에 오르게 되고 말았다. 에우로페를 납치할 바로 그 순간만을 기다려온 제우스는 그녀를 등에 태운 채 해변으로 달려갔다. 황소와 에우로페는 순식간에 친구들의 시야에서 벗어나 바다 위의 안개 속으로 사라져버렸다. 제우스는 바다를 건너 크레테, 즉 유럽에 도착해서야 에우로페를 내려놓았다. 훗날 고르튀나라는 도시가 세워지는 크레테섬의 한 장소에서 제우스는 인간의 모습으로 변하여 에우로페와 동침했다. 일설에 따르면 제우스는 독수리의 모습으로 그녀를 품에 안았다.

에우로페는 제우스에게 세 명의 아들을 낳아주었는데 그중의 하나가 미노스다. 그는 후에 크레테의 왕이 되어 지중해 동쪽 전역을 지배하는 함대를 거느리게 된다. 그가 다이달로스를 시켜 짓게 한 미로의 궁전에는 반은 인간이고 반은 황소인 미노타우로스가 살았던 것으로 유명하다.

물론 아게노르는 딸을 단념하지 않았다. 그는 아들들을 보내 에

❖ — 헬레니즘 시대의 그림에 바탕을 둔 이 로마 시대의 모자이크에는 황소를 탄 에우로페 외에도 에우로페의 아버지 아게노르와 그녀의 친구들이 그려져 있다. 올덴부르크, 지방박물관.

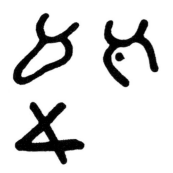

❖ — 황소머리를 그린 상형문자에서 페니키아 문자에 이르기까지 'A'의 발전 과정.

우로페를 찾아오도록 했다. 그중 가장 유명한 인물이 카드모스다. 그는 비록 누이를 찾지는 못했지만 새로운 도시를 건설했다. 그는 델포이의 신탁에 따라 그리스 땅에 테바이를 건설하고 그 주민들에게 페니키아의 발달된 문화를 전파했다. 그중에 가장 중요한 것이 문자였다. 알파벳 첫 글자 'A'는 그리스어의 '알파', 페니키아어로는 '알레프'에 해당되는데, 이것은

❖ ― 에우로페의 납치를 지극히 관능적으로 묘사한 루벤스의 그림. 마드리드, 프라도 박물관.

바로 소머리를 형상화했다. 오리엔트 지방에서는 황소를 신성한 동물로 숭배했다. 그 후 이러한 풍습은 크레테인들에게 전파되고, 페니키아와 이웃하고 있던 이스라엘인들에게도 전해진다. 모세를 분노하게 만든 황금 송아지 숭배가 바로 그것이다.

제우스가 황소로 나타나는 신화에는 그러한 역사적 배경이 깔려 있다. 그 밖에도 황소가 에우로페를 납치했다는 이야기는 원래 오리엔트 지방의 전설에서 유래한다. 에우로페는 바빌로니아와 시리아에서 이슈타르 혹은 아스타르테라고 불리던 사랑의 여신으로서 그리스인들은 이 여신을 그들의 아프로디테 여신과 동일시했다. 에우로페는 그리스 고전시대까지도 '에우로페 아스타르테'라는 이름으로 시돈의 페니키아인들에 의해 숭배되었다.

　결국 에우로페 자신뿐만 아니라 에우로페의 신화도 원래 오리엔트 지방에서 유래했다. "Ex oriente lux (문명의) 빛은 동방에서 온다." 로마인들의 이 말은 진실인 것이다.

원전 : 에우로페의 신화를 담고 있는 최초의 문학 작품은 시라쿠스 출신의 그리스인 모스코스(B.C. 2세기)가 쓴 것이다. 그는 이 이야기를 각각의 사건들마다 풍부한 세부 묘사와 다양한 에피소드들을 곁들여 묘사했다.

오비디우스는 『변신 이야기』 제2권에서 에우로페가 납치되는 사건을 다루고 있다. 제6권에서 제우스가 변신하는 모습들을 열거할 때 에우로페는 다시 한 번 등장한다. 에우로페에게 황소로 변신하여 나타난 것처럼, 제우스는 백조로 변신하여 레다와 사랑을 나누었고, 사튀로스의 모습으로 나타나기도 했으며, 뱀, 불꽃, 양치기로 변신하기도 했다. 다나에에게는 황금 빗물로 변신하여 접근했고, 암피트뤼온으로 변신하여 알크메네를 속이기도 했다.

문학 : 에우로페가 납치되는 이야기를 다룬 희곡 작품은 많지 않다. 그중 대표적인 작품은 표현주의 극작가인 게오르크 카이저(1878~1945)가 쓴 『에우로페』이다. 이 작품은 전체 5막으로 구성되고, 연기와 춤을 혼합했다.

이 작품에서 에우로페는 젊은 남자들에게 둘러싸여 어느 외딴 바닷가에 살고 있다. 서로의 춤 솜씨를 겨루는 경기가 열리고, 에우로페는 이 경기의 우승자와 결혼해야 한다. 제우스는 멋진 청년으로 변신하여 모두를 능가할 만큼 훌륭한 춤 솜씨를 선보이지만, 에우로페에게 깊은 감명을 주지는 못한다. 그러자 제우스는 다음날

억세고 사나운 황소의 모습으로 변신하여 마침내 그토록 갈구하던 여인을 차지하게 된다.

1920년 베를린에서 초연된 이 작품은 큰 성공을 거두었다. 당시 연출은 유명한 배우 겸 연출가인 막스 라인하르트(1873~1943)가 맡았다.

미술 : 에우로페가 납치되는 이야기를 묘사한 미술 작품들은 많은 편이다. 이 이야기는 이미 고대부터 그리스의 화병이나, 부조, 주화 등에 묘사되어 있다. 그리고 르네상스 시대와 바로크 시대의 미술사에 다시 등장하여 당시 수많은 그림들이 이를 묘사했다. 그 대표적인 예로서, 런던 햄프턴 궁전의 줄리오 로마노의 작품, 보스턴 가드너 박물관의 티치아노와 피렌체의 팔라초 베키오의 조르조 바사리, 모데나의 에스텐제 미술관에 있는 틴토레토의 작품 등을 들 수 있다.

그 외에 로마 카피톨리노 박물관의 파올로 베로네제, 런던 버킹엄궁 퀸스 갤러리의 클로드 로렝, 그리고 베네치아 아카데미아 미술관의 조반니 바티스타 티에폴로의 작품들이 있다. 독일의 미술가 게르하르트 막스(1889~1981)는 에우로페의 청동상을 제작했다. 리투아니아 출신으로 프랑스와 미국에서 활동했던 조각가 자크 리프키츠(1891~1973) 역시 에우로페의 청동상을 만들었다. 막스의 작품은 브레멘의 게르하르트 막스 재단에, 리프키츠의 작품은 뉴욕의 현대 미술박물관에 소장되어 있다.

정리해보기

신화에 따르면 에우로페는 아시아에서 건너왔다. 여기에는 놀랄 만큼 많은 진실들이 담겨 있다. 그리스 땅에서 시작된 유럽 문명은 근원적으로 오리엔트 문화의 영향을 받았던 것이다.

26

오이디푸스

모든 사내아이들은 성장기에 아버지를 없애고 어머니의 사랑을 독차지하려는 정신적 단계를 거친다는 지크문트 프로이트의 정신분석학적 연구 결과는 오늘날 널리 인정받고 있다. 이를 성인이 된 후의 관점에서 표현하면 사내아이는 어머니와 성관계를 맺기 위해 아버지를 죽이고 싶어 한다는 것이다.

프로이트는 이러한 심리를 그리스 신화 중에서 가장 흥미 있는 이야기의 주인공이자, 소포클레스의 가장 감동적인 비극『오이디푸스왕』의 소재를 제공한 인물의 이름을 빌어 '오이디푸스 콤플렉스'라고 명명했다.

라이오스와 그의 부인 이오카스테는 테바이를 다스리던 왕과 왕비였다. 그들은 행복한 부부였지만 자식이 없었다. 라이오스는 신탁에서 해결책을 얻으려는 희망을 품고 델포이로 갔다. 그러나 그는

❖ — 수사관 오이디푸스. 그
는 자기 자신이 범인인지
모른 채 사건을 수사한다.
늙은 양치기에게 자신의 과
거와 내력에 대해 묻고 있
는 오이디푸스. 3세기 로마
시대의 석관에 새겨진 부조.
로마, 바티칸 박물관.

해결책은커녕 무서운 경고를 받게 된다. 그와 이오카스테 사이에서
태어난 아들이 그를 죽이리라는 것이었다. 그 후 라이오스는 이오카
스테를 멀리 했다. 그러던 어느 날 술 취한 라이오스는 다시 아내의
침실을 찾았고, 얼마 후 이오카스테는 아들을 낳았다. 라이오스는 갓
난아이를 유모에게서 빼앗아 발에 구멍을 뚫고 양치기를 시켜 키타
이론산에 내다버리게 했다. 그러나 양치기는 이 죄 없는 아이를 가
엾게 여겨 아이를 내다버리지 않고 코린토스의 폴뤼보스왕 밑에서
일하고 있던 다른 양치기에게 맡겼다. 이 양치기는 구멍 뚫린 발을
보고 아이에게 '부은 발'을 뜻하는 오이디푸스라는 이름을 붙여주고
폴뤼보스와 그의 아내 메로페에게 아이를 데려갔다. 아이가 없었던
이 부부는 이 아이를 아들로 삼았다.

　　오이디푸스는 당당한 젊은이로 자라났다. 그는 발이 성치 않았음에도 또래들보다 운동경기에서 더 뛰어난 능력을 발휘했다. 또래들은 질투심에 싸여 그를 놀리곤 했는데, 그의 열여덟 번째 생일날에는 그가 폴뤼보스와 메로페의 아이가 아니라는 사실을 노골적으로 암시했다. 불안해진 오이디푸스는 메로페에게 자신의 출생의 진실을 물어보지만 양어머니는 말을 피할 뿐이었다. 하는 수 없이 그는 델포이의 신탁을 찾아갔다. 그에게 내려진 신탁은 절대 고향으로 되돌아가지 말라는 것이었다. 이를 따르지 않으면 그는 자신의 아버지를 죽이고 어머니와 결혼하게 되리라고 했다.

❖ ─ 오이디푸스와 스핑크스. 그리스 시대의 화병 그림, B.C. 5세기 초, 파리, 루브르 박물관.

　이 신탁을 듣고 경악한 오이디푸스는 자신의 고향으로 잘못 알고 있던 코린토스로 결코 되돌아가지 않으리라고 결심하고 반대쪽 방향을 향해 길을 떠났다. 그는 우연하게도 ─ 신화에 우연이라는 것이 있다면 말이다 ─ 테바이로 이어지는 길로 접어들었다. 좁은 길에서 그는 지나가던 마차와 마주치게 되었다. 마부가 그에게 길을 비키라고 요구했다. 이 자존심 강한 왕자가 비키려고 하지 않자 또 다른 한 사람이 지팡이로 그를 때렸다. 이에 화가 치민 오이디푸스는 마부와 이 귀한 신분의 여행객을 때려죽이고 말았다. 하인 한 사람만이 목숨을 건져 그곳에서 달아나 라이오스왕이 길에서 괴한을 만나 살해당했다고 테바이에 알렸다. 마차 안에 앉아 있던 사람은 바로 오이디푸스의 생부였던 것이다.

그사이 테바이에 도착한 오이디푸스는 그곳에 큰 환란이 있음을 알게 되었다. 성벽 꼭대기에 스핑크스라는 괴물이 자리잡고 앉아 성벽을 지나는 모든 사람들에게 수수께끼를 내서 이것을 풀지 못하면 그 사람을 잡아먹어 버린다는 것이었다. 스핑크스는 여자의 머리에 사자의 몸을 하고 날개까지 달린 무서운 괴물이었다. 그 수수께끼는 다음과 같은 것이었다. "아침에는 네 발로, 점심 때는 두 발로, 그리고 저녁 때는 세 발로 걷는 것이 무엇인가?" 아무도 그 해답을 알지 못했기 때문에 테바이 사람들은 차례로 이 괴물에게 희생당했다. 심지어 라이오스가 죽었다는 것도 스핑크스가 불러일으킨 소동에 비하면 그리 대단한 일이 아니었다. 이 도시국가의 통치권을 넘겨받은 이오카스테의 오빠 크레온은 하는 수 없이 이 도시를 스핑크스로부터 구해내는 사람에게 최고의 보상을 약속했다. 그것은 바로 왕비 이오카스테와 테바이의 왕위였다.

두려움을 모르는 오이디푸스는 스핑크스에게 가서 그의 질문에 대답했다. "아침에는 네 발로, 점심 때는 두 발로, 저녁 때는 세 발로 걷는 것은 인간이다. 인간은 인생의 아침에는 네 발로 기다가 정오에는 두발로 똑바로 서서 걷고 저녁 때는 세 번째 다리인 지팡이에 의존하고 다닌다." 자신의 패배에 화가 난 스핑크스는 성벽의 첨탑에서 떨어져 죽었다.

이렇게 하여 오이디푸스는 자신의 어머니 이오카스테와 결혼하고 아버지 대신 왕위에 오른다. 그는 테바이를 지혜롭게 통치해 백성들에게 깊은 사랑을 받았다. 이오카스테는 그에게 두 아들 에테오클레스와 폴뤼네이케스, 그리고 두 딸 안티고네와 이스메네를 낳아 주었다.

그러나 비록 모르고 한 짓이라 해도 그가 저지른 행위에 대한 벌은 받아야만 했다. 여러 해가 지난 후 테바이에는 역병이 돌고 여자들이 아이를 갖지 못하는 환란이 닥쳐왔다. 왕인 오이디푸스는 신들을 분노하게 만든 원인과 신들을 진정시킬 방법을 찾아내려고 했다.

여기서부터 전개될 사건이 B.C. 5세기에 쓰

❖ — '오리엔트 양식의 시대'였던 B.C. 7세기에 스핑크스는 동방, 즉 오리엔트 지방에서 그리스로 건너왔다. 기둥 꼭대기 장식으로 만들어진 이 스핑크스상은 낙소스섬 주민들의 선물로서 델포이에 봉헌되었다. 델포이, 박물관.

여진 소포클레스의 위대한 비극의 중심 내용을 이룬다. 이것은 세계 문학 사상 매우 유명하고 매우 흥미진진한 연극 작품의 하나이며, 굳이 이름을 붙이자면 최초의 추리극이라고 말할 수도 있는 작품이다. 이 추리극에 등장하는 수사관이 이 사건을 해결해 가며 찾아내

스핑크스 ——— 이집트 기자의 피라미드 앞에 서 있는 저 유명한 기념물 '스핑크스'는 그리스어 이름이다. 그러나 스핑크스는 역사적으로 그리스 신화보다 더 오래되었다. 인간의 머리에 사자의 모습을 한 이 상상의 존재는 이집트에서 중동 지방을 거쳐 - 이곳에서 스핑크스에게 날개가 덧붙여졌다 - B.C. 8세기나 7세기경, 즉 그리스 예술이 이른바 '오리엔트적 양식'의 단계에 있을 때 그리스로 건너왔다.

는 범인은 바로 그 자신이다.

　오이디푸스는 우선 처남 크레온을 불러 델포이의 신탁을 받아오게 한다. 아폴론 신의 대답은 라이오스를 죽인 자, 별도 받지 않고 테바이에 살고 있는 그 살인자가 이 도시에서 추방되어 죗값을 치러야지만 역병이 끝나게 되리라는 것이었다.

　왕은 스스로 조사관이 되어 백성들의 대표를 모아놓고 살인자에 대한 수사를 시작한다. 늙은 예언자 테이레시아스가 불려온다. 그는 무언가를 알고 있는 게 분명하지만 말하고 싶어 하지 않는다. 오이디푸스가 그를 위협하자, 결국 테이레시아스는 끔찍한 진실을 말한다. 오이디푸스 자신이 아버지의 살인자이고 어머니와 불륜의 관계를 맺었다는 사실을 말이다. 물론 오이디푸스는 이 사실을 믿을 수가 없었다. 오히려 그는 크레온이 뒤에서 조종하여 정치적 음모를 꾸미고 있다고 생각한다. 백성 대표들은 왕과 크레온을 화해시키려 하지만 헛수고였다. 이오카스테가 그 자리에 나타났다. 그녀도 예언자의 말을 믿을 수가 없었다. 그녀의 아들은 어릴 때 죽임을 당했으므로 오이디푸스가 그녀의 아들일 리가 없으며 더구나 남편의 살인자일 수는 없는 일이었다.

　이때 코린토스로부터 전령이 도착하여 그의 양부 폴뤼보스가 죽었으니 코린토스로 돌아와 왕위를 물려받으라는 소식을 전한다. 그런데 정말 우연하게도 이 늙은 전령은 오이디푸스를 폴뤼보스와 메로페에게 데려다 준 바로 그 양치기였다. 그를 통해 오이디푸스는 모든 사실을 명확하게 알게 된다. 하지만 그는 조사를 끝까지 진행

❖ — 콜로노스의 에우메니데스 숲에서 딸 안티고네와 살고 있는 오이디푸스. 그림의 배경에는 이들로부터 떠나가는 복수의 여신들이 보인다. 하인리히 로이테만의 목판화(1867)로 책의 삽화로 사용되었다.

한다. 오이디푸스는 자신을 죽이지 않고 목숨을 구해준 라이오스의 양치기를 마지막 증인으로 불러 최후의 심문을 한다. 그리하여 그는 쓰라린 진실을 마침내 확인한다.

이 재판의 마지막 진술이 나오기 직전에 이오카스테는 궁전으로 돌아가 침대 위에 목을 매고 자살한다. 곧이어 따라 들어온 오이디푸스는 자신의 어머니이자 아내인 이오카스테의 목에 걸린 밧줄을 풀어주고 그녀의 옷에 달린 혁대 고리로 스스로의 눈을 찔러 장님이 된다.

소포클레스는 그의 다른 작품 『콜로노스의 오이디푸스』에서 장님이 된 오이디푸스의 최후를 극화하여 보여준다. 여기서 오이디푸스는 아테네 부근의 콜로노스에 있는 숲에 망명처를 얻어 살면서 그를 고향에서 추방한 테바이인들을 저주한다. 친아테네적인 정치 선전이 이 작품의 핵심적 성격이라고 할 수 있는데, 이는 『오이디푸스 왕』에서도 그대로 드러난다.

『오이디푸스 왕』은 모든 비극의 모범이 되었다. 주인공은 아무것도 알지 못하고 불행에 빠져든다. 이 모든 것은 결코 우연한 불운이 아니라 가족사에서 필연적으로 생겨나는 숙명이다. 그는 자신을 일어나는 사건의 주체로 만들 수 없다. 그러나 그에게는 아직 하나의 길이 남아 있으며, 이것이 그를 단지 운명의 장난감 이상의 존재로 만들어준다. 그것은 바로 자신의 행동이 담고 있는 의미를 스스로 깨닫는 일이다.

오이디푸스의 이야기를 프로이트 정신분석학의 교본으로 만든 것도 바로 그것이었다. 정신분석학의 핵심에 자리잡고 있는 사상은 인간이 무의식적 충동에 무력하게 내맡겨지지 않으려면 자신의 행동의 의미를 의식하려고 끊임없이 노력해야 한다는 점이다.

오이디푸스와 프로이트 ——— 정신분석학을 창시하여 현대 심리학과 심리치료에 지대한 공헌을 한 지크문트 프로이트는 오이디푸스 신화에서 자신이 '오이디푸스 단계'라고 명명한 극적이고 복잡한 심리적 과정을 생생하게 보여주는 원초적 표현을 발견했다. 이 단계에서 남자아이들은 아버지에게서 이탈하여 어머니를 욕망의 대상으로 느끼게 된다. 프로이트에 따르면 이 단계를 성공적으로 거쳐나가지 못한 사람은 평생 성적 자신감을 얻지 못할 뿐만 아니라 자립적인 인간으로 성장하지도 못한다. 이 단계에서 극복하지 못하고 남겨놓은 죄의식과 불안은 무의식 속으로 '억압'되어 결국 심각한 정신 장애를 유발할 수 있다. 이에 대한 유일한 치료는 무의식을 의식으로 끌어올리는 것이다.

오이디푸스

원전 : 오이디푸스의 이야기를 담고 있는 가장 중요한 원전은 소포클레스의 비극 『오이디푸스왕』이다. 그 이전에 아이스퀼로스와 에우리피데스도 이 이야기를 작품 화하였으나 그들의 작품은 현재 남아 있지 않다. 소포클레스의 이 비극은 그의 작품 세계에서도 최고의 절정을 이룬다.

고대 그리스의 철학자 아리스토텔레스는 자신의 비극 이론을 전개하면서 소포 클레스의 비극을 전형적인 예로 들고 있다. 이 비극 이론은 18세기까지 비극에 관한 한 하나의 규범으로 여겨졌다. 이 희곡의 내용은 사건의 내막을 밝혀나가는 과정이 주를 이룬다. 사건의 원인이 자신의 행위에 있음을 의식하지 못하고 있는 오이디푸 스는 결국 그 추적 과정을 통해 자기 자신을 찾고 폭로한다.

로마 시대의 문학사에서 이 비극을 다시 다루고 있는 사람은 정치가이자 철학자 이며 작가이기도 한 세네카다. 그는 소포클레스의 비극을 모범으로 삼고 이야기의 폭을 더 넓혀서 예언자 테이레시아스가 강령술을 사용하는 이야기를 전령이 보고 하는 부분에 첨가했다. 살해당한 라이오스왕의 유령이 나타나 테이레시아스에게 오 이디푸스라는 이름을 말해준다는 것이다.

문학 : 오이디푸스의 이야기는 근대 문학사에서도 빈번히 다루어졌다. 17~18세기 에 발표된 오이디푸스에 관한 희곡들 중 매우 유명한 것으로는 프랑스의 피에르 코

르네유와 볼테르가 쓴 작품들을 들 수 있다.

호프만스탈은 20세기 초에 「오이디푸스와 스핑크스」라는 제목의 비극을 썼다. 이 작품은 오스트리아 출신의 유명한 연출가인 막스 라인하르트의 감독 아래 1906년 베를린의 독일 극장에서 처음으로 무대 위에 올려졌다.

장 콕토가 쓴 『지옥기계』와 토마스 스턴(1888~1965)의 『엘리어트』 중 「공훈 정치가」는 이 신화에 대한 프로이트의 심리학적 관점과 정신분석학적 해석에 입각하여 쓰여진 작품들이다.

프랑스 작가 앙드레 지드는 고대의 버전과 가장 거리가 먼 작품을 썼다. 그는 희곡 『오이디푸스』에서 자신의 도덕관 및 인생관을 피력하기 위해 이 유명한 신화를 이용하고 있다. 이 작품에서는 오이디푸스와 예언자 테이레시아스가 주요 인물로 등장하여 서로 정치적으로 대립한다.

조형예술: 앵그르와 귀스타브 모로, 프랜시스 베이컨(1909~1992) 등이 오이디푸스와 스핑크스를 그렸다. 앵그르의 그림은 파리의 루브르 박물관에, 모로의 그림은 뉴욕의 메트로폴리탄 박물관에 전시되어 있으며, 베이컨의 그림은 런던의 한 애호가가 소장하고 있다. 요한 하인리히 퓌슬리의 작품들 중에 「콜로노스의 오이디푸스」라는 제목의 그림이 있다. 이 그림은 리버풀에 있는 워커 미술관에 걸려 있다. 막스 에른스트가 그린 「오이디푸스 렉스」라는 제목의 그림은 현재 파리의 한 애호가가 소장하고 있다.

정리해보기

오이디푸스의 이야기는 고대를 통틀어 가장 위대하다고 할 수 있는 비극 작품을 통해 우리에게 전해진다. 이 이야기는 무의식과 스스로를 자각하는 일의 중요성에 대한 프로이트의 학설을 설명해 주는 가장 적절한 예라고 할 수 있다.

27
이피게네이아

『아울리스의 이피게네이아』와 『타우리스의 이피게네이아』. 에우리피데스의 이 두 희곡이 발표되자 트로이 전쟁의 그리스 측 총사령관 아가멤논과 그의 불행한 아내 클뤼타임네스트라 사이에서 태어난 큰딸 이피게네이아의 이야기는 야만족들의 문화에 대한 그리스 문화의 우월성을 입증하는 상징이 되었다. 신화 속에서 이피게네이아는 야만적이고 마술적인 풍습을 이겨내기 때문이다. 이피게네이아 이야기는 인간을 제물로 바치던 신화시대의 관습과 그 극복을 다룬다.

에우보이아섬의 해안 도시 아울리스에는 트로이로 가려는 그리스군의 함대가 모여 있었다. 호메로스에 따르면 배가 1,186척이나 되었다. 그야말로 엄청난 병력이었다. 최고사령관은 아가멤논과 크레테의 왕 이도메네우스였다. 한 달 후 함대는 바다로 나갔다.

그러나 이 출전은 실패였다. 신뢰할 만한 지도자가 없었던 탓에 이 함대는 엉뚱한 장소 뮈시아에 상륙했던 것이다. 이 지방의 주민들과 몇 차례의 전투를 벌이고 약탈한 것이 전부였다. 그리스군은 뜻을 이루지 못하고 아울리스로 되돌아왔다.

이곳에서 그들은 배를 수리하고 보급품을 채운 후 바람을 기다렸다. 그러나 순풍은 불어주지 않았다. 예언자 칼카스는 아가멤논이 그의 딸 이피게네이아를 아르테미스에게 희생 제물로 바쳐야만 순풍이 불 것이라고 예언했다. 아르테미스가 이 미케네의 왕에게 노한 데에는 여러 가지 이유가 있었지만, 특히 그가 이 여신의 사슴을

✤ ― 아울리스에서 희생 제물로 바쳐지는 이피게네이아. 아가멤논이 딸을 죽이려는 순간 아르테미스가 하늘에서 나타나 이피게네이아를 데려간다. 프란체스코 폰테바소(1709~1768)의 천장화, 베네치아, 팔라초 콘타리니 코르너.

죽인 것이 결정적이었다. 아가멤논은 아내 클뤼타임네스트라가 이피게네이아를 희생양으로 아울리스에 보내지 않으리라는 것을 알고 있었다. 그러나 그리스군 지도자들은 속임수를 써서라도 이피게네이아를 그곳으로 데려와야 한다고 아가멤논을 설득했다. 결국 오뒷

세우스가 클뤼타임네스트라에게 가서 이피게네이아가 위대한 영웅 아킬레우스와 결혼하게 되었다고 둘러댔다. 그런 영예를 놓치고 싶지 않았던 왕비는 이피게네이아와 함께 아울리스로 왔다. 한편 자신의 결정을 후회하게 된 아가멤논은 곧 아내에게 편지로 진실을 전하려 하지만 그의 동생 메넬라오스가 편지를 가로챈다.

아르테미스는 그리스인들이 자신에게 보상하기로 결심한 것을 보고 희생 제의를 치루는 것을 더 이상 고집하지 않았다. 그녀는 제단에 바쳐진 이피게네이아를 빼돌려 바람을 타고 타우리스섬으로 데려가서 그곳에 있는 자신의 신전 여사제로 만들었다. 이와 동시에 순풍이 불었고, 그리스 함대는 별 문제없이 트로이 해안에 상륙했다.

그런데 이피게네이아는 타우리스섬의 타우로스족에게서 인간을 희생 제물로 바치는 끔찍한 관습을 다시금 경험해야 했다. 이 야만족은 찾아오는 모든 외국인을 아르테미스에게 희생 제물로 바치고 있었다. 여사제가 된 이피게네이아는 이 불행한 외국인들의 죽음을 준비하는 일을 맡게 되었다.

이피게네이아가 타우로스족의 나라에서 비극적인 책무를 수행하고 있는 사이 마침내 트로이 전쟁이 끝났다. 집으로 돌아온 아가멤논은 아내 클뤼타임네스트라와 그녀의 정부 아이기스토스에게 죽임을 당한다. 클뤼타임네스트라는 딸을 죽게 만든 – 그녀는 이렇게 믿었다 – 남편 아가멤논을 용서할 수 없었다.

그러자 이피게네이아의 남동생 오레스테스는 누이 엘렉트라와 친구 필라데스의 도움을 얻어 아버지의 복수를 했다. 그리고 그는

❖ ― 이피게네이아가 동생 오레스테스를 희생 제단으로 데려가고 있다. 그림의 왼쪽 위에는 복수의 여신들인 에리뉘에스가 내려다보고 있다. 요한 하인리히 빌헬름 티슈바인(1751~1829)의 그림.

모친 살해범이 되어 복수의 여신들인 에리뉘에스에게 쫓기는 신세가 되었다. 친구 필라데스와 함께 타우로스족의 나라까지 쫓겨 오게 된 오레스테스는 희생 제물로 바쳐지게 되었는데, 마침 희생 제의를 준비하던 이피게네이아가 자신의 동생 오레스테스를 알아본다.

이피게네이아는 오레스테스, 필라데스와 함께 비밀리에 도주를 약속하고, 이들은 타우로스족의 아르테미스 신상을 훔쳐 이곳을 탈출했다. 모친 살해의 죄과를 씻기 위해서는 이 신상을 아테네로 탈취해 와야 한다는 신탁

지독한 휴머니즘 ─────── 괴테는 자신의 작품 『타우리스의 이피게네이아』를 이렇게 반어적으로 평했다. 이 작품에서 이피게네이아는 타우리스섬에 사는 야만족의 왕 토아스를 설득하여 자신과 오레스테스, 필라데스를 놓아주고 인간 희생을 폐지하도록 만든다. 그러나 사실 야만족까지 포함하는 이러한 보편적인 인간성에 대한 믿음은 그리스 신화와는 전혀 무관한 것이다. 전해지는 이야기에 따르면, 심지어 오레스테스는 토아스를 죽이기 위해 다시 한 번 타우리스를 찾아갔다.

이 오레스테스에게 내려져 있었기 때문이다.

그리하여 이 무서운 여신 아르테미스는 그리스 땅에 새 집을 얻게 되었고, 타우리스섬의 야만인들에게서와는 달리 이곳에서는 더 이상 인간을 희생 제물로 요구하지 않게 되었다.

더 알아보기

이피게네이아

원전 : 에우리피데스의 비극 『아울리스의 이피게네이아』에서 이피게네이아는 이미 아울리스에 와 있다. 본 줄거리가 시작되기 전에 아가멤논이 딸을 제물로 바치겠다는 결정을 내린 것으로 되어 있다. 이 작품은 이미 내려진 결정을 취소해 보려는 아버지의 노력이 수포로 돌아가는 부분에서 시작한다. 이때 이피게네이아는 돌연히 나서서 조국 그리스를 위해 죽을 각오가 되어 있노라고 말한다.

에우리피데스는 비극을 쓸 때, 전통적으로 내려오던 신화를 가끔 변형시키기도 했다. 희곡 『타우리스의 이피게네이아』도 그런 경우다. 여기서는 아르테미스가 이 어린 처녀를 희생양으로 요구한 적이 결코 없었으며, 이는 단지 예언자 칼카스가 퍼뜨린 소문에 지나지 않았다고 되어 있다.

문학 : 이 이야기를 다룬 작품들은 특히 프랑스 문학사에서 여러 권 찾아 볼 수 있다. 이중에서도 라신의 비극 『이피게네이아』가 가장 유명하다. 이 작품은 아킬레우스와 이피게네이아가 사랑을 나눈다는 점에서 고대 버전과 차이를 보인다.

괴테는 1779년, 자신이 쓴 『타우리스의 이피게네이아』가 에테르스부르크에서 초연될 당시 자신이 직접 오레스테스 역을 맡아 연기했다. 실러는 에우리피데스의 『아울리스의 이피게네이아』를 독일어로 번역했다. 게르하르트 하우프트만(1862~1946)은 『아트리덴』이라는 제목의 4부작 희곡을 남겼다. 이는 「아울리스의 이피게네이아」, 「아가멤논의 죽음」, 「엘렉트라」, 「델포이의 이피게네이아」라는 제목의 개별적인 작품들로 이루어져 있다.

음악 : 크리스토프 빌리발트 글루크(1714~1787)는 이피게네이아 이야기를 두 개의 오페라로 작곡했다. 그중 「아울리스의 이피게네이아」는 라신의 비극을 토대로 만든 작품이다. 1774년 파리에서 초연이 있은 직후 글루크는 이 오페라의 결말 부분을 바꿨다. 원래의 오페라는 이피게네이아와 아킬레우스가 결혼식을 올리는 것으로 끝났지만, 이후 그리스인들이 승리를 확신하며 트로이를 향해 출발하면서 끝나는 것으로 개작했다. 1779년 파리에서 초연된 「타우리스의 이피게네이아」는 글루크에게 오페라 작곡가로서의 최고의 명성을 안겨주었다.

리하르트 슈트라우스는 이 오페라를 1916년 뉴욕 메트로폴리탄 오페라하우스에서 공연하기 위해 편곡하기도 했다.

이외에도 오스트리아 출신의 미국 작곡가 에른스트 크레네크(1900~1991)가 타우리스에서 일어난 이야기들을 다룬 바 있다.

조형예술 : 독일의 화가 안젤름 포이어바흐는 그의 몇몇 작품들에서 이피게네이아를 묘사했다. 그중 하나인 「타우리스의 이피게네이아」라는 제목의 그림은 다름슈타트의 헤센 주립박물관에 소장되어 있다.

이피게네이아를 제물로 바치는 이야기를 다룬 그림들로는 얀 스텐(1626~1679), 샤를드 라포스(1636~1716), 마르코 리치(1676~1730) 등의 작품이 있다. 이 그림들은 각각 암스테르담의 리엑스 박물관, 파리 루브르 박물관, 베네치아의 아카데미아 미술관에 전시되어 있다.

베네치아식 로코코 양식의 거장 티에폴로도 같은 이야기를 그림으로 그렸다. 스위스 화가 아르놀트 뵈클린도 같은 테마를 다룬 그림을 남겼는데, 뮌헨의 샤크 미술관에 전시되어 있다.

정리해보기

인간을 제물로 바치던 관습을 없애버린 이피게네이아는 이미 고대부터 그리스 문화가 야만족의 문화보다 우월함을 보여주는 상징적인 인물이었다.

28
카산드라의 외침

곧 닥쳐올 불행과 어두운 미래만을 예언하는 카산드라 같은 인물에게 사람들은 귀 기울이려 하지 않는다. 그런 불행에 대한 경고들이 결국 옳았다는 것이 입증되어도 사정은 별로 달라지지 않는다.

트로이왕 프리아모스와 그의 아내 헤카베의 딸 카산드라가 예언한 모든 경고의 외침은 항상 옳았지만 아무도 그에 귀를 기울이지 않았다. 그리하여 그녀는 예언의 능력을 지니고 있었음에도, 혹은 바로 그 때문에 이중의 불행을 겪어야 했다. 불행이 닥쳐오는 것을 알고 있으면서도 그것을 막을 수가 없었기 때문이다.

카산드라의 예언력은 신이 내린 선물이었다. 그녀를 사랑하게 된 아폴론이 예언술을 전수하면서 사랑을 호소했던 것이다. 그러나 그녀가 냉담한 반응을 보이자 아폴론의 사랑은 분노로 변하고 말았다. 이미 준 선물을 거두어들일 수는 없었으므로 아폴론은 그 선물에 저

❖ ─ 카산드라뿐만 아니라 제사장 라오콘도 목마의 위험성을 경고했다. 라오콘의 입을 막기 위해 포세이돈은 뱀을 보내 그와 그의 아들을 감아 죽이게 했다. 엘 그레코 (1541~1614), 「라오콘」, 워싱턴, 국립미술관.

주를 덧붙였다. 바로 카산드라의 외침을 아무도 듣지 않으리라는 것이었다.

카산드라가 예견한 커다란 불행은 바로 트로이 전쟁과 그것이 가져올 엄청난 파국이었다. 그러나 그녀에게 이런 사실이 더 뚜렷하게 보일수록 사람들은 그만큼 더 그것에 눈이 멀게 되었다.

카산드라가 내린 최초의 예언은 오빠 파리스가 트로이에 큰 불행을 초래하리라는 것이었다. 심지어 어떤 버전에서는 파리스가 어린 아이일 때 내버려졌다가 나중에 고향으로 되돌아오게 된 것은 그녀의 경고 때문이었다고 한다. 그러나 또 다른 곳에서는 파리스가 카산드라보다 손위이기 때문에 그것은 불가능한 일이라고 지적한다. 아무튼 적어도 파리스가 스파르타로 떠나려 했을 때 카산드라는 이 여행이 끔찍한 결과를 초래할 것이라고 경고했다. 그러나 그녀의 말을 귀담아듣고 파리스를 만류하려는 사람은 아무도 없었다. 결국 파리스는 메넬라오스의 아내인 미녀 헬레나를 납치하고, 그 결과로 트로이 전쟁이 일어나게 되었다.

카산드라는 신성한 광기, 즉 신들린 상태에서 앞으로 닥쳐올 무서운 일들을 거듭 경고했지만, 그럴수록 사람들은 마치 그녀가 그런 불행을 가져온 장본인인 것처럼 그녀를 피했다.

불행은 그녀 자신에게도 닥쳐왔다. 트로이의 동맹군으로서 그녀에게 청혼했던 외국의 왕자들이 모두 그리스군 장수들에게 죽임을 당했다. 그리하여 그녀는 저주받은 처녀가 되고 말았다.

그리스군이 목마를 계책으로 사용할 때까지 전쟁은 결판이 나지 않고 계속되었다. 카산드라는 이 거대한 목마를 성 안으로 들여오면 안 된다고 트로이인들에게 애원했지만 그들은 그녀의 말을 들으려 하지 않았다. 제사장 라오콘이 그녀의 경고가 옳다고 편들었을 때에 잠시 망설이긴 했지만, 그나마 포세이돈이 뱀들을 보내 라오콘과 그의 아들들을 칭칭 감아 죽여 그의 입을 막아버렸다(신화의 또 다른 버전에서는 라오콘을 죽이는 게 포세이돈이 아닌 아폴론이라고 하는 경우도 있다 - 옮긴이). 카산드라의 입을 굳이 막을 필요가 없었던 이유는 아무도 그녀의 말을

❖ — 바티칸에 있는 라오콘상. 기원 초기에 만들어진 것으로 매우 유명한 고대 작품 중 하나다.

❖ — 프란츠 슈타센이 1912년에 그린 삽화. 라오콘이 뱀에 희생되고 있다.

들으려 하지 않았기 때문이다.

그리하여 결국 오고야 말 것이 닥쳐왔다. 그날 밤 그리스군은 이 거대한 목마에서 기어 내려와 도시를 불태우고 남자들을 살육했으며 여자들을 약탈했다. 카산드라는 아테나 여신상을 껴안고 버텼지만 결국 끌려 내려왔다. 그녀는 아가멤논의 노예이자 첩이 되어 미케네에 있는 그의 궁전으로 끌려갔다. 이곳에서 그녀는 아가멤논과 함께 클뤼타임네스트라와 아이기스토스에게 죽임을 당했다. 그녀가 자신의 끔찍한 최후를 모르고 있었는지 아니면 알려고 하지 않았는지는 알 수 없지만, 어쩌면 차라리 그게 다행이었는지 모른다. 불행한 예언, 즉 카산드라의 외침에 귀를 기울이지 않는 것이 인간의 자기 보호에 더 유리할지 모르니까 말이다.

카산드라의 외침

원전 : 호메로스는 『일리아스』 제13권에서 카산드라가 프리아모스의 딸들 가운데서 가장 아름답다고 말한다. 클뤼타임네스트라가 그녀를 죽이는 이야기는 『오뒷세이아』 제11권에 실려 있다.

호메로스의 이야기에서는 카산드라에게 예언의 힘이 있다는 내용은 나오지 않는다. 그녀가 예언녀로 등장하는 것은 호메로스 이후의 작품들부터다.

아이스퀼로스가 쓴 3부작 비극 『오레스테이아』의 제1부인 「아가멤논」 편에서 카산드라는 미래를 예견하는 능력으로 인해 절망과 고독에 휩싸여 있다.

에우리피데스의 희곡 『트로이의 여인들』에는 카산드라가 횃불을 흔들며 밖으로 뛰쳐나오는 장면이 있다. 그녀는 광적인 목소리로 클뤼타임네스트라가 친자식들의 손에 죽을 것이라고 예언한다. 카산드라는 알렉산드라라는 이름으로도 널리 알려졌다. 칼키스 출신의 시인 뤼코프론은 자신이 지은 장문의 시에 이 이름을 제목으로 붙였다. 이 텍스트는 카산드라의 불길한 예언들을 사자使者가 보고하는 형식으로 묘사한다. 이 작품은 다른 어떤 그리스의 시들보다 훨씬 더 혼란스럽고 모순된 형식의 작품이라는 평을 받고 있다.

로마의 시인 베르길리우스가 쓴 『아에네아스』에서도 카산드라의 이름이 등장한다. 카산드라는 트로이인들에게 목마를 조심하라고 경고하지만 이런 노력은 모두 수포로 돌아간다.

문학 : 이탈리아 문학가 조반니 보카치오는 유명한 여인들을 주제로 한 자신의 작품에 카산드라를 등장시킨다. 여기에는 총 104개의 전기문이 실려 있다. 프리드리히 실러는 카산드라에게 바치는 장문의 헌시를 지었다. 이 시에서 카산드라는 홀로 슬픔에 잠겨 자신에게 '잘못된 선물'을 내린 아폴론 신을 원망하고 있다. 그녀는 예전처럼 다시는 앞날을 내다보지 못하게 되길 바란다. 예언력이 그녀에게서 인생의 모든 즐거움을 앗아가버렸기 때문이다.

크리스타 볼프가 이 신화를 토대로 소설 『카산드라』를 썼다. 1983년에 발표된 이 작품은 카산드라가 아가멤논의 전쟁 노예로 끌려간 이후부터 이야기를 시작한다. 이 작품에서 카산드라는 동서 냉전시대에 군비 증강에 혈안이 된 무사적인 남자들의 세계에서 그 위험을 경고하는 여성 작가인 자기 자신의 문학적 반영이라고 할 수 있다. 에우리피데스의 비극 『헬레나』의 경우처럼 이 소설도 진짜 헬레나는 결코 납치되지 않았고, 이집트의 머물러 있었다는 설을 따른다.

음악 : 베를리오즈(1803~1869)의 오페라 「트로이 사람들」에서 카산드라는 제1부의 주요 인물로 등장한다. 이 오페라는 전통적으로 전해오는 신화 버전을 그대로 따르고 있다. 카산드라의 경고를 무시하고 트로이인들은 목마를 성안에 들여놓는다. 그 뒤 카산드라를 비롯한 수많은 트로이의 여인들은 스스로 목숨을 끊는다. 그리스인들이 자행할 폭력과 그들의 전쟁 포로가 되는 일이 죽음보다 더 두려웠던 것이다.

정리해보기

카산드라는 신화에 등장하는 매우 비극적인 인물들 중의 하나다. 이 예언녀의 경고는 언제나 무시당한 채 허공 속으로 사라져버린다. 사람들은 경고나 불길한 예언들을 달가워하지 않는 법이다.

29
카오스와 코스모스
-세계의 기원

　그리스인들은 태초의 상태를 '카오스', 즉 무질서라고 생각했다. 이것은 성서에 나오는 천지창조 이전의 '혼돈'의 상태와 동일한 의미다. 카오스는 아무것도 없는 것, 즉 '무無'와는 다르다. 그러나 '무'보다 나은 것도 아니다. 카오스에는 이전과 이후, 위와 아래, 오른쪽과 왼쪽, 앞과 뒤가 없으며 옳고 그름을 구분하게 해주는 규칙도 없다. 세계가 진정한 의미의 세계가 되려면 질서가 생겨나야 했다.

　그리스인들은 이 질서를 '코스모스'라고 불렀다. 그리스어 '코스모스'는 '아름답게 꾸미는 것'을 의미한다. 그리스인들은 아름다운 질서가 지배하는 - 산과 들, 강과 바다, 동물과 식물들이 서로 어우러지고 그 안에 사람들의 도시가 세워져, 그 법과 관습적 질서가 자연 질서를 그대로 반영하는 - 세계를 사랑했다. 그러나 어떤 질서도 영원할 수는 없다는 사실을 그리스인들은 정치적인 경험을 통해

❖ ― 조지 프레더릭 와츠(1817~1904), 「카오스」, 런던, 테이트 갤러리.

알고 있었다. 사람들 그리고 도시국가들은 서로 전쟁을 벌였다. 이것
은 자연 재해보다도 더 끔찍한 일이었다. 정치 질서가 무너지면 모
든 것이 뒤죽박죽되고 삶이 불안해지기 때문이다. 그래서 그리스인
들은 카오스가 다시 돌아오는 것을 두려워했으며, 카오스의 힘을 억
누르기 위해 신들의 힘에서 도움을 구했다. 이것은 신화에서도 이야
기되고 있다.

태초의 카오스에서 '게Ge' 혹은 '가이아'라고 불리는 대지와 지하
세계 그리고 에로스, 즉 사랑이 생겨났다. 또 태초에는 카오스의 자
식들인 어둠과 밤이 있었다.

그 후에 우라노스, 즉 하늘이 생겨났다. 이와 더불어 최초의 질서
가 생겨났다. 다시 말해 하늘, 땅, 지하세계라고 하는 위와 아래의 구
분이 생긴 것이다. 이제 태초의 비인격적인 힘의 소용돌이가 끝나고
하늘과 땅에는 생명들이 탄생했다. 위대한 창조의 힘을 지닌 에로스

❖ ─ 프란시스코 데 고야, 「자식들을 잡아먹는 사투르누스」, 마드리드, 프라도 박물관.

가 활동하기 시작한 것이다. 하늘과 땅은 사랑의 힘으로 서로 결합하여 인간과 유사한 모습을 띤 생명이 있는 존재, 즉 티탄족 남녀들을 낳았다. 티탄족 중에서 가장 두각을 나타낸 것은 오케아노스와 테튀스였다. 이들은 땅과 강을 둘러싸고 있는 바다를 인격화한 것이다. 호메로스에 따르면 신들과 그 밖의 모든 생명체들이 바다에서 생겨났다. 또 티탄족 중에는 최초의 태양신 휘페리온과 모신 레아, 그리고 그 남편인 크로노스가 있었다. 크로노스는 티탄족 중에서 가장 젊고 가장 영리한 신이었다. 로마인들은 크로노스를 그들의 신 사투르누스와 동일시했다.

하늘신 우라노스는 아내인 대지의 여신과 자식들인 티탄들을 가부장적으로 지배했다. 지배도 평화를 유지시킨다는 점에서 질서를 의미한다. 하지만 그것은 자체 내에 카오스의 씨앗을 잉태하고 있다. 권력을 쥔 자는 그것을 유지하기 위해 부정한 수단을 사용하기가 쉬우며, 이를 통해 결국 스스로의 무덤을 파기 때문이다.

우라노스는 자식들이 반란을 일으킬까 두려워 그들의 수가 늘어나는 것을 막으려 했다. 그는 가이아의 자궁을 틀어막고 흉측하게 생긴 외눈박이 거인 퀴클롭스들과 100개의 팔을 가진 헤카톤케이르들을 지하 세계 타르타로스에 가두어버렸다.

헤시오도스 ——— 헤시오도스는 B.C. 700년경 『신들의 계보』에서 이전의 신화들을 종합하고 체계화했다. 신들과 세계의 기원에 대한 기록은 후대에 많은 윤색을 거치게 된다. 이로 인해 생겨난 다양한 신화 버전들 가운데 『신들의 계보』는 학자들과 시인들이 궁극적으로 의존할 수 있는 토대가 되었다.

대지의 여신 가이아는 남편의 이런 처사에 분개했다. 가이아는 돌로 낫을 만들어 막내아들 크로노스의 손에 쥐어주었다. 크로노스는 우라노스가 가이아 곁에서 잠들 때를 기다려 낫으로 그를 거세해 버렸다.

우라노스가 지배자의 위치에서 쫓겨나자 모든 것이 다시 혼란에 빠져들었다. 그러나 우라노스의 권력을 무너뜨린 크로노스가 즉시 새로운 지배체제를 수립했다. 그는 자신이 해방시켰던 퀴클롭스들과 헤카톤케이르들을 타르타로스에 다시 감금했다. 그는 또한 형제들에게 각자의 지배 영역을 나누어줌으로써 자신의 통치에 협력하게 만들었다.

크로노스의 반란과 더불어 세계 질서에는 세대의 계승과 역사의 시간이라고 하는 새로운 현상이 생겨났다. 이 시간의 힘은 너무나 강력해서 크로노스조차도 그 앞에서는 무력할 수밖에 없었다. 자식들이 반란을 일으킬 위험이 있었기 때문에 크로노스는 아내 레아가 아이를 낳는 대로 모두 삼켜버렸다.

"시간은 자신의 자식들을 삼켜버린다"는 현대의 유명한 격언은 그리스인들에게도 친숙한 것이었다. 게다가 그리스인들에게 이 격

부친 살해 ———— 아들들이 반란을 일으켜 부친을 살해하거나 거세하는 이야기는 많은 민족들의 신화에 자주 등장한다. 정신분석학의 창시자 프로이트에 따르면, 양친에게서 벗어나 가족을 떠나는 모든 청년들은 상징적인 부친 살해의 과정을 반드시 겪는다.

언은 의미 관련성이 매우 풍부한 언어 유희이기도 했다. 시간을 뜻하는 그리스어 'Chronos'는 그 발음이 크로노스Kronos와 거의 비슷하게 들렸기 때문이다. 고전 시대 이후의 그리스인들에게 시간은 하늘과 땅의 아들이자 그 이후에 생겨난 모든 신들의 조상인 시조신의 하나였다. 그러나 시간은 또한 신들의 지배를 끊임없이 파괴하는 자로서, 창조하는 동시에 파괴하는 힘이었다.

대부분의 고대인들은 크로노스가 지배하던 시기를 역사상 가장 평화롭고 가장 아름다웠던 때라고 생각했으며 이 시기를 '황금시대'라고 불렀다.

하지만 크로노스의 통치도 그리 오래가지는 못했다. 자식을 삼켜버린 죗값을 치러야 했던 것이다. 결국 아들 제우스가 반란을 일으켰다. 크로노스가 이 막내아들을 삼켜버리지 못했던 건, 제우스가 태어났을 때 레아가 아이 대신에 포대기에 싼 돌을 크로노스에게 건네주었기 때문이다. 크로노스에게 들키지 않고 무사히 자라난 제우스는 술 따르는 시종으로 위장하여 몰래 그에게 토하는 약을 먹였다. 이렇게 해서 형제들을 해방시킨 제우스는 그들의 도움을 받아 싸움을 시작했다. 올림포스의 신들과 티탄족 사이에 무시무시한 싸움이 벌어져 이제 세계가 무너져내리고 태초의 카오스가 다시 도래할 위험에 처했다. 그러나 결국 티탄족들은 다시 타르타로스에 감금되고

❖ — 지하세계로 추락하는
티탄들에게 번개를 내던지
는 제우스. 줄리오 로마노,
프레스코화, 만토바, 팔라
초 델 테.

새로운 질서가 수립되었다. 하지만 이 질서가 얼마나 오래갈지는 아
무도 모른다.

그리스인들도 다른 민족들과 마찬가지로 카오스에 대한 불안을
지니고 있었다. 바로 이것이 그들이 그토록 진지하게 종교적 제의를
거행했던 이유이기도 하다. 들판의 풍작과 가축의 다산이 지속적으

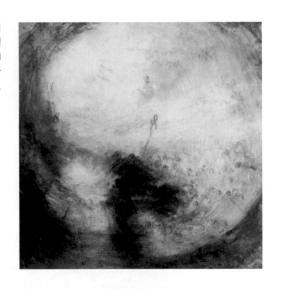

❖ — 색들이 카오스적 소용돌이 속에서 뒤섞이게 되면 순백색, 즉 빛이 생겨난다. 윌리엄 터너, 「빛과 색(괴테의 이론) – 노아의 방주가 끝난 후의 아침. 창세기를 쓰고 있는 모세」, 런던, 테이트 갤러리.

카오스 ──── 카오스를 종식시키고 질서를 창조한 신들의 이야기는 바빌로니아에서 유래하여 그리스인들에게 전해진 것이다. 헤시오도스의 『신들의 계보』와 성경의 천지 창조 이야기 사이의 커다란 유사성은 이 둘이 모두 동일한 원천에서 유래했다는 사실로 설명할 수 있다. 그러나 중앙아메리카의 아스텍 문명처럼 전혀 다른 문화권에 속하는 민족들에게서도 매우 유사한 창조설화가 발견된다.

로 이루어지리라는 보장이 전혀 없었기 때문에 매년 새로이 그에 대해 기원해야만 했다. 그리고 왕들은 – 고전시대의 왕들은 단지 제사장의 기능만 맡고 있었다 – 신들과 도시를 창건한 영웅들에게 희생 제물을 바치는 제사를 올림으로써, 정치적 질서가 무너져 도시가 카오스 상태에 빠지는 일을 막아야 했다.

원전 : 헤시오도스는 오늘날 우리에게 알려져 있는 그리스 시인들 중 호메로스를 제외하고는 가장 고대의 인물이다. 그는 아스크라의 보이오티아 출신으로 헬리콘산에서 양치기 일을 하면서 살았다. 헤시오도스의 고백에 따르면 어느 날 무사 여신들이 그를 찾아와 그에게 지식과 시인의 영감을 불어넣어 주었다. 농촌의 힘든 일상생활을 사실적으로 서술한 서사시 『일과 날』을 통해 우리는 그의 개인적 인생사를 알 수 있다.

헤시오도스의 관찰들에는 당시까지의 그리스 문학에서 찾아볼 수 없던 새로운 요소인 사회비판적 태도가 뚜렷이 드러난다. 또 한 가지 새로운 점은 이 작품이 이 글의 수신자로 되어 있는 그의 형제 페르세스에게 직접 이야기하는 형식으로 되어 있다는 것이다. 이들 형제는 아버지의 유산을 놓고 분쟁 중이었다.

총 1,022행으로 구성된 헤시오도스의 대표작 『신들의 계보』는 그리스 문학에서 세계와 신들의 기원을 그려내고 있는 최초이자 유일한 작품이다. 『신들의 계보』는 천지창조가 카오스에서 시작되는 것으로 서술한다.

시로스 출신인 페레퀴데스(B.C. 6세기)도 『신론』에서 세계의 시초에 대해 언급한다. 이 글은 오늘날 약간의 단편들만 남아 있다. 그런데 이 작품에서는 헤시오도스의 경우처럼 태초에 무형의 것에서 세계의 생성이 시작되는 것이 아니라 세계가 기존의 존재에 의해 창조되는 것으로 서술된다. 페레퀴데스에 따르면 세계는 제우스와 크토니아가 결혼할 때 제우스가 신부에게 땅을 선물한 것으로부터 시작된다.

오비디우스의 『변신 이야기』 첫 부분도 카오스에 대한 서술로 시작된다. 총 15권에 250편의 그리스 로마 신화가 실린 이 방대한 작품은 세계의 기원에서부터 카이사르의 신격화에 이르기까지 변신을 모티브로 하는 모든 신화들을 하나로 묶고 있다.

조형예술 : 고대 조형예술에서 크로노스는 수염이 긴 노인의 모습을 하고 손에는 아버지를 거세한 낫을 들고 있다. 후에 가서 다른 모습들이 나타나는데, 그것은 주로 자식들을 삼키는 장면이다. 그리고 그의 낫에도 거세 이외에 추수나 죽음 등의 기능이 추가적으로 부여된다.

자식들을 삼키는 장면은 이탈리아의 화가이자 건축가, 작가인 조르조 바사리가 그린 프레스코화와 루벤스와 고야의 그림들에 묘사되어 있다. 이 그림들은 각각 피렌체의 팔라초 베키오와 마드리드의 프라도 박물관에 전시되어 있다.

정리해보기
카오스로부터 코스모스가 탄생했다는 신화는 그리스 세계관의 근본 토대로서 그리스 고전시대의 철학과 학문에도 많은 영향을 미쳤다.

30
켄타우로스

하반신은 말이고 상반신은 인간인 켄타우로스들은 그리스 신화에 나오는 가장 기묘한 종족이다. 고전시대의 조각가들은 그리스의 라피테스족과 싸우는 켄타우로스족의 모습을 신전의 장식물로 아주 생생하게 조각해 놓아, 이 거친 종족이 실제로 존재했던 것이 아닐까 하고 믿게 될 정도다. 그리스인들이 기간테스와의 싸움에서 승리하는 신들을 즐겨 묘사했던 것은 그것이 야만족에 대한 그들의 우월성을 입증해 주는 상징이었기 때문이다. 켄타우로스족에 대한 라피테스족의 승리도 그리스인들에게는 마찬가지의 의미를 지니고 있었다.

켄타우로스족은 아폴론의 아들이라고 전해지는 켄타우로스와 테살리아의 산간 지방을 휘젓고 다니던 사나운 암말 사이에서 생겨났다. 그리스 북쪽에 위치한 테살리아는 그리스 민족과 거친 야만족

사이의 국경 지방이었다. 이런 연고로 켄타우로스족과 그리스의 라피테스족 모두가 이 지역에 대한 연고권을 주장했다.

여러 차례의 격전을 치른 후 이들은 싸움을 그만두기로 합의했다. 라피테스족의 왕 페이리토스는 아름다운 공주 히포다메이아와의 결혼식에 켄타우로스족을 화해의 의미로 초대했다. 이 결혼식에는 신들도 초대되었다.

❖ ― 라피테스족과 켄타우로스족의 싸움. 아테네 파르테논 신전의 조각. 피디아스, B.C. 430년경, 런던, 대영박물관.

다만 전쟁의 신 아레스와 불화의 여신 에리스는 이 초대에서 제외되었다. 잔치 자리에서 문제를 일으키는 것으로 악명 높았던 이 두 신이 결혼식을 망쳐놓지 못하게 하기 위해서였다. 켄타우로스족은 전혀 악의 없이 이 결혼식에 참석했다. 그러나 포도주를 무절제하게 마신 이 야만인들은 완전히 취해버리고 말았다. 그리하여 신부 히포다메이아가 이 손님들에게 인사를 올리려고 나타나자 켄타우로스족 추장 에우뤼티온은 그녀를 등에 태워 납치해 버렸다. 그러자 다른 켄타우로스들도 그들의 추장처럼 여자들과 아름다운 소년들에게 달려들었다. 라피테스인들은 즉시 무기를 들었다. 이 두 부족 사이에 무서운 싸움이 벌어졌다. 페이리토스는 히포다메이아를 구해내고 에우뤼티온을 붙잡아 아내를 납치한 데 대한 벌로 그의 귀와 코를 베어버렸다. 이 일로 인해 라피테스족과 켄타우로스족 사이에 또 다시 오랜 전쟁이 벌어졌다. 이 전쟁의 결과로 켄타우로스족은 테살리아 지방에서 완전히 쫓겨나고 말았다. 결혼식에 초대받지 못해 화가 난 아레스와 에리스가 이 싸움을 사주했다고 사람들은 말한다. 그리고 페이리토스가 켄타우로스족의 우두머리 에우뤼티온을 제압하고 신부 히포다메이아를 구해낼 수 있었던 것은 그의 가장 친한 친구인 아테네의 왕자 테세우스가 그를 도와준 덕분이라고 전해진다. 테세우스 외에 켄타우로스족과 싸움을 벌인 그리스의 유명한 영웅으로는 헤라클레스가 있다. 켄타우로스족은 테살리아에서 밀려난 후 아르카디아 지방에 가서 살았는데, 그곳에서 헤라클레스는 켄타우로스족과 마주치게 되었다. 그때 헤라클레스는 폴로스라고 하는 친절

❖ ― 아르놀트 뵈클린, 「켄타우로스들의 싸움」, 바젤, 미술관.

하고 문명화된 켄타우로스의 손님으로 그곳에 가 있었다. 그곳에는 켄타우로스들 중에서 가장 유명하고 가장 현명한 케이론도 함께 있었다. 그는 영웅 아킬레우스와 아르고 원정대의 총사령관 이아손의 스승이었다. 의학의 신 아스클레피오스도 케이론의 지식으로부터 많은 도움을 얻은 바 있다.

이들의 정겨운 만찬장이 피비린내 나는 싸움터로 변해버리게 된 것도 포도주 때문이었다. 이웃에 사는 켄타우로스들이 포도주 냄새를 맡고 이곳으로 몰려와 곧 손님들에게 폭언과 폭행을 가하기 시작했던 것이다. 헤라클레스는 그가 오래전에 죽였던 뱀 휘드라의 피를 묻힌 독화살을 쏘아 자신을 방어했다. 그런데 불행하게도 폴로스와 케이론도 이 독화살에 맞고 말았다. 폴로스는 다른 켄타우로스들처럼 고통 속에서 죽어갔다. 그러나 케이론은 무서운 고통에 시달리면서도 죽을 수조차 없었다. 그는 신들의 후손이라서 불사의 능력을 부여받았기 때문이다. 친절한 티탄 프로메테우스가 그에게서 불사의 능력을 거두어들여 마침내 그를 고통에서 구원할 수 있었다.

헤라클레스를 죽음에 이르게 한 것도 네소스라는 이름의 켄타우로스였다. 그는 무서운 결말을 가져온 폴로스의 만찬장에서 독화살

❖ ─ 신부를 납치하는 켄타우로스족 네소스를 활로 쏘아 죽이는 헤라클레스. 프란츠 폰 슈투크, 「헤라클레스와 네소스」.

을 피해 달아난 후 강나루에서 여행객들을 건네주는 일로 생계를 이어가고 있었다. 어느 날 젊은 신부 데이아네이라를 데리고 집으로 향하던 헤라클레스가 이 강가에 도착했다. 헤라클레스는 아름다운 아내가 발을 물에 적시지 않고 강을 건너갈 수 있도록 별 의심 없이 그녀를 네소스에게 건네주었다. 복수의 기회를 잡았다고 생각한 네소스는 그녀를 등에 태우고 달아났다. 그러나 헤라클레스의 독화살이 그의 달음박질보다 빨랐다. 이 켄타우로스는 죽어가면서 자신의 피 묻은 옷을 잘 간직해 두었다가 남편에게 입히면 그가 결코 바람을 피우지 못하게 하는 사랑의 마법을 발휘할 것이라고 데이아네이

라를 꼬드겼다. 오래지 않아 헤라클레스가 바람을 피운다고 의심할 만한 일이 생겼다. 어느 날 헤라클레스가 새 옷을 달라고 하자 데이아네이라는 네소스의 이야기를 떠올리고 그에게 네소스의 옷을 갖다 주었다. 헤라클레스가 그 옷을 입자마자 켄타우로스의 피에 섞여 있던 휘드라의 독이 효과를 발휘하기 시작했다. 독은 그의 피부로 스며들어 갔다. 헤라클레스가 이 옷을 몸에서 찢어내려 하자 그의 살 전체가 함께 뜯겨져 나왔다. 헤라클레스는 끔찍한 고통 속에서 죽어갔다.

페이리토스, 테세우스, 헤라클레스 등과 같은 영웅들이 켄타우로스들을 무찌르는 이야기는 야만족들에 대한 그리스인들의 승리를 상징한다. 그러나 헤라클레스의 최후에 관한 이야기가 보여주듯이 거기에는 이 패배자들의 복수에 대한 두려움도 함께 들어 있다.

더 알아보기

켄타우로스

원전 : '모든 켄타우로스들 중에서 가장 의로운 자'인 케이론은 호메로스의 『일리아스』에서 아킬레우스의 스승으로 나온다.

'켄타우로마키'라고도 부르는 라피테스족과의 싸움에 대해서는 호메로스의 『오뒷세이아』 제12권에서 찾아볼 수 있다. 호메로스의 서사시에서는 단 한 명의 켄타우로스 에우뤼티온만이 페이리토스왕의 축하연에 참석한다. 그는 술에 잔뜩 취한 나머지 다른 참석자들의 화를 돋우게 되고 결국에는 밖으로 끌려나가 귀와 코가 잘린다. 그 일이 있은 이후로 에우뤼티온은 둔감해지고 자주 정신 착란을 일으킨다. 분쟁의 원인에 대해선 명확한 언급이 없지만, 호메로스에 따르면 에우뤼티온으로 인해 켄타우로스와 인간이 서로 적대적인 사이가 되었다.

좀 더 상세한 이야기는 로마의 작가 오비디우스의 『변신 이야기』 제12권에서 볼 수 있다. 페이리토스와 히포다메이아의 결혼식에는 켄타우로스들도 하객으로 참석했다. 이들은 술에 취해 여자들에게 달려드는데 그 선두에 선 에우뤼티온이 히포다메이아를 납치했다. 에우뤼티온의 손에서 그녀를 되찾아온 사람은 테세우스였다. 그 와중에 주먹으로 가슴을 세게 얻어맞은 테세우스는 격분하여 에우뤼티온을 항아리로 때려죽인다. 이를 계기로 켄타우로스와 인간 사이에 본격적인 싸움이 시작된다. 오비디우스는 이 살육전에 대해 상세하게 서술하고 있다.

로마의 문학가 베르길리우스가 쓴 『아에네아스』 제5권에는 '켄타우로스'라는 이름의 배가 등장한다.

조형예술 : 켄타우로스가 라피테스족과 싸우는 이야기를 그린 화가는 플랑드르 출신의 화가 루벤스와 이탈리아의 프란체스코 솔리메나(1657~1747), 그리고 스위스의 미술가 아르놀트 뵈클린 등이 대표적이다. 루벤스의 그림은 마드리드의 프라도 박물관에, 솔리메나의 그림은 드레스덴에 있는 알테 마이스터 미술관, 뵈클린의 그림은 바젤 미술관에서 볼 수 있다.

이 밖에도 알브레히트 뒤러와 샤를 르 브랭(1619~1690), 세바스티아노 리치(1659~1734) 등이 여러 명 혹은 한 명의 켄타우로스를 그렸다. 뒤러의 그림은 파리 루브르 박물관에, 르 브랭의 그림은 스코의 파비용 도로레에, 세바스티아노 리치의 그림은 애틀란타의 미술관에 전시되어 있다. 파리 뒤부르 미술관에 있는 오딜롱 르동(1840~1916)의 그림과 로테르담 보이만스 반 보이닝엔 박물관이 소장한 루벤스의 그림도 같은 테마를 다뤘다. 피렌체의 우피치 미술관에 걸려 있는 보티첼리의 유명한 그림은 미네르바가 켄타우로스를 붙잡고 있는 모습을 나타낸다.

켄타우로스를 대상으로 한 조각 작품도 여러 점 있다. 미켈란젤로가 만든 조각상은 피렌체의 국립미술관에서 볼 수 있고, 아드리앙 드 브리(1560~1626)와 안토니오 카노바의 작품은 프라하의 발렌슈타인 궁전 정원과 빈의 예술사박물관에 전시되어 있다.

로댕과 한스 아르프(1887~1966)도 켄타우로스를 테마로 조각상을 제작했다. 로댕의 작품은 파리 루브르 박물관에, 아르프의 작품은 빈터투르에 있는 미술관에 각각 전시되어 있다.

피카소도 켄타우로스를 여러 차례 작품 소재로 다룬 바 있다.

정리해보기

상상 속의 존재인 켄타우로스들은 그리스인들에게 비문명적인 야만인의 상징이었다. 그들은 그리스의 뛰어난 영웅들에게 여러 차례 패배했지만, 그럼에도 그리스인들에게는 언제나 위협적인 존재였다.

31

퀴클롭스

오늘날에도 엄청난 기계의 위력을 가리켜 '퀴클롭스 같은 힘'이라고 표현하는 경우가 있다. 신화에서 퀴클롭스들은 땅 밑 깊은 곳에서 거대한 망치로 제우스의 번개를 만들어내는 무서운 괴물로 나온다. 단순한 힘보다 영리함을 훨씬 소중히 여겼던 그리스인들은 퀴클롭스를 그리 높이 평가하지 않았다. 영리한 오뒷세우스가 폴뤼페모스라는 사나운 퀴클롭

퀴클롭스의 성벽 ———
미케네와 티린스에는 신화시대에 만들어진 거대한 성벽이 오늘날까지 남아 있다. 그리스인들은 이 엄청난 성벽을 퀴클롭스들이 쌓아 올렸다고 믿었다. 오직 거인들만이 이 거대한 돌들을 차곡차곡 쌓아올릴 수 있다고 생각했던 것이다. 이 성벽은 오늘날에도 '퀴클롭스의 성벽'이라고 불린다.

스를 속여 넘겼던 일은 그리스 신화에 나오는 아주 재미있는 이야기 중 하나다.

원래는 아르게스, 브론테스, 스테로페스라고 하는 세 명의 퀴클

❖ ─ 관능적인 거인, 선정적인 악몽으로 묘사
된 퀴클롭스. 오딜롱 르동, 「퀴클롭스」, 오테
를로, 크뢸러 뮐러 국립박물관.

롭스들이 있었다고 전해진다. 이들은 하늘 우라노스와 땅 가이아가 100개의 팔을 가진 괴물들인 헤카톤케이르들과 함께 낳은 자식으로 티탄족의 동생뻘인 셈이다. 이들은 이마 한가운데에 둥근 눈이 한 개 박혀 있는 거대한 괴물이었다. 퀴클롭스란 '둥근 눈을 가진 자'를 뜻한다. 이 괴물들의 끔찍한 모습을 싫어한 우라노스는 이들을 즉시 지하세계의 가장 깊은 곳 타르타로스에 가두어버렸다. 티탄들이 크로노스의 지휘하에 우라노스에게 반기를 들었을 때 이들은 티탄들의 편을 들었다. 그러나 티탄들은 우라노스를 제압한 후 이들을 다시 지하세계에 가두어버렸다.

제우스와 올림포스의 신들은 크로노스와 티탄들의 지배를 무너뜨리기 위해 이들을 다시 타르타로스에서 풀어주었다. 그리고 이들의 도움으로 제우스는 티탄들과의 싸움을 승리로 이끌 수 있었다. 제우스의 가장 강력한 무기인 번개를 만들어준 것이 바로 퀴클롭스들이었다. 아폴론의 아들로서 위대한 의사였던 아스클레피오스가 의술로 죽은 사람들을 되살려내려 하자 제우스가 그를 죽이게 되는데 그때 사용한 무기도 바로 이들이 만든 번개였다. 슬픔과 분노를 참을 수 없었던 아폴론은 이 살인 무기를 만든 자들에게 복수의 화

❖ ― 배 위에서 이제는 위험에서 벗어났다고 믿고 퀴클롭스 폴뤼페모스를 조롱하는 오뒷세우스. 윌리엄 터너, 런던, 테이트 갤러리.

살을 돌려 퀴클롭스들을 모두 죽여버렸다.

그러나 신화에는 이 세 명의 퀴클롭스 외에도 여러 명의 퀴클롭스가 등장한다. 예를 들어 헤파이스토스 혹은 불카누스가 일하는 땅밑 세계의 대장간에는 검게 그을린 퀴클롭스들이 조수로서 그를 돕고 있었다고 한다. 로마인들은 이 대장간이 에트나 화산 속에 있다고 믿었다. 지상에 사는 퀴클롭스들도 있었다. 오뒷세우스는 방랑 중에 이들이 살고 있던 큰 섬에 간 적이 있다.

조심스러운 오뒷세우스는 우선 이 섬 앞의 염소들만 사는 작은 섬에 상륙하여 배를 안전한 곳에 숨겨놓은 후 대원들과 이곳에서 머칠 동안 충분한 휴식을 취했다. 그러고 나서 그는 배 한 척에 선발대를 태우고 큰 섬으로 향했다. 약간의 식량과 포도주를 가득 채운 술부대를 지니고 오뒷세우스는 열두 명의 선발대와 함께 내륙 탐사에 나섰다. 이 그리스인들은 커다란 동굴 속에서 신선한 우유와 치즈를 비롯한 엄청난 양의 훌륭한 식량을 발견했다. 이들이 운반할 수 있을 만큼의 식량을 가지고 가능한 한 빨리 그곳을 떠났다면 아마 아무 일도 없었을 것이다. 그러나 항상 호기심에 가득 차 있던 오뒷세우스는 이 동굴에 도대체 누가 살고 있는지 알고 싶었다. 저녁이 다가오자 이 동굴의 주인이 돌아왔다. 그는 폴뤼페모스라는 이름의 퀴클롭스였다. 호메로스에 따르면 그는 무서운 바다의 신 포세이돈의 아들이다.

폴뤼페모스는 가축들을 동굴 안으로 몰아넣은 후 50명이 달려들어도 치울 수 없을 만큼 거대한 바위를 굴려 입구를 막았다. 그러고 나서 그는 양과 염소의 젖을 짜기 시작했다. 마침내 그는 화롯가에서 불을 쬐고 있는 그리스인들을 발견했다. 오뒷세우스가 앞으로 나서면서 자신들은 지금 어려움을 겪고 있으니 신들이 내린 법대로 그들을 손님으로 환대해 달라고 좋은 말로 이야기했다. 그러나 폴뤼페모스는 그의 말에는 아랑곳하지 않고 오뒷세우스의 동료 둘을 암벽에 내던져 머리를 박살내고는 그들을 통째로 삼켜버렸다. 그러고 나서 그는 잠이 들었다.

오뒷세우스는 복수를 꾀했지만 잠자는 사이에 이 퀴클롭스를 죽여버리는 것은 무모한 짓이라는 사실을 깨달았다. 그렇게 하면 어느 누구도 동굴의 입구를 열 수 없게 되기 때문이었다. 그래서 그는 다음날 아침에도 이 거인이 그의 동료 둘을 아침식사로 또 먹어치우는 것을 꼼짝도 못하고 바라볼 수밖에 없었다. 그러고 나서 폴뤼페모스는 가축들을 이끌고 다시 들판으로 나갔다. 물론 그는 동굴 입구를 다시 막아놓는 것을 잊지 않았다. 그러나 그사이 오뒷세우스는 달아날 계획을 세웠다. 그들은 올리브나무 등걸을 뾰족하게 다듬고 그 끝을 불에 달구어 단단하게 만든 후 이 무기를 거름더미 속에 감추었다. 저녁이 되자 폴뤼페모스는 동굴로 되돌아와 다시 두 명의 그리스인들을 잡아먹었다. 오뒷세우스는 이 만행을 보면서도 좋은 표정을 지어가며 가져온 술부대를 이 거인에게 내놓았다. 폴뤼페모스는 그 포도주를 벌컥벌컥 들이켠 후 기분이 좋아져서 친절한 태도로 이 손님의 이름을 물으며 그에게 손님으로서의 특별한 대접을 해주겠다고 약속했다.

"내 이름은 오우데이스다"라고 오뒷세우스는 대답했다. 오뒷세우스와 비슷하게 들리는 이 이름은 그리스어로 "아무도 아니다"

❖ ― 시력을 빼앗긴 폴뤼페모스는 양의 등을 더듬어보지만, 양들의 배에 몸을 묶어 매달린 오뒷세우스 일행들은 발각당하지 않고 무사히 동굴을 빠져 나간다. 1868년 간행된 한 책에 화보로 실린 목판화.

라는 뜻이었다. 오뒷세우스는 자신에게 약속한 특별한 대접이 어떤 것이냐고 거인에게 냉정하게 물었다. "너를 마지막으로 잡아먹는 것이 내 특별한 대접이다"라고 그는 으르렁거리며 대답하고는 곧 술에 취해 잠이 들었다. 그러자 오뒷세우스와 그의 동료들은 준비해 놓은 나뭇등걸을 다시 불에 새빨갛게 달구어 이것을 거인의 하나뿐인 눈에 깊이 찔러 넣었다. 고통으로 인해 큰 소리를 지르며 깨어난 폴뤼페모스는 다른 퀴클롭스들에게 도와달라고 외쳐댔다. 이들이 막혀 있는 동굴 입구 앞까지 와서 누가 그를 괴롭히느냐고 묻자 폴뤼페모스는 "나를 괴롭히는 것은 아무도 아니다"라고 대답했다. 그러자 동료 퀴클롭스들은 폴뤼페모스가 미쳤다고 생각하고는 모두 자기들 집으로 되돌아갔다. 오뒷세우스와 그의 동료들은 다음날 아침이 밝아 올 때까지 기다렸다. 아침이 되면 폴뤼페모스는 가축들을 이끌고 다시 들판으로 나갈 것이기 때문이었다. 꾀 많은 오뒷세우스는 살아남은 여섯 명의 동료들을 세 마리의 커다란 양의 배 밑에 버드나무 가지로 묶고 그 자신도 거대한 염소 배에 매달렸다. 날이 밝자 이 눈먼 거인은 동굴 입구의 바위를 치우고 밖으로 몰려나가는 그의 가축들의 등 위를 하나씩 더듬어 보았다. 그러나 그는 아래쪽은 검사하지 않았다. 밖으로 빠져나온 그리스인들은 급히 배로 되돌아갔다. 그들은 서둘러 노를 저어 바다로 나아갔다.

이제 안전하게 되었다고 느낀 순간 오뒷세우스는 큰 소리로 폴뤼페모스를 놀려대기 시작했다. 그러나 이것은 오산이었다. 폴뤼페모스가 소리가 난 쪽을 향해 거대한 바위를 던져대기 시작하여 심지어

선미에 있는 난간이 돌에 맞아 부서졌다. 이들은 아슬아슬하게 죽음을 면하고 겨우 그곳을 빠져나왔다.

그러나 후에 이들에게는 아버지 포세이돈에게 복수를 탄원한 폴뤼페모스의 저주가 내려졌다. 결국 오뒷세우스 한 사람만이 살아남아서 아무리 거친 무뢰한도 냉철한 두뇌로 이겨낼 수 있다는 사실을 다른 그리스인들에게 증명해 보였다.

술부대에 든 포도주 ———
최초의 술부대는 동물들의 가죽으로 만들어졌다. 신화시대의 그리스인들은 동물 가죽을 꿰매 만든 술부대에 포도주를 보관했다. 성서에도 "새 술부대에 든 오래된 포도주"라는 표현이 나온다. 이후 포도주를 도자기 병에 담아 보관하거나 운반하는 것이 일반화되었다. 나무로 만든 포도주 통은 고대 후기에 와서야 등장한다. 이것을 발명한 사람은 켈트인으로 추측된다.

❖ — 자신을 조롱하는 오뒷세우스 일행이 탄 배를 향해 큰 바위 덩어리를 던지는 폴뤼페모스. 아르놀트 뵈클린.

더 알아보기

퀴클롭스

원전 : 퀴클롭스가 태어난 배경에 대해서는 헤시오도스의 『신들의 계보』에 잘 나와 있다. 이들은 가이아와 우라노스 사이에서 태어난 아들들로 브론테스, 스테로페스, 그리고 아르게스이다. 헤시오도스에 따르면 이들이 신들과 다른 점은 이마 한가운데에 한 개의 눈이 달려 있다는 것이다.

호메로스의 『오뒷세이아』에서 퀴클롭스는 하나의 종족 전체를 가리킨다. 이들은 산꼭대기 바로 아래에 있는 동굴 속에 살고 있다. 그곳에서 이들은 소규모의 가족 집단을 이루며 고립된 생활을 하고 그들의 공동체 밖의 세계에 대해서는 아무런 관심을 보이지 않는다. 호메로스는 제9장에서 오뒷세우스가 퀴클롭스들을 만나 폴뤼페모스의 눈을 멀게 하는 이야기를 한다.

그리스의 비극 작가 에우리피데스는 오뒷세우스와 폴뤼페모스의 이야기를 소재로 하여 「퀴클롭스」라는 제목의 사튀로스극을 썼다. 오뒷세우스가 거인 폴뤼페모스와 대결할 당시, 폴뤼페모스는 세일레노스와 그의 자식인 사튀로스들을 강제로 가둬놓고 있었다. 오뒷세우스는 거인의 눈을 멀게 만들어 자신과 동료들뿐만 아니라 이 숲의 정령들까지도 구해준다.

이렇게 하여 에우리피데스는 오뒷세우스의 모험담을 사튀로스극의 가장 두드러진 특징, 즉 사튀로스들이나 세일레노스들로 이루어진 합창단과 연결시키는 것이다. 사튀로스극은 합창단이 지휘자를 가운데 놓고 둘러 모여 춤추고 노래하면서 연극에 동참하는 형식을 취한다. 고대 그리스 시대의 3부작 비극에서는 에필로그에 반인반수의 모습으로 분장한 합창단이 등장하여 앞서 공연된 연극의 내용들을 흉내냄으로써 연극 공연의 분위기가 밝아지도록 유도한다.

테오크리토스(B.C. 310~B.C. 250년경)는 「사랑에 빠진 퀴클롭스」라는 제목의 시를 남겼다. 이 시는 갈라테이아에 대한 폴뤼페모스의 이루지 못한 사랑을 이야기한다.

로마의 시인 베르길리우스가 쓴 『아에네아스』에도 브론테스, 스테로페스, 퓌라크몬이라는 이름의 세 퀴클롭스가 등장한다. 이들은 어느 거대한 동굴 속에서 주피터를 위해 번개를 만든다. "그때 그들은 우박, 폭우, 붉은 화염 그리고 폭풍우를 만들고 있었다. 그들은 무서운 번개를 뜨겁게 달구었다." 영웅 아에네아스를 위해 그들은 일곱 겹의 철판으로 된 강력한 방패를 만들어준다(제8장).

조형미술 : 오뒷세우스와 폴뤼페모스의 이야기를 그림으로 옮긴 대표적 화가로는 영국의 윌리엄 터너와 이탈리아의 펠레그리노 티발디를 들 수 있다. 터너의 그림은 런던의 국립 미술관에 전시되어 있다. 티발디의 그림에는 오뒷세우스가 폴뤼페모스의 눈을 멀게 만드는 장면이 묘사된다. 이 그림은 볼로냐에 있는 팔라초 포지에서 볼 수 있다.

틴토레토는 퀴클롭스들이 헤파이스토스와 함께 아킬레우스가 쓸 무기들을 만들고 있는 모습을 묘사했다. 이 그림은 베네치아에 있는 팔라초 두칼레에서 볼 수 있다.

정리해보기

퀴클롭스들은 조야한 신화시대의 거인들이다. 이 우둔하고 힘만 센 종족을 그리스인들이 어떻게 평가했는가는 오뒷세우스와 폴뤼페모스의 이야기에 잘 나타난다.

32
키르케의 마법적 매력

　신비한 매력을 지닌 여인의 유혹을 받으면 마음이 들뜨고 통제력을 잃게 되어 결국 '사랑의 마법'에 완전히 마음을 빼앗기고 만다. 오늘날 이런 경우에서 '마법'이란 말은 사람을 사로잡는 강력한 사랑의 힘에 대한 비유적 표현으로 쓰인다. 그러나 고대인들은 이것을 문자 그대로의 의미로 받아들였다. 사랑이란 여자가 남자에게 마법을 거는 것이라고 고대인들은 생각했다. 게다가 사랑에 눈이 먼 남자들은 집안, 사회 그리고 국가에 대한 그들의 의무를 완전히 망각하게 되기 때문에 그 마법은 매우 위험한 것이었다. 그러나 남자들의 세계를 지배하는 권력도 마법의 힘을 지니고 있어 이것이 언젠가는 여자들의 사랑의 마법을 깨뜨려버린다. 그리하여 사랑의 마법사는 결국 사술을 부리는 사기꾼 취급을 받게 된다.

　오뒷세우스는 여러 차례 위험한 사랑의 마법에 빠지는데 그때 그가 만난 여자들 중 한 명이 요정 키르케다. 오늘날 대부분의 서양 언어에서 사용되는 "키르케에 홀렸다"는 표현은 이 이야기에서 유래된 것이다.

트로이의 함락에 결정적인 공훈을 세운 오뒷세우스는 전쟁이 끝난 후 사랑하는 아내 페넬로페와 아들 텔레마코스가 기다리는 고향 이타카로 빨리 돌아가는 것 외에는 달리 아무런 생각이 없었다. 그러나 바다의 지배자 포세이돈의 적의가 그의 함대의 항해를

❖ ─ 안겔리카 카우프만(1741~1807), 「오뒷세우스와 키르케」, 샬토테빌, 베일리 미술관.

거듭 방해했다. 그리하여 오뒷세우스가 아이아이와섬에 상륙했을 때 그의 함대 중에서 남아 있는 배라고는 단 한 척밖에 없었다. 오늘날 이 섬은 이탈리아 서해안에 있는 섬들 중 하나일 것이라고 추측되는데 오뒷세우스의 고향에서 멀리 떨어져 있기로는 트로이나 거의 마찬가지였다. 이 섬에는 마법을 부리는 요정 키르케가 살고 있었다. 그녀는 태양신 헬리오스의 딸로 호메로스는 그녀가 "아름다운 머릿결과 뛰어난 화술을 지니고 있다"고 말한다. 하지만 오뒷세우스는 이 모든 것을 아직 모르고 있었다.

오뒷세우스 일행은 깊숙한 만灣에 배를 정박하고 그 해안에서 피로와 굶주림에 시달리며 이틀 밤낮을 보냈다. 사흘째 되는 날 오뒷세우스는 바닷가 언덕 위로 기어 올라가 먼 곳에서 피어오르는 연기를 보고 사람이 사는 민가가 있을 것이라고 생각했다. 해변으로 돌아오는 길에 오뒷세우스는 창으로 사슴을 한 마리 잡았다. 해변에 남아 있던 일행들과 함께 사슴고기를 구워 먹으며 오뒷세우스는 자신이 본 것을 이야기했다. 아무도 위험한 모험에 나설 마음이 없었기 때문에 그들은 제비를 뽑아 정탐 나갈 사람을 정하기로 했다. 스물두 명의 탐험

대가 결성되어 다음날 아침 에우륄로코스의 지휘하에 섬 안쪽으로 원정을 떠났다. 오뒷세우스는 다른 절반의 부대원들과 함께 배에 남았다. 에우륄로코스의 원정대는 돌로 지어진 키르케의 집과 그 안에서 아름다운 목소리로 노래를 부르며 베틀 앞에 앉아 일하고 있는 여주인을 발견했다. 늑대들과 사자들이 온순하고 평화로운 태도로 다가와 그들을 맞았다. 이들이 큰소리로 자신들의 방문을 알리자 얼마 지나지 않아 키르케가 문을 열고 나와 이들을 맞아들였다. 놀라움을 감추지 못하는 이 방문객들에게 키르케는 지친 몸에 힘을 돋워줄 것이라며 보릿가루, 꿀, 치즈, 포도주 등을 섞어 만든 스프 요리를 내놓았다. 하지만 이런 친절한 접대의 기쁨은 잠시뿐이었다. 키르케

호메로스의 『오뒷세이아』
──── 오뒷세우스의 흥미진진한 방랑과 모험을 테마로 하는 『오뒷세이아』는 트로이 전쟁을 다룬 『일리아스』와 더불어 고대의 문학에서 가장 유명한 작품이다. 이 두 서사시는 모두 B.C. 8세기경에 살았던 것으로 추정되는 고대 그리스의 시인 호메로스의 작품으로 알려져 있다. 그러나 『오뒷세이아』는 『일리아스』보다 훨씬 이후에 만들어진 작품으로 보인다. 이 서사시는 영웅적 내용이라기보다는 수많은 신화적 이야기들과 동화적 모티브들이 뒤섞인 모험소설에 가깝다.

가 이 스프에 마법의 독초를 섞어 넣었던 것이다. 식사가 끝날 무렵 키르케가 회초리로 이들을 건드렸다. 그러자 이들은 즉시 돼지로 변해버렸다. 이들은 모두 돼지우리에 처넣어져 음식 찌꺼기를 먹고 살아야 하는 처지가 되었다.

그러나 몰래 숨어 이 위기를 모면한 에우륄로코스는 이곳에서 빠져나가 오뒷세우스에게 이 모든 일을 보고할 수 있었다. 오뒷세우스는 단호한 태도로 칼을 뽑아들었다. 그러고는 스스로 불

❖ ─ 키르케와 동물로 변한 오뒷세우스의 일행. 오뒷세우스가 헤르메스의 안내를 받으며 다가오고 있다. 오뒷세우스의 모험을 그린 프레스코화. 알렉산드로 알로리, 피렌체, 팔라초 살비아티.

행에 뛰어들지 말라고 간청하며 말리는 에우륄로코스를 뿌리치고 마녀의 집을 향해 길을 떠났다. 도중에 그는 황금 지팡이를 들고 있는 우아한 모습의 청년과 마주쳤다. 이 청년은 오뒷세우스에게 자신의 손을 내밀었다. 그는 바로 신들의 전령 헤르메스로서 오뒷세우스를 총애하는 신들이 그를 위험에서 구하려고 보냈던 것이다.

헤르메스는 키르케가 마법을 부린다는 것을 알려주고는, 그가 어떻게 행동해야 할지를 자세히 가르쳐주었다. 또 신비한 약초 몰리를 가지고 가라고 건네주었다. 오뒷세우스는 헤르메스가 이 섬을 떠나

올림포스로 날아가는 모습을 지켜본 후 불안한 마음으로 키르케의 집을 찾아갔다.

모든 일은 헤르메스가 미리 말해준 것과 똑같이 진행되었다. 신비한 약초 덕분에 키르케가 오뒷세우스에게 마시게 한 마법의 음료는 물론 그녀의 마법의 회초리도 아무런 효력을 발휘하지 못했다. 오뒷세우스는 칼을 빼들고 이 마녀를 죽이려 했다. 그러자 이제 그녀는 전혀 다른 종류의 마법, 즉 '여성'이라는 마법으로 오뒷세우스를 사로잡으려 했다. 그녀는 오뒷세우스 앞에 쓰러지면서 그의 무릎을 끌어안고 애원했다. "내 약초에 전혀 꿈쩍도 하지 않는 당신은 도대체 어디에서 온 누구이십니까? 당신은 틀림없이 오뒷세우스일 것입니다. 일전에 헤르메스가 당신이 트로이에서 고향으로 돌아가는 길에 배를 타고 나를 찾아오게 될 것이라고 말해 준 적이 있습니다. 칼을 칼집에 다시 집어넣고 함께 침실로 올라가시지요. 우리 서로 하나가 되어 사랑을 나누기로 해요."

이 새로운 마법은 오뒷세우스도 이겨낼 수 없었다. 하지만 그는 조심하는 마음에서 그녀가 앞으로는 결코 그에게 마법을 사용하지 않겠다고 맹세하도록 했다.

잠자리를 함께하며 사랑을 나눈 것은 놀라운 기적을 일으켰다. 키르케는 완전히 다른 사람으로 변한 것 같았다. 오뒷세우스와의 사랑의 기쁨을 나눈 후 그녀는 그의 목욕 시중을 들고 몸에 향유를 발라주었다. 그러고는 그에게 귀한 옷을 입히고 그를 편안한 안락의자에 앉힌 후 훌륭한 음식을 내왔다. 심지어 그녀는 오뒷세우스가 왠지 근심에 젖어 있다는 것을 눈치채고 그에게 이유를 물어볼 만큼 섬세하고 자상했다.

그러자 오뒷세우스는 그의 일행을 다시 인간의 모습으로 되돌려달라고 그녀에게 부탁했다. 그녀가 돼지 우리에서 그들을 다시 데려와 마법의 약초로 가볍게 쓰다듬자 그들은 즉시 인간으로 되돌아왔다. 그것도 전보다 훨씬 젊고 잘생기고 건장해진 모습으로 말이다.

키르케가 오뒷세우스 일행 모두를 자기 집의 손님으로 받아들이자

❖ ─ 키르케를 위협하는 오뒷세우스. B.C. 4세기 말경 만들어진 에트루리아의 석관 부조. 오르비에토, 두오모 오페라 박물관.

이들도 지난날의 고초를 더 이상 문제삼지 않았다. 오뒷세우스는 고향으로 항해하는 일을 깡그리 잊어버린 것 같았다. 그렇게 얼마간의 시간이 흐른 후 그의 일행은 오뒷세우스나 그들 모두가 원래 고향으로 되돌아가려 하지 않았느냐고 조심스럽게 이야기를 꺼냈다. 그제서야 오뒷세우스는 자신에게는 해내야만 할 과업이 있으며, 그의 인생을 달콤한 향락에 젖어 소비해 버릴 수 없다는 것을 깨달았다. 그는 자신이 이 섬에서 보낸 시간 내내 기만당했다고 느끼게 되었고 자기 통제력을 되찾았다. 키르케와 함께한 다음번 잠자리에서 오뒷세우스는 그들이 처음 사랑을 나누었을 때 그녀가 그와 그의 일행이

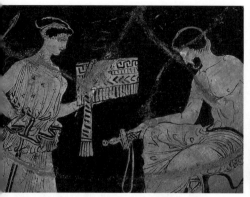

❖ ― 오뒷세우스와 칼립소. 이탈리아 남부에서 출토된 도자기. B.C. 4세기 말경(왼쪽), 아르놀트 뵈클린, 바젤 미술관(오른쪽).

칼립소 ——— 오뒷세우스는 키르케에서처럼 요정 칼립소에게도 마법에 사로잡혀 있었다. 그것도 7년 간이나. 제우스가 직접 개입함으로써 비로소 칼립소는 오뒷세우스가 항해를 계속하도록 놓아준다. 라틴아메리카의 열정적 리듬에 맞추어 몸을 흔들어대는 유혹적인 춤에 이 요정의 이름이 붙여진 것은 의미심장하다. 이 칼립소 사건과 더불어 오뒷세우스의 방랑과 모험은 이제 거의 결말에 이른다. 오뒷세우스는 파이아케스의 마음씨 고운 공주 나우시카가 예견한 다음번 조난을 모면하고 곧 아내 페넬로페가 기다리는 이타카에 도착한다.

고향에 되돌아갈 수 있도록 도와주겠다고 약속했다는 사실을 조심스레 일깨워주었다.

키르케는 그의 부탁을 거절하지 않았다. 그러나 그녀는 오뒷세우스의 배가 수평선 너머로 사라져가자 슬픔을 가눌 수 없었다. 사랑의 마법에 대항하는 더 강력한 능력이 오뒷세우스에게 있다는 것을 키르케는 인정해야만 했다.

키르케의 마법적 매력

원전 : 호메로스의 『오뒷세이아』 외에 오비디우스의 『변신 이야기』 제14권에도 아이아이와섬에 사는 키르케의 이야기가 나온다.

오뒷세우스 일행은 마법의 궁전 안의 화려한 방에서 높은 옥좌에 앉아 있는 키르케를 만난다. 그녀는 밝은 색 옷을 걸치고 황금 망사로 얼굴을 가리고 있다.

아폴로니우스 로디우스가 쓴 아르고 호의 모험에 관한 서사시에도 키르케의 이야기가 나온다. 여기서 키르케는 콜키스로 가는 길에 들른 아르고 호의 사령관 이아손과 그의 아내 메데이아를 영접한다. 후에 이 키르케의 섬은 이탈리아 서해안에 있는 키르케오산으로 판명되었다. 이곳에서 키르케는 야생 동물의 여신으로 숭배되었다. 키르케오산의 언덕에는 오늘날에도 여자 마법사의 동굴이 남아 있다.

문학 : 중세 문학에서 키르케는 남자를 유혹하는 여자로 그려지는데, 그 후에는 해로운 마녀나 심지어 뱀파이어 같은 인물로도 나온다. 제임스 조이스의 소설 『율리시스』에 나오는 벨라 코헨은 더블린의 키르케라고 할 수 있다. 그녀는 남자 주인공 디덜러스와 레오폴드 블룸의 도착적인 성적 충동과 환상을 현실로 보여준다는 점에서 그들을 '변신'케 하는 셈이다.

에즈라 파운드(1885~1972)는 그의 대표작 『칸토스』에서 키르케를 위험한 유혹자로 묘사하고 있다.

음악 : 베르너 에크(1901~1983)가 1966년에 발표한 오페라 「17일과 4분」이 있다. 이 독일 작곡가는 1948년에 이미 『오뒷세이아』에 나오는 이 소재를 「키르케」라는 제목의 오페라로 만들었고 후에 이를 「마술 침대」로 개작한 바 있다. 「17일과 4분」은 이를 다시 개작한 것이다.

이 희극 오페라는 고대의 신화에 바탕을 두고 있지만 그 줄거리는 현대를 배경으로 한다. 주인공 울리스(율리시스)는 그의 동료들과 달리 마법에 걸려들지 않고 키르케와 사랑에 빠진다. 그러나 이 섬에서 17일과 4분 이상을 머물게 되면 결코 그곳을 떠나지 못하게 된다는 것을 그의 하인이 이야기해 주자 그는 키르케에게 작별인사도 하지 않고 그곳에서 달아난다.

조형예술 : 키르케는 B.C. 6세기경 그리스의 화병이나 그 이후의 벽화에서 그림의 소재로 등장한다. 근대에 와서는 네덜란드의 바르톨로메우스 슈프랑어가 그린 「키르케」와 안니발레 카라치가 그린 그림이 유명하다. 이 그림들은 각각 빈의 예술사 박물관과 로마의 팔라초 파르네제에 전시되어 있다.

정리해보기

아름다운 마녀 키르케의 이야기는 『오뒷세이아』에서 매우 재미있는 이야기에 속한다. 이후 키르케는 위험하고 유혹적인 여자의 대명사가 되었다.

33
탄탈로스의 고통

진수성찬이 차려진 식탁을 눈앞에 두고도 손을 댈 수 없을 때보다 배고픔이 더 고통스럽게 느껴지는 경우는 없을 것이다. 바로 손닿는 거리에 물이 놓여 있는데 그 물을 마실 수 없을 때, 갈증의 고통은 가장 심하게 느껴진다. 가난이 가장 뼈아프게 느껴지는 것은 주변에 사치가 넘쳐나는 것을 목격할 때다. 이런 고통을 흔히 '탄탈로스의 고통'이라고 한다. 탄탈로스는 저승세계에서 이런 고통을 영원히 겪고 있다.

탄탈로스는 제우스의 아들이라고 전해진다. 그의 어머니는 티탄족의 우두머리 크로노스의 딸인 플루토였다. 플루토라는 이름은 풍요로움과 부유함을 뜻한다. 탄탈로스는 소아시아에 있는 리디아의 왕이었다. 그는 인간이었지만 신들과 교제하고 이들과 동류인 것처럼 행동했다. 그 시대에는 그런 일이 그리 드물지 않았다.

신화에는 신들과 연회를 함께한 몇몇 사람들의 이야기가 전해진다. 아킬레우스의 아버지 펠레우스가 여러 신들로부터 사랑을 받았던 테티스와 결혼할 때 신들은 하객으로 잔치에 참석했다. 또 테바이의 창설자 카드모스가 하르모니아와 결혼할 때는 신들이 하객으로 참석한 가운데 무사 여신들이 축가를 불러준 일도 있었다.

탄탈로스는 올림포스를 드나들며 신들처럼 넥타르(신들의 음료)와 암브로시아(신들의 음식)을 즐겼다. 그는 스스로를 신이라고 생각했지만 자신의 이러한 특별한 위치를 인간들에게 뽐내려 했다는 점에서 분명히 인간이었다. 그는 천상의 식탁에서 넥타르와 암브로시아를 훔쳐 지상으로 가져오거나 제우스의 비밀을 사람들에게 떠들고 다녔다.

❖ ─ 헨드릭 골치우스, 「탄탈로스의 추락」. 이 바로크 시대의 예술가는 루시퍼와 타락한 천사들이 지옥에 떨어졌다고 하는 기독교의 전설을 탄탈로스의 운명과 연결시킨다.

탄탈로스가 자기 자신을 신들과 비슷한 존재로 여기게 될수록 신들의 초인적 능력에 대한 그의 의심은 커져갔다. 신들을 두려워하지 않았던 그는 도둑질과 거짓 맹세도 주저하지 않았다. 그는 판다레오스라는 도둑이 제우스의 신전에서 훔쳐온 황금 개를 자기 집에 숨겨주었다. 이 개는 헤파이스토스가 아직 어렸던 시절에 제우스에

게 보호견으로 만들어준 것이었다. 판다레오스가 이 장
물을 돌려달라고 하자 그는 이 개가 그의 집에 없다
고 제우스의 이름을 걸어 맹세했다. 제우스는 영
리한 헤르메스를 보내 이 일을 철저하게 조사
하도록 했다. 헤르메스는 이 귀중한 개를 탄
탈로스의 집에서 찾아냈다.

신들의 전지전능함을 시험대에 올려 신들
을 욕보이려고 탄탈로스는 끔찍한 계획을
생각해 냈다. 그는 자신의 아들 펠롭스
를 토막내어 요리한 후 그 고기를 신들
에게 음식으로 내놓았다. 그러나 신들
은 이 요리의 정체를 알고 있었다. 딸
페르세포네로 인한 슬픔 때문에 딴 곳
에 정신을 팔고 있던 데메테르 여신만

❖ — 니오베가 그녀의 아이들 중 한 명을 아폴론
과 아르테미스의 화살로부터 지키려 하고 있다.
그리스 시대의 조각을 로마 시대에 복제했다. 피
렌체, 우피치 미술관.

이 무심코 펠롭스의 어깨 조각을 먹어버렸다. 신들은 펠롭스의 살과
뼈를 다시 맞추고 그에게 생명을 불어넣어 줌으로써 탄탈로스가 그
의 죄 없는 아들에게 행한 잘못을 즉시 원래대로 되돌려놓았다. 데
메테르는 먹어버린 어깨 조각을 상아로 대신 만들어 끼워 넣었다.

그 후 탄탈로스는 신들과 식탁을 함께하는 영예를 영원히 박탈
당했다. 그가 신들의 음식을 간절히 그리워하게 되고 다시는 감히
신들에게 도전할 엄두를 내지 못하게 되는 정도로도 벌은 충분했을
지 모른다. 그러나 신들의 보복은 잔인했다. 분노한 신들은 탄탈로

❖ — 아브라함 반 디펜벡, 「탄탈로스의 고통」, 동판화.

스를 지하세계의 호수에서 목만 내밀고 있게 하고는, 그가 아무리 타는 듯한 갈증을 느껴도 그 많은 호숫물을 단 한 방울도 마실 수 없는 벌을 내렸다. 그가 물을 마시려고 고개를 숙이면 호숫물이 즉시 밑으로 내려가 버리는 것이었다.

또 그는 갈증 못지않게 배고픔의 고통에서 시달려야 했다. 세상에서 가장 먹음직스러운 과일들이 바로 눈앞의 나뭇가지에 주렁주렁 매달려 있다. 그러나 탄탈로스가 과일을 따려고 손을 뻗으면 즉시 바람이 불어와 나뭇가지를 위로 끌어올렸다. 그의 머리 위에는 금방이라도 무너져내려 그

펠롭스 ─────── 탄탈로스의 아들 펠롭스는 빼어난 미남이어서 특히 포세이돈에게 많은 사랑을 받았다. 그의 아버지에 대한 나쁜 기억만 없었다면 신들은 그를 올림포스에 받아들였을 것이다. 말의 신이기도 했던 포세이돈은 펠롭스가 엘리스의 국왕 오이노마오스의 아름다운 딸 히포다메이아를 아내로 얻을 수 있도록 도와주었다. 오이노마오스는 그리스 전체에서 가장 뛰어난 말들을 소유하고 있었다. 그는 딸의 청혼자들에게 전차 경주를 요구했고, 자신에게 패배한 모든 청혼자들을 창으로 찔러 죽였다. 펠롭스는 오이노마오스의 마부 뮈르틸로스를 매수하여 마차 바퀴를 축에 고정시키고 있던 청동 못을 밀랍으로 바꾸어버렸다. 결국 오이노마오스는 이 전차 경주에서 죽고 말았다. 엘리스의 왕좌를 물려받은 펠롭스는 이 반도 전체에서 가장 강력한 왕이 되었다. 그리하여 이 반도는 오늘날까지 그의 이름을 따 펠로폰네소스반도라고 불리게 되었다. 그와 히포다메이아 사이에서 아트레우스가 태어났는데 그는 아트리데스족의 선조가 되었다. 아가멤논, 메넬라우스, 오레스테스, 이피게네이아 등이 그의 후손이다.

를 박살낼 듯한 큰 암벽이 걸려 있었다. 그래서 그는 죽음의 공포에 끊임없이 시달리며 살아야 했다. 그러나 신들의 자손인데다가 신들에게 불사의 능력을 주는 넥타르와 암브로시아를 오랫동안 먹었던 탄탈로스는 죽을 수도 없었다.

너무 많은 행복을 누려 오만해진 자에게 내려지는 벌은 행복을 전혀 누려보지 못한 자가 받는 벌보다 훨씬 더 가혹하게 느껴지는 법이다.

더 알아보기

탄탈로스의 고통

원전 : 탄탈로스가 처벌을 받게 된 이유에 대해 고대의 원전들은 다양한 죄목들을 언급한다. 그리스 작가 핀다르는 『올림피아』에서 탄탈로스가 신들에게 자신의 아들을 토막내어 식사로 대접했다고 이야기한다.

그 밖에도 핀다르는 그가 신들이 먹는 넥타르와 암브로시아를 훔쳐다가 자기 친구들에게 나누어주었다고 이야기한다.

로마의 작가 오비디우스는 『변신 이야기』 제6권에서 탄탈로스가 신들에게 지극히 모욕적인 말을 했다고 전한다. 탄탈로스가 벌을 받고 있는 장소와 그 방법도 제각기 다르게 전해 내려오고 있다.

호메로스의 『오뒷세이아』(제11권)를 보면, 탄탈로스는 지하세계에 있는 어느 호수의 한가운데에 유배되어 있다. 그의 턱 바로 아래까지 물이 올라오지만 그가 그 물을 마시려고 하면 그 물은 어김없이 아래로 내려가 바닥이 드러날 때까지 완전히 말라 버린다. 머리 위로 드리워진 나뭇가지에는 탐스러운 열매들이 매달려 있지만 그는 결코 그 열매들을 손에 넣을 수가 없다.

핀다르에 따르면 탄탈로스에게 내려진 가장 큰 형벌은 공중에 떠 있는 커다란 바위 아래에서 그 위협을 참고 견뎌내야 하는 것이었다.

그리스의 비극 작가 에우리피데스의 희곡 『오레스테스』에서도, 둘레에 황금 사슬이 감긴 바위 덩어리가 하늘과 땅 사이를 끊임없이 오가면서 탄탈로스의 머리 위를 떠돈다.

문학 : 오스트리아 출신 작가 펠릭스 브라운(1885~1973)은 이 신화를 테마로 한 편의 비극을 썼다. 이 작품은 1926년 칼스루에에서 초연되었다. 작품의 배경이 되는 장소는 미케네. 권력이나 사사로운 행복 따위에서는 참된 만족을 전혀 느끼지 못하던 탄탈로스왕은 올륌포스의 신들을 직접 보고 싶다는 열망에 사로잡힌다. 모두의 만류에도 그는 올륌포스로 올라간다. 그곳에서 그는 제우스와 헤르메스가 인간으로 변장을 하고 자신의 성에서 열리는 연회에 참석할 것이라는 정보를 얻게 된다. 악마 바르바로스의 꾐에 빠져 탄탈로스는 신들이 정말로 전지전능한지 시험해 본다. 자신의 친아들을 두 신들 앞에 음식으로 내놓은 것이다.

탄탈로스는 자신이 저지른 죄를 뒤늦게 깨닫고, 그의 아들도 제우스의 힘으로 다시 살아나지만 그렇다고 해서 제우스의 저주를 피해갈 수는 없었다. 그러나 희곡의 끝 부분에 이르러 탄탈로스는 형벌에서 풀려난다.

이 비극의 제5막은 주로 정신적인 변화의 단계들을 보여주고 있다. 탄탈로스는 우울증에 빠져 있다가 다음엔 싸움꾼이 되고, 무법자가 되었다가 결국 분별을 되찾고 참회한다. 그리하여 마침내 신들의 용서를 받게 된다.

조형예술 : 이탈리아의 건축가이자 화가인 발다사레 페루치는 탄탈로스를 묘사한 프레스코화를 그렸다. 이 그림은 로마의 빌라 파르네시나에 전시되어 있다. 이 밖에 스페인의 미술가 호세 데 리베라(1591~1652)도 탄탈로스를 그렸다. 이 그림은 마드리드의 프라도 박물관에 전시되어 있다. 역시 스페인의 화가인 고야도 같은 주제로 그림을 그렸다.

정리해보기

탄탈로스의 고통에 관한 신화는 최고의 행복을 누리면서도 그에 걸맞지 않은 행동을 한 자에게는 반드시 고통이 뒤따르게 된다는 교훈을 말해준다.

34
테세우스의 도제 수업
- 미로의 궁전

　고향에 정착하여 중요한 지위를 얻기 위해서는 젊은 시절에 이 방 지역에 머물며 많은 경험을 쌓아야 한다. 이 수공업 도제들의 원칙처럼 신화와 전설에 나오는 옛날의 영웅들과 왕자들도 젊은 나이에 방랑길을 떠났다. 아테네의 왕자 테세우스도 예외는 아니었다. 그는 크레테의 왕 미노스를 사부로 삼고 또한 정석대로 이 사부의 딸 아리아드네와 사랑에 빠지게 된다. 그리고 아리아드네는 테세우스가 도제 시험에 통과하도록 도움을 준다.

　테세우스의 아버지는 아테네의 왕 아이게우스다. 혹은 적어도 아이게우스 자신은 그렇게 믿었다. 하지만 다른 사람들은 이를 의심했다. 아이게우스가 트로이젠의 국왕 피테우스를 방문했을 때 왕의 딸 아이트라와 잠자리를 같이한 것은 사실이었다. 그러나 그날 밤 바다의 신 포세이돈이 이들의 잠자리를 찾아가 아름다운 공주와 사랑을 나누었다는 것이다. 아이게우스는 이것을 전혀 눈치채지 못했다고 하는데 그것은 집주인 피테우스가 그를 딸의 침실로 인도하기 전에 그에게 술을 너무 많이 먹였기 때문이다. 테세우스는 아이게우스를 자신의 생부로 여겼던 모양이다. 아무튼 그는 아직 젊은 나이에 트로이젠을 떠나 아테네로 가서 왕위 계승권을 요구했다. 아이게우스도 테세우스를 후계자로 삼을 용의가 있었지만 그 전에 테세우스는 이 왕좌를 이어받을 능력이 있음을 입증해 보여야 했다. 곧 기회가 찾아왔다.

미노스왕이 통치한 크레테
—— 그리스 신화에는 오래 전에 멸망한 크레테 문명에 대한 기억이 보존되어 있다. 크레테 문화는 초기 그리스의 문화보다 월등하게 뛰어났다. 그리스 신화를 통해 크레테인들의 함대가 에게해 전체를 지배했으며, '미로의 궁전'을 뜻하는 '라비린토스Labyrinthos'라는 단어에는 크레테의 상징인 도끼 두 자루의 의미가 들어 있음을 알 수 있다. 고고학자들은 고대 크레테 문명을 전설적인 왕 미노스의 이름을 따서 미노아 문명이라고도 부른다. 미로의 궁전에 대한 신화는 크노소스와 그밖의 다른 곳들에서 발굴된 궁전들의 복잡한 구조 때문에 생겨난 이야기로 추정된다. 황소가 크레테에서 신성한 동물로 숭배되었다는 것도 사실임이 밝혀졌다.

테세우스가 아직 태어나기 전에 아테네는 크레테의 왕 미노스와의 전쟁에서 패배했다. 그때부터 아테네는 9년마다 일곱 명의 귀족 청년과 일곱 명의 처녀를 선발하여 크레테에 있는 미노스 왕의 궁전 크노소스에 조공으로 바쳐야 했다. 이들은 그곳에서 인간의 몸에 황소머리가 달린 무서운 괴물 미노타우로스의 먹이가 되었다. 미노스왕의 부인과 황소 사이에서 태어난 이 괴물은 일단 그 안에 들어가면 아무도 출구를 찾을 수 없도록 설계된 미로의 궁전에 감금되어 있었다.

다음번 조공을 바쳐야 할 때가 다가오자 테세우스는 크레테로

❖ ― 배로 크레테를 탈출하는 테세우스와 아리아드
네. 테세우스 모자이크의 일부분.

가는 비극적 여행길에 자원해 이 수
치스러운 조공에 종지부를 찍겠다
고 아버지에게 다짐했다. 아이게우
스는 주저하는 마음으로 아들을 떠
나 보내면서 모든 일이 계획대로 이
루어지면 아티카로 돌아오는 배에
조의를 뜻하는 검은 돛 대신에 흰
돛을 달아 성공을 표시하라고 당부
했다. 숱한 모험을 겪은 후 마침내
크레테에 당도한 이 젊은 아테네의

왕자는 이제 미노스왕의 궁전에서 희생 제물로 바쳐질 날을 기다리
게 되었다. 이 기간에 테세우스는 당대 최고의 권력을 쥐고 있던 미
노스왕의 통치술을 눈으로 배우고 또한 그의 아름다운 딸 아리아드
네를 알게 되었다. 아테네의 왕자를 사랑하게 된 이 크레테의 공주
는 그를 돕겠다고 나섰다. 그녀는 자신의 도움이 없이는 테세우스가
결코 살아 돌아갈 수 없다는 사실을 알고 있었다. 설사 미노타우로
스를 죽일 수 있다고 해도 천재적인 기술자 다이달로스가 설계한 미
로를 빠져 나오는 것은 불가능한 일이었기 때문이다. 심지어 나중에
는 다이달로스 자신도 이 미로가 어떻게 만들어졌는지 잊어버리고
말았다. 실뭉치를 이용한다는 방법을 생각해 낸 것이 다이달로스였
는지 아니면 아리아드네였는지에 대해서는 논란이 많다. 그러나 아
무튼 테세우스에게 실뭉치를 건네준 것은 아리아드네였다. 그리하

여 오늘날에도 복잡한 상황을 헤쳐 나가거나 또는 난해한 텍스트를 이해하기 위한 실마리를 흔히 '아리아드네의 실' 혹은 '붉은 실'이라고 부르게 되었다.

이렇게 하여 테세우스는 미로의 입구에 붉은 실을 묶고 실뭉치를 계속 풀어가며 앞으로 전진했다. 이 복잡한 궁전의 깊은 안쪽에서 테세우스는 드디어 미노타우로스와 마주쳤

❖ ─ 로마 시대 잘츠부르크 부근에 지어진 별장에 있는 미로의 궁전 모자이크. 빈, 예술사박물관.

다. 그는 이 괴물을 맨주먹으로 때려죽였다. 그러고 나서 그는 실을 따라 다시 밖으로 나왔다.

이제 남은 모든 일은 신속히 진행되었다. 테세우스는 아리아드네의 손을 꼭 잡아주고 그의 일행을 풀어준 후 기습 탈출의 효과 덕으로 ─ 테세우스가 무사히 미로에서 빠져나오리라고는 꿈에도 생각지 못하고 있었으니까 ─ 적진을 뚫고 그들의 배에 당도했다.

바다의 지배자 미노스는 에게해를 건너 달아나는 이 도망자들을 붙잡는 데 실패하고 말았다. 아테네의 전설적인 왕 테세우스가 이룬 이 바다에서의 성공담이야말로 B.C. 6세기에 아테네가 농업국에서 해양국으로 발돋움하여, 오래전부터 미노스왕의 크레테가 쥐고 있

❖ ― 미노타우로스와 싸우는 테세우스. 고대의 그림(왼쪽)과 19세기의 그림(오른쪽).

던 에게해의 패권을 탈취하는 데 자극제가 되었다. 또 아테네 사람들은 테세우스의 생부인 막강한 바다의 신 포세이돈이 이 아테네의 영웅을 도와주었을 것이라고 즐겨 이야기했다.

테세우스 일행이 먼 길을 항해하여 아테네에 거의 당도할 무렵 이들은 잠시 낙소스섬에서 휴식을 취했다. 그런데 테세우스는 다시 길을 떠나면서 아리아드네를 이 섬에 홀로 남겨둔다. 왜였을까? 어떤 이들은 아테네에 무사히 귀향할 수 있도록 도왔던 아리아드네의 역할이 다 끝났기 때문에 테세우스가 그녀를 버린 것이라고 말한다. 다른 이들은 디오니소스 신이 그의 꿈에 나타나 아리아드네가 자신의 아내가 될 몸이라고 예고하여 테세우스가 신의 요구에 대항하지 못했던 것이라고 이 영웅을 변호하고 있다. 그러나 보편적으로 보아 전설 속의 어떤 영웅도 첫 번째 모험길에서 아내를 얻어 귀향하는 법은 없기 때문일 것이라고 말하는 편이 나을 것이다.

이것은 타향에서 돌아오는 수공업의 도제들도 마찬가지다. 영웅이나 도제는 모두 왕이나 장인(마이스터)이 되어 한 곳에 정착한 후에야 아내를 구하는 법이다.

왕이 된 테세우스는 훗날 아리아드네의 동생 페드라와 결혼한다. 이 사실이 그가 아리아드네를 진실로 사랑했다는 것을 - 혹은 사부의 가문에 대한 사랑일 수도 있겠지만 - 말해 준다.

테세우스는 자신의 예상보다 훨씬 빨리 왕이 되었다. 도망자의 흥분된 심정 때문이었는지 아니면 아리아드네를 버려두고 올 수밖에 없었던 슬픔 때문이었는지 그는 흰 돛을 바꿔다는 것을 잊고 말았다. 그의 아들이 죽었다고 생각한 노왕 아이게우스는 마음의 고통을 이기지 못하고 절벽에서 뛰어내려 죽고 말았다. 그의 무덤이 된 이 바다는 그 이래로 아이게우스의 바다, 즉 에게해라고 불리게 되었다.

아테네 국민은 머나먼 크레테에서 이루어낸 테세우스의 영웅적 업적에 열광했다.

❖ ― 미노타우로스와 싸웠던 것처럼 후에 테세우스는 켄타우로스와도 싸우게 된다. 안토니오 카노바, 대리석 조각, 빈, 예술사박물관.

이 젊은 왕은 이를 통해 민중들로부
터 얻은 막강한 권력과 신망을 이용
하여 정치적 장인으로서의 걸작을
만들어냈다. 그는 자치권을 지니고
있던 아티카 지방의 많은 부락들을
흡수하여 아테네를 그 중심으로 만
들었다. 이렇게 하여 그는 아테네가
후에 고대의 가장 중요한 도시국가
로 성장하는 토대를 마련했다.

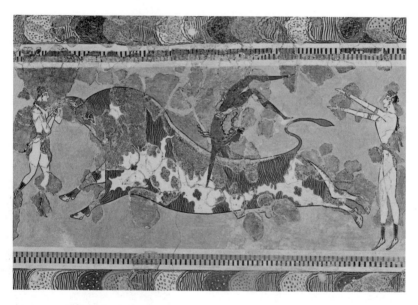

❖ ─ 크노소스 궁전의 이 유명한 벽화는 크레테의 미노아 문명에서 황소가 얼마나 중요한 의미를 지
니고 있었는가를 잘 보여준다.

더 알아보기

테세우스의 도제 수업
- 미로의 궁전

원전 : 그리스의 시인 호메로스는 『오뒷세이아』에서 테세우스가 낙소스섬(혹은 디아섬)에 아리아드네를 두고 온 이유를 후세의 작가들, 예를 들어 오비디우스 등과는 다르게 이야기한다. 호메로스에 따르면 아리아드네는 단순히 테세우스에게 버림받은 것이 아니고, 아르테미스 여신에 의해 이 섬에서 살해당한 것이다.

로마의 문학가 오비디우스는 『변신 이야기』 제7권에서 테세우스의 이야기를 전한다. 여기서는 아버지와 아들이 오랜 세월이 지난 후 처음으로 상봉하는 것에 중점을 두고 이야기를 전개한다. 아테네의 왕 아이게우스는 자신에게 아들이 있다는 사실을 전혀 모르고 있었다. 테세우스가 자신이 왕위 계승자임을 알리기 위해 아테네로 왔을 때 아이게우스의 아내 메데이아는 남편이 자신의 아들을 알아보기 전에 테세우스를 독살하려고 한다. 그러나 아이게우스는 마지막 순간 테세우스가 바로 자기 앞에 다가오자 그의 칼자루를 보고 자신의 아들임을 깨닫게 된다.

고대 그리스의 희곡에서 테세우스는 주로 아테네의 왕으로 등장한다. 소포클레스의 비극 『콜로노스의 오이디푸스』가 그 대표적인 예다. 여기서 테세우스는 모든 정치적 덕목들을 한 몸에 지닌 이상적인 통치자로 묘사된다.

에우리피데스가 쓴 헤라클레스 비극에서는 정신이 나간 상태에서 자신의 아내와 자식들을 살해한 영웅 헤라클레스를 구해주는 인물로 등장한다. 헤라클레스는 자신이 끔찍한 일을 저질렀음을 깨닫고 스스로 목숨을 끊으려 한다. 테세우스와 대화를 나누는 동안, 그는 다시 제정신으로 돌아온다.

문학 : 문학사에서 여러 상이한 성격의 소유자로 묘사된 테세우스를 찾아볼 수 있다. 예를 들어 조반니 보카치오의 서사시 『테세이데』, 장 라신의 비극 『페드라와 히폴뤼테』, 윌리엄 셰익스피어의 희극 『한여름 밤의 꿈』 등에서 테세우스는 각각 다른 성격의 인물로 표현된다.

1946년에 발표된 프랑스 작가 앙드레 지드의 소설 『테세우스』는 주인공의 관점에서 이야기가 진행되고 있다. 도시국가 아테네의 창건자인 테세우스는 자신의 파란만장했던 인생 행로를 돌이켜본다. 지드는 이 소설에서 미로의 궁전, 테세우스가 죽인 미노타우로스와 아리아드네, 다이달로스, 그리고 이카로스 등을 소재로 다루고 있다. 미로의 궁전을 설계한 기술자 다이달로스는 이 소설에서 테세우스가 미로를 빠져 나오는 데 아주 중요한 역할을 한다.

조형예술 : 근대 미술사에서 테세우스를 묘사한 그림들은 주로 그가 미노타우로스와 싸우는 모습을 그리고 있다. 이 모험담을 다룬 그림들로는 요한 하인리히 퓌슬리와 귀스타브 모로의 작품이 있다. 퓌슬리의 그림은 취히리 미술관에, 모로의 그림은 부르 엥 브레스의 랭 박물관에 소장되어 있다. 파블로 피카소가 남긴 스케치화들도 같은 주제를 다룬다. 이 그림들은 시카고에 있는 아트 인스티튜트와 파리의 피카소 박물관에 전시되어 있다.

정리해보기

테세우스의 영웅적 행위들 중 가장 큰 업적은 크레테의 미궁에 들어가 저 무서운 미노타우로스를 죽인 일이다. 하지만 이 영웅적 행위는 그를 도운 아리아드네가 있었기에 가능했다.

35
트로이의 목마

　　그리스인들이 트로이를 정복하는 데 목마를 이용한 것은 아마도 모든 시대를 통틀어 가장 유명한 전략일 것이다. 오늘날에도 비밀 정보국이나 기업과 같은 어떤 조직에서 적이나 경쟁자들 속에 자기 쪽 요원을 침투시키는 데 성공했을 경우 이를 '트로이의 목마'라고 부른다.

❖ ― 미케네에서 발굴된 아가멤논의 마스크. B.C. 16세기, 아테네, 국립고대박물관.

　　트로이의 성벽 앞에서는 벌써 10년째 밀고 밀리는 공방전이 계속되어 그리스 진영과 트로이 진영 모두 심각한 손실을 입고 있었다. 그리스 측의 아킬레우스나 트로이 측의 헥토르 같은 양쪽의 가장 위대한 영웅들이 싸움터에서 쓰러져갔다. 그러나 전쟁은 도무지 끝날 기미를 보이지 않았다. 포로로 잡힌 트로이의 예언자 헬레노스는 아테나 여신의 목상 팔라디온이 트로이의 성벽

안에 있는 한 트로이는 결코 패배하지 않는다고 그리스 측에 알려주었다. 오뒷세우스와 그리스군의 또 다른 용장 디오메데스는 거지로 변장을 하고 트로이 시내로 잠입하여 팔라디온을 훔쳐냈다.

그럼에도 트로이의 성벽은 전과 다를 바 없이 난공불락이었다. 헬레노스는 또한 아킬레우스의 아들 네오프톨레모스를 아버지 대신 싸움터에 내보내라고 충고했다. 죽은 아버지의 갑옷과 무기로 무장한 네오프톨레모스는 뛰어난 전훈을 세웠지만 트로이 군대는 전혀 흔들림이 없었다. 그때 오뒷세우스에게 목마의 계책이 떠올랐다.

그리스의 장수 에페이오스는 뛰어난 손재주를 가지고 있었다. 아테나 여신의 도움으로 그는 이다산에서 통나무들을 베어와 완전 무장한 일개 돌격부대가 들어갈 수 있을 정도로 엄청나게 큰 목마를 만들었다.

목마가 완성되자 오뒷세우스가 이끄는 정예부대가 그 안에 들어가 숨었다. 다른 그리스인들은 막사를 철거한 후 배를 타고 트로이 해안을 떠나 바다로 나갔다. 그러나 그들은 트로이에서 가까운 테네도스섬으로 가서 출격을 기다리고 있었다.

한편 그리스군이 퇴각하는 것을 보고 기쁨에 들뜬 트로이인들은 텅 빈 그리스 진영으로 몰려나와 그곳에 서 있는 거대한 목마를 호기심에 차서 구경했다. 거기에는 아테나 여신에게 바친다는 헌정의 명문이 새겨져 있었다. 그 내용은 아테나 여신에게 그들의 귀향길을 지켜달라고 비는 것이었다.

트로이인들은 그리스인들이 남기고 간 이 선물을 어떻게 처리해야 할지 고민이었다. 그들 대다수는 이 목마를 도시 안으로 끌고 들어가자는 의견이었다. 아테나 여신에게 바쳐진 이처럼 엄청난 제물은 틀림없이 트로이에 행운을 가져다 줄 것이라고 그들은 주장했다. 그러나 불행을 예고하는 예언녀 카산드라를 위시한 몇몇 사람들은 목마의 위험성을 경고했다. 그러자 이 목마를 불태워버려야 한다는 의견이 높아졌다.

다나에르의 선물 ——— 베르길리우스의 작품에서 라오콘은 "다나에르인들의 것이라면 나는 무엇이든 두려워한다. 그들의 선물조차도"라고 외친다. 여기서 '다나에르'는 그리스인을 뜻하며 '선물'은 바로 목마를 가리킨다. 여기서 유래하여 '다나에르의 선물'은 무언가 수상하고 의심의 여지가 있는 선물을 가리키는 말이 되었다.

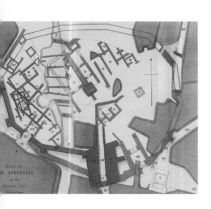

❖ ― 하인리히 슐리만이 1884년 발간한 발굴 보고서에 들어 있는 트로이 발굴 지도.

그러나 오뒷세우스는 트로이인들을 속일 또 다른 계책을 미리 마련해 놓았다. 그는 시논이라는 그리스인을 그곳에 첩자로 남겨놓았다. 그는 트로이인들에게 붙잡혀 심문을 받게 되었다. 그는 저 고약한 오뒷세우스가 그리스인들의 무사한 귀향을 위해 자신을 신들에게 희생 제물로 바치려 해서 천신만고 끝에 간신히 그리스인들에게서 도망쳐 나왔노라고 진술했다. 그의 몸에 걸쳐진 갈기갈기 찢겨진 옷이 그의 말에 신빙성을 더해주었다.

계속하여 시논은 이 목마는 그리스인들이 팔라디온을 트로이에서 훔친 것에 화가 나 있는 아테나 여신에게 바치려고 만든 것이라고 설명했다. 그리고 이 목마를 그토록 크게 만든 것은 트로이인들이 그것을 성안으로 끌고 들어갈 수 없게 하려는 것이라고 말했다. 이 목마가 트로이 성안에 자리잡게 되면 앞으로 트로이가 그리스에 가서 전쟁을 벌일 때 트로이 측에 행운을 가져다 주리라는 예언이 있었다는 것이다.

이 교활한 거짓말은 트로이인들에게 효과를 발휘했다. 더구나 이 목마의 위험성을 경고한 라오콘이 포세이돈이 보낸 큰 바다뱀에게 아들들과 함께 살해당하는 것을 목격한 트로이인들은 신들이 이 목마를 도시 안으로 가져가기를 바란다고 믿게 되었다. 트로이인들은 성문 위를 헐어내고 목마를 성안으로 끌고 들어갔다. 목마를 성안 높은 곳에 들여놓은 후 트로이인들은 신들의 은총에 감사제를 올리고 커다란 승리의 축제를 벌였다.

그날 밤 그리스군은 은밀히 트로이 해안으로 되돌아와 아무도 모르게 성벽 밑으로 다가갔다. 같은 시간에 목마 안에 숨어 있던 선발대도 목마에서 기어 내려왔다. 이들은 성안의 전략적 요충지들을 점령하고는 그리스군에 성문을 열어주었다. 트로이인들은 거의 아무런 저항도 하지 못하고 대학살극의 희생물이 되었다. 남자들은 모두 살해 당했고 여자들은 노예가 되었다. 오직 아에네아스만이 늙은 아버지 안키세스를 등에 업고 아들 아스카니우스의 손을 잡은 채 불타는 트로이를 빠져나올 수 있었다.

문학 작품 속에 그려진 트로이의 종말 ——— 호메로스는 트로이가 멸망할 때 이 도시의 유력한 지도자들이 어떻게 죽어갔으며 트로이의 여자 왕족과 귀족들이 그리스의 어떤 영웅들의 노예가 되었는지에 대해 보고한다. 이때 호메로스는 승자의 편에도 패자의 편에도 아무런 공감이나 동정을 보여주지 않는다. 그는 다만 '전쟁이란 이런 것이다'라고 말하려 했던 것 같다. 반면에 B.C. 5세기 말의 에우리피데스는 호메로스와 전혀 다른 태도를 취한다. 그의 비극 『트로이의 여인들』은 비탄에 빠져 있는 트로이 여인들에 대한 깊은 동정심을 불러일으킨다. 한편 베르길리우스의 『아에네아스』는 로마의 황제 가문 율리우스족의 선조인 트로이의 영웅 아에네아스에 대한 공감을 불러일으키는 데 초점을 맞춘다.

❖ — 안 브뤼겔, 「불타는 트로이」, 뮌헨, 알테 피나코텍. 왼쪽 전면에 아버지 안키세스를 등에 업은 아에네아스가, 그리고 뒤쪽에는 트로이의 목마가 보인다.

트로이의 목마

원전 : 호메로스의 『오뒷세이아』(제4권)에는 스파르타의 왕 메넬라오스가 자신의 아내 헬레나와 함께 트로이의 목마에 대해 회고하는 장면이 나온다. 그는 오뒷세우스와 함께 목마 안에 들어가 있었다. 그는 헬레나가 목마 주위를 세 번씩이나 돌면서 그리스 사람들의 이름을 불렀을 때 그녀의 목소리를 듣고 가만히 참고 있는 것이 무척 힘들었다고 말한다. 『오뒷세이아』의 제8권에서는 오뒷세우스가 가수 데모도코스에게 목마 제작에 관한 노래를 불러달라고 청한다.

로마의 작가 베르길리우스는 『아에네아스』 제2권에서 이 이야기를 트로이인들의 관점에서 상세하게 묘사한다.

문학 : 트로이의 전설은 중세시대의 사람들이 매우 즐겨 다룬 이야기 중 하나였으며, 때로는 가장 중요한 이야기 소재로 꼽히기까지 했다.

고대 후기의 작품으로는 저자를 알 수 없는 세 편의 산문 작품이 전해지는데 트로이의 몰락을 다루고 있는 이 작품들은 이후 트로이에 관한 일련의 소설들의 본보기가 되었다. 당시 호메로스의 『일리아스』는 조악한 요약본으로만 존재했기 때문이다. 이 익명의 원전들 가운데 가장 중요한 것은 트로이의 몰락을 다룬 이야기로, 여기서 작가는 자신이 직접 그 광경을 목격하고 쓴 것이라고 말하고 있다. 이 이야기에 따르면 그리스인들은 말의 머리가 그려져 있는 스카이아 문을 통해 트로이 성안으로 돌격해 들어가 도시를 파괴했다.

이 이야기를 다룬 중세시대의 가장 유명한 작품으로는 프랑스 작가 베누아 드생 모르(12세기)가 쓴 트로이에 관한 소설을 꼽을 수 있다. 르네상스 시대에 호메로스의 작품들이 재발견되면서 트로이 이야기를 다루었던 이런 소설들의 전통도 끝나게 된다.

음악 : 프랑스의 작곡가 베를리오즈는 트로이 전쟁의 종말을 테마로 삼아 「트로이 사람」이라는 제목의 오페라를 만들었다. 이 작품은 그리스인들이 트로이의 성문 앞에 목마를 놔두고 거짓으로 퇴각하는 장면에서 시작된다. 이 오페라의 제1막에서는 카산드라가 사건의 중심에 서 있다. 카산드라의 경고도 트로이인들이 이 군사적 계략에 빠져들어가는 것을 막지 못한다. 이 오페라는 또한 트로이의 영웅 아에네아스에 관한 전설도 다루고 있다. 계속 앞으로 나아가 이탈리아에 새로운 나라를 건설하라는 예언이 아에네아스에게 내려진다.

조형예술 : 트로이의 목마를 테마로 다룬 대표적인 화가로는 이탈리아 미술가들인 줄리오 로마노와 로도비코 카라치, 조반니 바티스타 티에폴로 등을 꼽을 수 있다. 줄리오 로마노의 그림은 만토바의 팔라초 델 테에, 카라치의 그림은 볼로냐의 팔라초 파바에, 그리고 티에폴로의 그림은 런던 국립미술관에 각각 전시되어 있다.
　독일의 화가인 로비스 코린트(1858~1925)도 이 테마를 다루었다. 이 그림은 베를린의 국립미술관에 전시되어 있다.
　줄리오 로마노의 그림들 중에는 라오콘을 묘사한 작품도 있다. 이 그림은 만토바의 팔라초 두칼레에서 볼 수 있다.
　스페인 출신의 화가 엘 그레코 역시 라오콘을 그렸다. 그레코의 작품은 워싱턴의 국립미술관에 걸려 있다.

정리해보기

목마를 계략으로 이용하는 이 흥미 있는 전쟁 이야기는 트로이의 멸망이라는 참혹한 사건과 밀접하게 연관된다. 이 신화에는 비극적인 요소들이 희극적인 요소들과 직접적으로 연결되어 있다.

36
티탄족과 기간테스족

　민족들의 신화에는 대개 태고시대의 괴물들과 흉측한 거인들이 무수히 등장한다. 이들은 용감하고 지혜로운 신들이나 영웅들과 무서운 싸움을 벌여 결국 패배한다. 세계의 질서를 무너뜨리려 하는 이 어두운 세력들의 힘이 거칠고 강할수록 이들을 무찌르는 신들과 영웅들의 공적은 그만큼 더 빛나게 된다. 그리스인들이 티탄족이나 기간테스족과의 싸움을 조각이나 그림 등에 그토록 다양하게 묘사하고 있는 것은 바로 이런 이유 때문이다. 또 이러한 그리스 신들의 승리, 즉 올림피아 종교의 승리는 그리스 문화의 우월성에 대한 믿음을 의미하는 것이기도 했다.

　그러나 그리스인들은 또 한편으로 이 신들 세계의 권력 투쟁에서 패배한 자들, 그리고 제우스의 지배에 반기를 들었던 자들을 은연중에 동정하기도 했다.

❖ ― 신들과 기간테스족의 전쟁을 묘사하는 이 페르가몬 부조는 헬레니즘 시대의 최고 걸작품으로 꼽힌다. 베를린, 페르가몬 박물관.

티탄족의 남신들과 여신들은 모두 가이아와 우라노스, 즉 하늘과 땅의 자식들이었다. 이들은 크로노스의 지휘하에 우라노스를 거세하여 그의 권력을 탈취했다. 우라노스가 권력을 독점하려 했기 때문이다. 티탄족은 세계를 나누어 지배했다. 크로노스는 하늘, 휘페리온은 태양, 오케아노스와 그의 아내 테튀스는 바다, 그리고 모신들인 레아와 테미스는 땅을 각각 맡아 다스렸다. 인간을 창조한 프로메테우스와 거인 아틀라스는 이 티탄족이 낳은 자식이다.

티탄족은 많은 점에서 올림포스의 신들과 공통점을 지니고 있을뿐만 아니라 이들과 마찬가지로 인간들의 존경과 숭배를 받았던 반면에, 기간테스는 전혀 다른 성격을 지닌 종족이었다. 기간테스는 외눈박이 퀴클롭스들과 세 명의 헤카톤케이르들로 이루어져 있었다.

❖ — 기간테스족의 전쟁에 참여하고 있는 바다 괴물 케토.

더 오래된 신들 ─────
티탄족의 이름은 그리스어에서 유래하지 않았다. 이들은 그리스인들이 발칸반도 남쪽으로 진출하기 전에 원래 그곳에서 숭배되던 신임에 틀림없다. 이것은 또한 그리스 신화에서 티탄들이 올림피아의 신들보다 더 오래된 신으로 나오는 이유도 설명해 준다.

헤카톤케이르란 '100개의 팔을 지닌 자'를 뜻한다. 이들은 가이아와 우라노스가 뒤늦게 낳은 자식이다. 이들은 엄청난 힘과 끔찍한 모습을 지닌 괴물이었다. 이들은 크로노스가 우라노스에게 반기를 들었을 때 크로노스를 도왔지만 곧 그에 의해 지하세계의 가장 깊은 곳에 있는 타르타로스에 처넣어졌다. 이곳에는 이미 우라노스가 쫓겨와 있었다. 크로노스와 레아의 아들인 제우스가 포세이돈, 하데스, 헤라 등 그의 형제자매들과 힘을 합쳐 티탄족들과 세계의 지배권을 놓고 싸움을 벌일 때, 그는 이 무서운 거인들을 다시 풀어주었다. 그리고 이들의 도움으로 그는 그 싸움을 승리로 이끌 수 있었다. 올림포스의 신들은 티탄족이 자신들의 권력에 다시 도전하지 못하도록 그들을 타르타로스에 가두었다. 물론 제우스의 어머니 레아와 그녀의 동생 테미스는 지하세계로 쫓겨가지 않고 제우스 옆에 남았다. 질서와 예절의 여신 테미스는 제우스의 첫 번째 아내이기도 하다. 오케아노스는 포세이돈에 의해 지구의 끝으로 쫓겨났고 휘페리온은 새로운 태양신 헬리오스에게 점차 밀려났다. 프로메테우스는 진작부터 올림피아 신들의

❖ ― 기간테스를 죽이고 있는 아르테미스와 사냥개. 페르가몬의 부조.

모이라이 세 자매와 그 밖의 신들 ――― 우라노스가 크로노스에게 거세당하여 흘린 피에서는 기간테스 외에도 무서운 복수의 여신들인 에리뉘에스가 생겨났다. 잘려진 우라노스의 성기는 거품으로 변했고 그로부터 사랑의 여신 아프로디테가 탄생했다.

또 우라노스의 피와 밤의 여신 닉스가 결합하여 운명을 주관하는 세 여신 모이라이 자매가 생겨난 것으로 보인다. 클로토, 라케시스, 아트로포스라는 이름의 이 세 여신은 인간들에게 각자의 '운명'을 ― 그리스어 '모이라이moirai'는 원래 '제비뽑기'를 가리키며 여기서 '운명'이라는 의미가 파생되었다 ― 나누어준다. 클로토는 운명의 실을 잣고 라케시스는 이 실을 인간들에게 분배하며 아트로포스는 마지막에 이 실을 자르는 일을 한다. 라틴어로 모이라이는 '파타Fata'라고 불리며 이 역시 '제비뽑기' 혹은 '운명'을 가리키는 'fatum'이라는 단어에서 나왔다. 운명의 여신 혹은 요정을 가리키는 단어 'Fee'도 이 'Fata'에서 유래했다.

편을 들었지만 신들은 그를 항상 불신의 눈으로 바라보았다. 그의 형제 아틀라스는 어깨에 하늘을 메고 있어야 하는 노역에 처해졌다.

티탄족과의 전쟁에서 승리를 거두자마자 신들은 또 다시 기간테스와 싸움을 벌여야 했다. 기간테스는 우라노스가 거세당할 때 쏟은 피가 가이아의 자궁으로 흘러 들어가 수태된 자식들이라고 한다.

대지의 여신 가이아가 기간테스를 낳은 것은 신들이 티탄들을 너무 가혹하게 억압하는 것을 보고 화가 났기 때문인지도 모른다. 아무튼 기간테스는 티탄족과 연합전선을 결성했다. 이렇듯 신들과 티탄족 및 기간테스족과의 싸움은 이미 아득한 고대부터 복잡하게 뒤얽혀 있었다. 기간테스가 엄청나게 큰 바위와 불타는 나무들을 던져 하늘을 무너뜨리려 하자 지구 전체가 뒤흔들렸다. 신들도 가만히 있지 않았다. 제우스는 번개를 내려치고 헤파이스토스는 끓는 쇳물을 부었으며 아테나와 포세이돈은 큰 섬을 통째로 내던져 기간테스를 뭉개버렸다. 그래도 신들은 이 싸움을 승리로 이끌지 못했다. 뛰어난 한 인간이 싸움에서 신들을 돕지 않는다면 결코 승리할 수 없다고 신탁에 예언되어 있었기 때문이다. 그 인간은 바로 헤라클레스였다. 그는 이 싸움에 참가하여 아폴론과 아르테미스 남매와 함께 많은 기간테스를 활로 쏘아 차례차례 죽였다.

기간테스가 패배하여 마침내 모두 타르타로스에 갇힌 후에도 가이아는 결코 물러서지 않았다. 가이아는 가장 어두운 지하세계의 신 타르타로스와 결합하여 튀포에우스 혹은 튀폰이라고 불리는, 세계가 생긴 이래 가장 끔찍한 존재를 낳았다. 튀포에우스는 머리가

❖ — 티탄의 이름을 딴 초호화 거대 여객선 '타이타닉' 호도 티탄들처럼 몰락의 운명을 맞았다. 1912년 4월 14일 대참사를 그린 당시의 수채화.

100개나 달린 데다가 그 모든 머리에서 불을 뿜어대는 괴물이었다. 튀포에우스는 그를 미워하는 신들에게 선전 포고를 하고 올림포스를 공격했다. 제우스는 지하세계 깊은 곳에 갇혀 있는 티탄들이 겁에 질릴 정도로 무섭게 번개를 내리쳤지만 튀포에우스는 끄떡도 하지 않았다. 오랜 싸움 끝에 제우스는 큰 산을 통째로 내리쳐 그를 박살낸 후 불사인 그의 몸을 그의 아버지이기도 한 타르타로스 안에 가둘 수 있었다. 튀포에우스는 여러 무서운 괴물들을 후손으로 남겼다. 헤라클레스가 잡아 죽인 네메아의 사자, 벨레로폰이 페가수스의 도움을 받아 해치운 키마이라, 오이디푸스로 인해 자살한 스핑크스,

그리고 코카서스에 묶여 있는 프로메테우스의 간을 쪼아먹는 독수리들은 모두 튀포에우스가 낳은 괴물들이다.

신들의 지배권을 넘본 마지막 거인들은 인간인 이피메데이아와 바다의 신 포세이돈 사이에서 태어난 두 아들 오토스와 에피알테스다. 이들은 엄청난 거인으로서 오사산을 들어 펠리온산 위에 얹어 하늘 가까이까지 다가갔다. 이들은 헤라 여신과 아르테미스 여신을 아내로 달라고 요구하면서 이 요구에 응하지 않으면 하늘을 무너뜨리겠다고 협박했다. 이들은 올림포스의 신들에게 심각한 위험을 안겨주었다. 그러나 아폴론과 아르테미스가 그들의 빠른 화살로 이들을 쏘아 죽였다.

그 이후로 신들은 별 문제없이 세계를 지배했다. 그러나 때로 인간들이 그들의 창조자 프로메테우스에게 신들이 가한 가혹한 처벌을 떠올리며 슬퍼하거나 또는 티탄족인 크로노스가 지배했던 시대를 황금시대였다고 생각하는 것까지 막을 수는 없었다.

티탄족과 기간테스족

원전 : 티탄들의 이야기가 나오는 가장 중요한 원전으로는 헤시오도스가 쓴 『신들의 계보』를 꼽을 수 있다. 이 작품은 창조설화를 다룬 고대 그리스 시대의 유일한 원전이다. 모두 1,022개의 행으로 이루어진 이 서사시에는 카오스로부터 세계가 생겨나는 이야기와 신들의 기원에 대한 이야기가 실려 있다. 이 서사시는 가이아와 우라노스 사이에서 여섯 아들과 여섯 딸로 이루어진 티탄들이 태어나는 이야기와 티탄들의 결혼, 그리고 그로부터 태어나는 자손들에 대한 이야기를 들려준다. 그리고 끝으로 이른바 '티타노마키'라 불리는 티탄들과 신들 사이의 10년에 걸친 싸움에 대해서도 상세하게 이야기하고 있다.

헤시오도스는 제우스가 100개의 머리에서 불을 내뿜는 괴물 튀포에우스를 제압하는 이야기도 자세히 묘사한다. 제우스의 번개에 맞아 산산조각이 난 이 괴물에게서 갑자기 불꽃이 솟아오르고 그로 인해 대지 전체가 불길에 휩싸여 용암이 된다. 전설에 따르면 이 일은 에트나산에서 일어났다고 하는데 그 이래로 에트나산은 불을 내뿜는 화산이 된다. 괴물들이 묻혀 있다고 알려진 이 화산이 폭발한 사건은 전통적으로 '튀포에우스의 해방 전쟁'이라고 불려왔다. 헤시오도스는 티탄들과는 달리 기간테스에 대해서는 "번뜩이는 무기를 지닌 거인들로 손에는 하늘을 찌를 듯한 창을 쥐고 있었다"고 부수적으로만 언급한다.

기간테스족에 대한 이야기는 로마의 작가 오비디우스가 쓴 『변신 이야기』 제1권에서도 찾아볼 수 있다. 기간테스는 천상을 정복하기 위해 산들을 높이 쌓아 별들 바로 아래에까지 이르게 된다. 그러자 제우스는 이 산 덩어리를 번개로 내리쳐 부쉬버린다.

기간테스는 이 산더미 아래에 깔려 그들의 피로 대지를 적신다. 오비디우스에 따르면 이 피로부터 인간의 모습을 한 기간테스족의 후손들이 태어나게 되었다. 이 후손들 역시 신들을 깔보고 살육을 일삼았다. 제우스와 기간테스 간의 싸움을 '기간토마키'라고 부른다.

조형예술 : 이탈리아 출신의 화가이자 건축가, 미술사가인 조르조 바사리가 그린 작품 중에 우라노스가 자신의 막내아들인 티탄족 크로노스에 의해 거세당하는 장면이 묘사되어 있다. 이 그림은 피렌체의 팔라초 베키오에서 볼 수 있다.

티탄들의 전쟁과 몰락을 그린 대표적 화가로는 루벤스와 야콥 요르단스 등을 들 수 있다. 루벤스의 그림은 브뤼셀의 고미술박물관에, 요르단스의 그림은 마드리드의 프라도 박물관에 각각 소장되어 있다.

독일의 미술가 안젤름 포이어바흐와 빌헬름 트뤼브너(1851~1917)도 같은 테마를 다루었던 대표적인 화가들이다. 포이어바흐의 그림은 빈에 있는 조형예술아카데미 미술관에 전시되어 있으며 트뤼브너의 그림은 칼스루에의 미술관에 걸려 있다.

조형예술 분야에서 기간토마키를 묘사한 고대의 작품들 중 가장 유명한 것은 제우스의 재단을 장식하고 있는 거대한 부조이다. 이것은 페르가몬(B.C. 2세기)에서 만든 것으로 현재 베를린의 박물관에서 볼 수 있다.

후대에 들어서는 이탈리아의 화가이자 건축가인 줄리오 로마노가 신들과 기간테스의 싸움을 그린 대표적인 화가다. 이 그림은 만토바에 있는 팔라초 델 테에 전시되어 있다.

정리해보기

신들이 티탄족이나 기간테스족과 전쟁을 벌이는 이야기는 이 신들이, 그리고 이 신들과 함께한 고대 그리스 문명이 어떻게 그들의 지배권을 확립했는지를 추측하게 해준다. 그리고 동시에 이 지배에 반발하여 계속해서 폭동이 일어났다는 사실도 말해준다.

37
파리스의 심판

이것은 그야말로 남자들이 꿈꿔볼 수 있는 매우 멋진 상황 중의 하나일 것이다. 세상에서 가장 아름다운 여자들, 아니 가장 아름다운 여신들이 눈앞에 서서 저마다 매력을 뽐내며 누가 가장 아름다운가를 심판해 달라고 부탁한다. 뿐만 아니라 자기를 뽑아주면 세상에서 가장 소중한 보물을 선물하겠노라고 앞다투어 약속한다. 그러나 이것은 매우 위험한 상황, 즉 악몽이 될 수도 있다. 이 미인 콘테스트에서 탈락한 여신들은 평생토록 여기서 겪은 수치에 대한 보복을 할 것이기 때문이다. 트로이의 왕 프리아모스와 왕비 헤카베의 둘째아들로 태어난 파리스는 이 꿈과 악몽을 모두 체험했다.

헤카베가 파리스를 뱃속에 가졌을 때 그녀는 트로이가 불에 타멸망하는 끔찍한 악몽을 꾸었다. 헤카베가 남편 프리아모스왕에게 꿈에 대해 말하자 그는 예언자에게 해몽을 부탁했다. 그 꿈은 헤카

❖ ─ 파리스의 심판은 모든 시대에 걸쳐 예술가들의 상상력을 자극했다. 이 그림에서는 심판하는 사람이 어느 기사로 그려져 있다. 루카스 크라나흐, 고타, 주립 박물관.

베가 낳을 아들이 부강한 도시 트로이에 무서운 종말을 가져올 것을 뜻한다고 이 예언자는 풀이했다. 프리아모스는 무거운 마음으로 아들을 산 밑에 내다버리도록 했다. 그러나 파리스는 곰의 젖을 먹고 자라나 어느덧 용감하고 잘생긴 청년으로 성장했다. 성년이 된 파리스가 트로이의 왕궁을 찾아가자 가족들은 그가 태어났을 때의 암울한 예언을 잊고 반가이 그를 맞아들였다.

어느 날 파리스가 이다산에서 아버지의 소떼를 돌보고 있을 때 갑자기 전령의 신 헤르메스가 나타나 세 여신, 즉 헤라, 아테나, 아프로디테가 그를 찾아올 것이라고 예고했다.

이런 귀한 방문이 이루어진 데에는 다음과 같은 사정이 있었다. 후에 아킬레우스의 아버지가 될 영웅 펠레우스와 여신 테티스의 결혼식에 모든 신들이 다 초대받았는데 여기에 불화의 여신 에리스만 빠져 있었다. 결혼식이 평화롭게 진행되기를 바라는 마음에서 이 여신에게만 초대장을 보내지 않았기 때문이다. 이에 모욕감을 느낀 에리스는 신들 사이에 싸움을 붙이기로 작정했다. 불화의 여신은 하객들 모두가 만찬의 자리에 앉아 있을 때를 노려 그들 사이에 황금 사과를 던졌다. 그 사과 위에는 '가장 아

322

름다운 여인에게'라는 글귀가 씌어 있었
다. 그 즉시 이 사과를 놓고 헤라와 아테나
와 아프로디테 사이에 싸움이 벌어졌다.

영리한 제우스는 심판관의 역할을 사
양하면서 인간으로 하여금 최고의 미인을
결정하게 하자고 제안했다. 그 심판관으로
파리스가 선택된 것이다.

이렇게 하여 여신들은 이다 산자락의
초원에 있는 파리스 앞에 서서 그를 자기
편으로 끌어들이려고 온갖 수단을 다 동

원했다. 신들의 어머니 헤라는 커다란 나라의 왕좌를, 여전사 아테나
여신은 모든 전투에서의 승리를 약속하며 그를 유혹했다. 그러나 아
프로디테 여신은 그녀답게 이 세상에서 가장 아름다운 여자, 즉 스
파르타의 왕 메넬라오스의 아내인 헬레나를 주겠다고 약속했다. 파

리스는 오래 망설이지 않
고 헬레나를 선택하여 황
금 사과를 아프로디테 여
신에게 주었다.

❖ ― 바로크 시대의 목가적인 전원풍
경 속의 목동 파리스. 프란체스코 알바
니, 「파리스의 심판」, 마드리드, 프라도
박물관.

이렇게 하여 파리스는 신들 중 하나를 우군으로, 그리고 둘을 적으로 두게 되었다. 아프로디테는 파리스가 헬레나의 호감을 얻어 그녀를 스파르타에서 트로이로 데려갈 수 있도록 도와주었다. 반면에 헤라와 아테나는 그의 행운이 그리 오래가지 못하도록 만들었다. 이 여신들은 메넬라오스와 그가 모집한 그리스 영웅들이 헬레나를 되찾기 위해 트로이에서 싸울 때 그들을 지원했다. 많은 영웅들이 이 전쟁에서 스러져갔다.

이 모든 일의 원인은 신들 사이의 질투심, 그리고 다른 무엇보다도 파리스에게 있었다. 트로이가 불타오르기 시작했을 때 그의 어머니 헤카베의 악몽은 결국 현실이 되었다.

더 알아보기

파리스의 심판

원전 : 파리스의 이야기가 수록된 중요한 원전으로는 호메로스의 『일리아스』 외에도 그리스의 학자 아폴로도스가 쓴 신화 모음집이 있다. 이 책을 통해 특히 파리스의 젊은 시절과 여신들의 미인 경연 등에 관한 이야기를 알 수 있다.

에우리피데스의 비극 『트로이의 여인들』에서는 세 여신의 제안과 파리스의 심판에 대한 이야기를 헬레나의 입을 통해 들을 수 있다. 헬레나는 이 이야기의 연장선상에서 헤카베가 꾼 꿈에 대해서도 말한다. 헤카베는 트로이가 화염에 휩싸이는 태몽을 꾼다.

이 밖에 로마의 작가 아풀레이우스(125~180년경)도 그의 대표작 『변신』 제10권에서 파리스의 심판에 대해 이야기한다. 『황금 당나귀』라는 제목으로도 잘 알려진 이 작품은 젊은 그리스인 루키우스의 희극적인 이야기를 다룬다. 주인공 루키우스는 당나귀로 변하여 여러 가지 모험을 겪게 된다.

요정 오에노네의 이야기는 오비디우스의 작품 『여인들』에서 찾아볼 수 있다. 이 작품에는 신화시대의 여자들이 쓴 것으로 꾸며진 15편의 편지가 실려 있다. 그 편지들 중 하나는 오에노네가 파리스에게 보낸 것이다. 이미 잘 알려진 신화들이 여기서는 편지를 쓰는 사람의 주관적인 관점에서 서술되어 독자에게 새로운 느낌으로 다가온다.

문학 : 영국 출신의 작가 엘프레드 테니슨 경(1809~1892)은 비가 「오에노네」에서 오에노네의 이야기를 다룬다. 그의 후기 시들 중 한 편은 오에노네의 죽음을 주제로 삼

고 있다.

윌리엄 모리스(1834~1896)는 장문의 서사시 「지상의 낙원」에서 오에노네의 이야기를 언급한다.

조형예술 : 이탈리아의 화가이자 건축가인 줄리오 로마노와 독일의 화가이자 도안 및 동판화 전문가인 루카스 크라나흐(1472~1553)는 파리스의 심판에 얽힌 이야기를 그림으로 묘사했다. 로마노의 그림은 만토바의 팔라초 델 테에, 크라나흐의 그림은 코펜하겐의 국립박물관에 전시되어 있다.

파올로 베로네제와 루벤스 그리고 프랑스의 화가인 클로드 로렝도 같은 주제로 그림을 그렸다. 이 그림들은 마드리드의 프라도 박물관, 파리의 루브르 박물관, 워싱턴의 국립미술관에 각각 전시되어 있다.

이 밖에도 장 앙투안느 와토(1684~1721), 장 오노레 프라고나르(1732~1806), 폴 고갱, 오귀스트 르누아르 등도 같은 주제를 다룬 대표적인 화가들이다. 와토의 그림은 파리의 루브르 박물관에, 프라고나르의 그림은 로스엔젤레스 박물관에 소장되어 있으며 고갱과 르누아르의 그림은 프라하의 국립미술관과 오슬로의 할보르젠 미술관에 각각 전시되어 있다. 르누아르는 그림 외에 이 이야기를 테마로 한 석고 부조도 제작했다.

이탈리아의 미술가 티치아노는 파리스와 오에노네를 묘사한 그림을 남겼다. 이 그림은 빈의 예술사박물관에서 볼 수 있다. 그리고 프랑스의 화가인 테오도어 제리코(1791~1824)도 이를 주제로 스케치화를 그렸다.

헬레나와 그의 연인 파리스를 함께 묘사한 그림은 드물다. 그중 하나인 자크 루이 다비드의 그림을 파리의 루브르 박물관에서 볼 수 있다.

정리해보기
여성들이 서로의 아름다움을 겨루는 일에 심판관이 될 수 있다는 것은 남자들에게는 꿈 같은 일이다. 그러나 오직 승리를 거둔 여자만이 심판이 끝난 뒤에도 그 남자에게 호의적일 것이라는 점에서 그것은 결국 악몽이 될 수도 있다.

38
판, 사튀로스, 세일레노스

고대 그리스인들은 자신들이 신과 매우 가까운 사이라고 생각했다. 그래서 죽어야 하는 운명을 지닌 인간들이 천상에 있는 신들의 세계에 받아들여지는 일도 드물지 않았다. 그런데 그리스인들은 동물들과도 아주 가까운 사이였다. 염소다리에 염소뿔이 달린 판, 세일레노스, 그리고 염소 발굽과 말꼬리를 지닌 사튀로스들을 사랑하고 숭배했다.

판은 신의 아들이지만 반수半獸로 태어난 목동의 신이다. 이 염소 신은 교활하고 영리한 전령의 신이자 도둑의 신인 헤르메스의 아들이다. 판은 보통 때는 무위도식하며 빈둥거리다가 아름다운 여자를 발견하면 비로소 활발해진다. 그가 쫓아다닌 처녀 중에 요정 쉬링크스가 있었다. 그녀가 판에게서 달아나다 강을 만나게 되자 위기에 처한 그녀를 강의 요정들이 갈대로 변신시켰다. 판은 그 갈대를 꺾

❖ — 프란츠 폰 슈투크, 「판」, 1920.

어서 가지고 놀다가 그것으로 아주 아름다운 소리를 낼 수 있고, 길이에 따라 음의 높낮이가 변한다는 사실을 알아냈다. 그는 여러 개의 갈대를 하나로 묶어 새로운 악기를 발명해 냈는데 이것이 바로 판의 피리, 즉 팬플루트로 요정의 이름을 따서 '쉬링크스'라고 불리기도 한다. 판은 이 악기를 잘 다룰 수 있게 되자 오만해져서 리라를 연주하는 음악의 신 아폴론에게 감히 음악 경연 도전장을 냈다. 물론 그는 패배의 수치를 겪어야 했다.

그러나 판은 이 냉엄한 신이 사튀로스의 하나인 마르쉬아스만큼 심하게 벌하지 않은 것만도 다행으로 생각해야 했다. 마르쉬아스는

패닉(공황) ——— 찢어질 듯 날카로운 소리로 적들을 놀라게 하여 그들을 공포 상태에 빠뜨리는 전술은 판 신에게서 나왔다고 한다. 이런 의미의 공포를 뜻하는 영어 '패닉panic'과 독일어 '파닉Panik'은 바로 여기서 유래했다. 올림포스 신들과 티탄들 사이의 최후의 결전에서도 판 신의 이 찢어지는 외침 소리가 신들의 승리에 결정적인 공헌을 했다고 한다.

328

❖ ─ 아르놀트 뵈클린, 「판의 무등을 타고 있는 요정」.

아테나 여신이 내버린 목관악기의 일종인 아울로스를 우연히 줍게
되었다. 아테나는 이 악기를 불면 얼굴이 일그러지는 것을 혐오하여
내버렸던 것이다. 곧 이 악기의 대가가 된 마르쉬아스는 아폴론의
리라 연주는 자신의 아울로스 연주에 비하면 형편없다고 떠들고 다
녔다. 아폴론은 그와 겨루어 당연히 승리를 거두었다. 그러나 이 괘

씸한 도전에 격분한 아폴론은 마르쉬아스의 가죽을 염소가죽 벗기 듯이 산 채로 벗겨버렸다.

이런 예외를 제외하면 사튀로스들은 대체로 평화롭고 즐거운 생활을 했다. 사튀로스들은 원래 숲의 요정으로서 자연과 매우 가까운 존재였다. 그러나 그들은 문명의 혜택을 누리는 것도 결코 마다하지 않았다. 특히 이들은 포도주를 무척 즐겼다. 그래서 이들은 음악을 연주하고 유쾌한 춤을 추면서 포도주의 신 디오니소스를 따르는 모습으로 흔히 나타난다.

세일레노스들도 디오니소스의 추종자였다. 신화에서 세일레노스는 대체로 복수로 지칭되지만 때로는 한 명을 지칭하기도 한다. 그는 디오니소스의 최초의 추종자 중 하나다. 제우스가 디오니소스를 계모 헤라의 무서운 눈길에서 벗어나도록 새끼 염소의 모습으로 변신시켰을 때부터 세일레노스는 이 신을 따라다녔다. 세일레노스는 사튀로스보다 늙고 포도주를 훨씬 더 좋아했다. 반면에 젊은 사튀로스들은 무엇보다도 성적 쾌락에 모든 열정을 쏟았다. 그래서 이들은 대개 음경이 발기된 모습으로 묘사된다. 가장 극단적인 예가 사튀로스의 하나인 프리아포스다. 그리스와 로마의 그림이나 조각에서 그는 엄청나게 큰 음경을 지닌 인물로 묘사된다. 한때 그는 당나귀와 - 이 동물도 음경이 크기로 유명하다 - 누구 것이 더 큰가를 놓고 경합을 벌였다. 그러나 수치스럽게도 패하고 말았다.

그리스 문화의 놀라운 점 중 하나는 인간의 동물적인 측면을 상징하는 사튀로스 같은 존재들이 위대한 예술과 밀접하게 연관되

어 있다는 사실이다. 로마 시대
의 문학가들은 위트와 아이러니
로 가득 찬 풍자적인 글에서 사
튀로스의 입을 빌어 말하곤 했
다. 오늘날에도 사튀로스는 신랄
한 풍자(Satire: 영어와 독일어에서 동일
하게 표기되는 이 문학 장르는 원래 사튀로스
에 어원을 두고 있다 – 옮긴이)에 나타나
인간들에게 자신의 본모습을 보
라고 거울을 내민다. 그리고 인
간들이 자신의 동물적인 본성을

❖ – 헤라클레스가 옴팔레의 침실에서 판을 내쫓고 있
다. 판은 오랫동안 그녀의 시중을 들었으며 결국 그녀와
결혼하게 된다. 아브라함 얀센스(1575~1632), 코펜하겐, 예
술사박물관.

완전히 초탈한 숭고한 존재인 양 행동할 때 그들을 비웃는다.

디오니소스와 사튀로스 ——— 그리스인들은 도취의 신 디오니소스에게 주
연　만 바친 것이 아니었다. 격정적으로 춤추는 마이나데스들과 사튀로스로 분장
하여 행하던 디오니소스 숭배 제전이 고전시대의 비극으로 발전되었다. 비극을 뜻
하는 그리스어 'tragoidia'를 글자 그대로 번역하면 '염소의 노래'를 뜻한다. 비극 다
음에는 항상 사튀로스극이 이어졌고 그 다음에는 사튀로스들이 합창단을 구성하는
희극komoidia이 공연되었다.

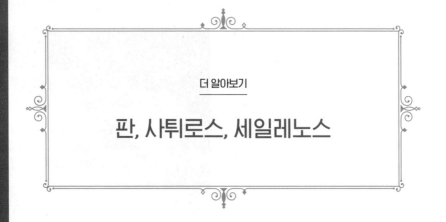

판, 사튀로스, 세일레노스

원전 : 호메로스가 썼다고 하는 찬가 「판」에서 판은 "시끄러운 것을 좋아하고 염소의 발과 두 개의 뿔이 달린" 신으로 묘사된다. 이들은 산 속 깊은 곳에서 좁은 암벽길과 우거진 숲 사이를 민첩하게 돌아다닌다고 한다.

오비디우스의 『변신 이야기』(제1권)에는 판이 요정 쉬링크스를 쫓아다니는 이야기가 나온다. 제11권에서는 아폴론과 판이 겨루기를 한다. 마지막 권에서 판은 하나가 아니라 무리를 지어 등장하고 있다. 당시 사람들 가운데 어떤 이들은 한 명의 목동신을 섬긴 반면에 또 다른 사람들은 염소의 발을 가진 종족 전체를 판으로 섬겼다.

문학 : 노르웨이의 작가 크누트 함순(1859~1952)은 『판, 토마스 글란 소위의 서류 중에서』라는 제목의 장편 소설에서 이 이야기를 다루고 있다. 주인공 토마스 글란은 자연 속에서 사냥에만 열정을 쏟으며 살아가는 비사교적이고 고독한 인물이다. 어느 날 그는 극히 예외적으로 한 소도시를 방문했다가 그곳 상인의 딸인 에드바르다를 만나 사랑에 빠진다. 하지만 사회적인 삶을 꺼리고 또 이를 좋게 평가하지도 않는 자연 탐닉자인 주인공과 다소 변덕스러운 성격의 에드바르다는 성격 차이로 인해 갈등과 쓰라림을 경험하게 된다. 결국 이 불행한 사랑 이야기는 비극적으로 끝을 맺는다. 글란은 여전히 사람들 사이에서 이방인으로 남는다.

음악 : 요한 제바스티안 바흐는 이 이야기를 주제로 「포이보스와 판의 경연」이라는 제목의 칸타타곡을 만들었다. 이 밖에도 판의 이야기와 연관된 작품들로는 프랑스의 작곡가 클로드 드뷔시(1862~1918)가 만든 피아노 이중주곡과 핀란드의 작곡가 시벨리우스(1865~1957)가 만든 소규모의 오케스트라곡이 있다.

영국 출신의 벤저민 브리튼은 판에게 바치는 오보에 독주곡을 만들었다. 이 곡은 그의 작품집 「오비디우스의 『변신 이야기』 중 여섯 가지 변신」에 수록되어 있다.

조형예술 : B.C. 5세기에 만들어진 한 화병에 판이 목동에게 사랑에 빠져 쫓아다니는 그림이 그려져 있다. 루벤스는 「판」이라는 제목의 그림을 그렸다. 이 그림은 브뤼셀의 고미술박물관에 전시되어 있다. 그의 또 다른 작품 「판과 요정 쉬링크스」라는 제목의 그림은 런던의 버킹엄 궁전에 있는 퀸스 갤러리에 전시되어 있다.

야콥 요르단스와 니콜라 푸생, 그리고 스위스의 화가 아르놀트 뵈클린도 같은 테마로 그림을 그렸다. 요르단스의 그림은 브뤼셀의 고미술박물관에, 푸생의 그림은 드레스덴의 알테 마이스터 미술관에, 그리고 뵈클린의 그림은 뮌헨의 노이에 피나코텍에 각각 전시되어 있다.

덴마크 출신의 조각가 베르텔 토르발트젠(1770~1844)은 판의 모습을 묘사한 대리석 부조를 제작했다. 이 작품은 코펜하겐의 토르발트젠 박물관에 소장되어 있다.

이 밖에도 오귀스트 로댕이 제작한 목동신 대리석 조각상이 있다.

정리해보기

판과 사튀로스에 대한 서민적이고 노골적인 묘사도 귀족들의 문화와 마찬가지로 고대 그리스 문화의 일부분이다.

39
페가수스

날개 달린 천마 페가수스는 오랫동안 시와 문학의 상징이 되었다. 페가수스는 무사 여신들의 특별한 사랑을 받았다. 여신들은 자신들의 성산인 헬리콘산에 있는 샘 히포크레네, 즉 '말의 샘'을 즐겨 찾았다. 이 샘은 페가수스가 암벽을 발로 차 솟아나게 한 것이다. 영감에 찬 시인들을 가리킬 때 비유적으로 표현하여 흔히 페가수스를 타고 있다고 말한다. 그러나 신화는 이 승마가 얼마나 위험한 일인가를 이야기해 준다.

페르세우스가 메두사의 끔찍한 머리를 자르자 당시 포세이돈의 아이를 임신하고 있던 이 마녀의 몸통에서 천마 페가수스가 튀어나왔다. 이는 흔히 바다의 신으로 알려진 포세이돈이 동시에 말의 신이기도 했다는 점에서 이해가 가는 일이다.

영웅 벨레로폰에게 페가수스가 긴급히 필요하게 되었을 때 그는

포세이돈 혹은 아테나 덕분에 이 천
마를 얻을 수 있었다.

❖ ― 페가수스가 암벽에 발길질을 하여 히포크레네 샘이 솟아나게 하고 있다. 야콥 요르단스는 이 그림에서 알레고리 기법으로 표현했다. 안트베르펜, 코닝크리예크 예술박물관.

벨레로폰은 글라우코스왕의 아들이라고도 하고 혹은 포세이돈의 아들이라고도 한다. 그렇다면 그는 페가수스의 이복형제가 되는 셈이다. 젊은 시절에 벨레로폰은 티린스의 왕 프로이토스의 궁전을 방문하게 되었다. 이 젊은 미남자를 본 왕비 안테이아는 즉시 마음이 달아올라 그에게 사랑을 고백하기에 이르렀다. 그러나 자신을 환대해 준 프로이토스왕의 친절을 생각하여 벨레로폰은 왕비의 사랑을 정중하게 거절했다. 수치를 당한 안테이아는 구약의 요셉 이야기에 나오는 보디발의 아내와 똑같은 방식으로 보복했다. 그녀는 벨레로폰이 자신을 겁탈하려 했다고 프로이토스에게 거짓으로 고해 바쳤다.

하지만 프로이토스는 이 배은망덕한 벨레로폰을 자신의 손으로 죽일 수는 없었다. 손님을 환대해야 한다는 성스러운 규범에 어긋나기 때문이었다. 그래서 그는 추천서로 위장한 편지를 벨레로폰에게 주어 장인 이오바테스가 다스리는 소아시아의 리키아로 가지고 가게 했다. 이오바테스는 벨레로폰을 지극히 환대하여 그를 9일 동안

❖ ― 귀스타브 모로, 「페르세우스와 안드로
메다」. 모로는 자유로운 상상력을 발휘해 페
르세우스 신화와 벨레로폰 신화를 하나로
묶어놓았다. 그러나 원래의 신화에서는 페
르세우스가 페가수스를 탄 일도, 벨레로폰
이 아름다운 공주를 구해준 일도 없다.

자기 궁전에 묵게 하면서 매일 소 한 마리
씩을 잡게 했다. 열흘째 되던 날 이오바테
스가 편지를 뜯었을 때 거기에는 벨레로
폰이 그의 딸을 범하려 했다는 내용이 적
혀 있었다. 당연히 그는 복수를 결심했지
만 손님에 대한 성스러운 규범 때문에 묘
안을 짜내야 했다.

이오바테스는 벨레로폰에게 당신 같
은 용감한 영웅이라면 키마이라도 무찌를
수 있을 것이라고 부추겼다. 키마이라는
리키아를 공포로 몰아넣고 있던 괴물이었
다. 한마디로 키마이라와 싸운다는 것은
곧 벨레로폰의 죽음을 뜻했다. 헤라클레
스가 격렬한 싸움 끝에 무찔렀던 휘드라
와 지옥의 개 케르베로스, 그리고 키마이
라는 모두 태초에 생겨난 100개의 머리
가 달린 튀포에우스와 에키드나의 자식들
이었다. 키마이라는 염소의 몸에 사자의

키마이라 ―――――― 이미 고대에도 키마이라는 상상의 존재로 여겨졌으며 키
마이라와 싸운다는 것은 우스운 이야기로 받아들여졌다. 그 결과 오늘날 영어의
'chimera'나 독일어의 'Chimäre' 등의 단어는 '터무니없는 망상'을 뜻하게 되었다.

머리, 그리고 뱀의 꼬리를 가진 괴물로서
불을 토하여 들판을 불태우고 가축들을
잡아먹어서 인간에게 큰 해를 끼쳤다.

벨레로폰은 이오바테스의 부탁을 거
절할 수 없었다. 그러나 그는 어떻게 이
괴물과 맞서 싸워야 할지 알 길이 없었
다. 그는 포세이돈과 아테나에게 기도
를 올리고 예언자를 찾아가 조언을 구했
다. 예언자는 아테나 여신의 신전을 찾아
가 제단 앞에서 자라고 권했다. 그날 밤
벨레로폰이 제단 앞에서 잠이 들자 아테

> 꿈 ―――― 다른 민족들과
> 마찬가지로 그리스인들도 꿈
> 에 커다란 의미를 부여했다. 그
> 리스인들은 꿈에서 인간들이
> 신과 만날 수 있다고 믿었다.
> 꿈은 불행과 행복 모두를 미리
> 알려준다는 점에서 신탁과 비
> 슷한 의미를 지녔기 때문이다.
> 꿈이 이와 같이 중요한 의미를
> 지니고 있었기 때문에 그리스
> 의학에서는 꿈을 유도하는 수
> 면 치료가 매우 중요한 역할을
> 했다. 에피다우로스 같은 요양
> 지에는 수면 치료를 위한 특별
> 한 방들이 마련되어 있었다.

나 여신이 꿈에 나타나 그에게 말고삐를 건네주었다. 다음날 아침
잠에서 깨어났을 때 그의 손에는 말고삐가 쥐여 있었다. 그리고 평
소에는 항상 하늘을 쏜살같이 날아다니던 페가수스가 샘가에서 평
화로이 노닐고 있는 것이 보였다. 그는 아무런 저항도 받지 않고 이
천마의 등에 올라탔다.

페가수스의 도움으로 벨레로폰은 키마이라를 죽일 수 있었다. 이
오바테스의 계획이 수포로 돌아간 것이다. 오히려 이 괴물의 위협에
서 벗어나게 된 리키아인들은 벨레로폰의 선행을 칭송하게 되었다.

벨레로폰이 이 천마 덕분에 다른 여러 위험한 일들도 무사히 해
치우자 이오바테스는 이 영웅이 신들의 사랑을 받고 있음을 깨달았
다. 마침내 그는 프로이토스가 보낸 편지의 내용을 벨레로폰에게 고

❖ ─ 이오바테스의 딸과 결혼하는 벨레로폰. 로마 시대의 모자이크, 튀니지, 박물관.

❖ ─ 헤르메스와 페가수스. 1593년 로마에서 간행된 체사레 리파의 『그림 신화집』에 실린 목판화.

백했다. 결국 안테이아가 그를 중상했다는 사실이 백일하에 드러나게 되었다. 그녀는 수치심 때문에 자살하고 말았다.

자신이 한 짓을 후회하게 된 이오바테스는 벨레로폰을 사위로 삼아 그에게 나라를 물려주었다. 그는 이 나라를 현명하게 다스려 백성들에게 칭송과 존경을 받았다.

벨레로폰은 그 정도의 행복에 만족했어야 했다. 그러나 그는 그 이상을 원했다. 어느 날 그는 페가수스를 몰고 올림포스로 올라갔다. 페가수스를 타고 득의양양해진 벨레로폰은 자신이 신들의 세계에서 문제를 함께 의논할 만큼 충분히 대단하다고 느꼈다. 신과 인간과의 혼혈인 벨레로폰의 방자함에 불쾌해진 제우스는 쇠파리를 보내 페가수스를 쏘게 했다. 놀란 페가수스는 벨레로폰을 하늘에서 떨어뜨렸다.

이렇게 하여 벨레로폰의 하늘에서의 승마는 끝나고 페가수스는 신들에게 반환되었다. 그 이후로 페가수스는 주로 무사 여신들의 차지가 되었다. 하늘에서 추락한 벨레로폰은 목숨은 간신히 건졌지만 다리 불구가 되고 말았다. 남은 여생 동안 그는 다리를 저는 거지가 되어 여기저기를 떠돌아다녔다. 신들의 벌을 받은 그를 손님으로 맞아들이는 사람은 아무도 없었다.

그러나 페가수스를 타고 하늘에 오르려 했던 벨레로폰의 시도는 근대에 와서 인간의 한계를 넘어서서 창조하고 사유하려는 예술가들과 학자들의 상징이 되었다. 페가수스를 탄 사람은 신들의 질투를 두려워해서는 안 된다는 것이 근대 정신이 내세운 새로운 명제였다.

❖ ─ 예술가의 능력과 권위의 상징으로서의 페가수스. 귀스타브 모로, 「여행하는 시인」, 1891년경, 파리, 귀스타브 모로 박물관.

더 알아보기

페가수스

원전 : 메두사의 머리가 잘려나간 후 그 몸통에서 날개 달린 말 페가수스가 태어나는 이야기는 헤시오도스가 쓴 『신들의 계보』에 나온다. 오비디우스도 『변신 이야기』 제4권에서 같은 이야기를 다루고 있다.

코린토스 출신의 영웅 벨레로폰의 이야기는 호메로스의 『일리아스』 제6권에서 찾아볼 수 있다. 벨레로폰은 티린스의 왕 프로이토스의 아내인 안테이아의 구애를 거절한다. 그녀가 이에 대해 복수하려고 결심함으로써 그는 어려운 운명에 처하게 된다. 안테이아는 벨레로폰을 죽여달라고 부탁하지만 그녀의 남편 프로이토스나 리키아의 왕 모두 이를 선뜻 실행에 옮기지 못한다. 리키아의 왕은 싸움 도중에 벨레로폰이 제 발로 저승길에 가리라는 기대하에 그에게 키마이라를 죽여달라고 부탁한다. 그러나 벨레로폰은 불을 내뿜는 이 괴물을 해치워버리고 다른 싸움들에서도 승승장구한다. 그러자 그는 리키아에서 영웅 대접을 받게 되고, 왕의 딸을 아내로 맞아들이기까지 한다.

그리스의 학자 아폴로도로스 역시 자신의 신화 모음집 중 제1권과 제2권에서 벨레로폰에 관한 이야기를 하고 있다.

그리스의 시인 핀다르도 『올림피아』의 제13장에서 벨레로폰의 이야기를 다룬다. 『올림피아』는 스포츠 제전에서 우승한 승자들을 찬양하여 그들에게 불멸의 명성을 안겨주려는 목적에서 쓰여진 시집이다.

문학 : 페가수스는 작가들을 하늘로 오르게 하는 '무사 여신들의 말'로 여겨졌다. 이런 생각은 무사 여신들의 성산인 헬리콘산에 있는 히포크레네 샘과 이 말을 연결시킨 데에서 유래한다. 신화에 따르면 이 샘은 페가수스가 발굽으로 찬 지점에서 솟아났다.

프리드리히 실러는 「고삐에 매인 페가수스」라는 제목의 시를 썼다. 어느 가난한 시인이 이 무사의 말을 내다 팔기 위해 시장에 끌고 나온다. 모두들 이 말을 보고는 감탄을 금하지 못하지만 날개만큼은 싫다면서 사려고 하지 않는다. 마침내 누군가가 날개를 동여매거나 짧게 잘라버리면 될 거라면서 사겠다고 나서지만 이 신마는 여객 마차를 끄는 일에도 우편 마차를 끄는 일에도 적당하지 않았다. 결국 페가수스는 쟁기를 끌다가 지쳐 쓰러지고 만다. 원래의 주인인 시인이 끌게 되면서 비로소 예전의 힘을 되찾은 페가수스는 하늘 높이 날아올라 사라진다.

영국의 공예가이자 작가인 윌리엄 모리스는 자신의 서사시 「지상의 낙원」 가운데 두 편의 시에서 벨레로폰의 이야기를 다루고 있다.

조형예술 : 이탈리아 출신의 조반니 바티스타 티에폴로는 벨레로폰이 페가수스 위에 올라타 있는 모습을 그렸다. 이 그림은 베네치아의 팔라초 산드리에서 볼 수 있다.

루벤스는 벨레로폰이 키마이라와 싸우는 장면을 묘사한 유화를 남겼다. 이 그림은 베이옹에 있는 보나 박물관에 소장되어 있다.

정리해보기
천마 페가수스는 고대 이래로 시와 문학에 대한 심오한 상징이 되었다.

40
페르세우스와 안드로메다

용을 죽이고 아름다운 공주를 구출해내는 페르세우스의 낭만적인 모험담은 여러 시대를 거치면서 거듭 새로운 버전들을 만들어내며 전해져왔다. 영웅적인 행동을 통해 아름다운 처녀의 감사와 사랑을 얻는 것은 모든 청년들의 영원한 꿈일 것이다.

제우스와 다나에 사이에서 태어난 페르세우스는 이미 무서운 메두사의 머리를 베는 위대한 일을 해낸 영웅이었다. 바라보는 사람을 돌로 만들어버리는 메두사의 머리를 페르세우스는 자루에 담아 가지고 다녔다. 그는 또 하늘을 나는 신비한 신발을 가지고

❖ ─ 바닷가 절벽에 묶여 있는 안드로메다. 피에르 에티앙 모노(1657~1733), 바로크 시대의 대리석 조각, 뉴욕, 메트로폴리탄 박물관.

있었다. 이 신발 덕분에 그는 메두사의 자매들인 고르곤에게 잡히지 않고 탈출할 수 있었다. 그는 리비아와 이집트를 거쳐 케페우스왕과 허영심 많은 왕비 카시오페이아가 다스리는 에티오피아까지 날아갔다. 카시오페이아는 자신이 우아한 바다의 여신인 네레이데스들보다 더 아름답다고 뽐냈다. 이 여신들은 그들의 보호자 포세이돈에게 가서 이 오만한 여인을 벌해 달라고 하소연했다. 그러자 포세이돈은 바다 괴물을 보내 에티오피아 전역을 쑥대밭으로 만들었다. 케페우스는 이집트의 제우스 암몬 신의 신탁에 그의 백성을 구하기 위한 방법을 물었다. 그 대답은 케페우스의 딸 안드로메다를 희생 제물로 바치는 일 외에는 다른 방도가 없다는 것이었다. 신하와 백성들의 요구에 못 이긴 케페우스는 자신의 딸을 벌거벗겨 바닷가 바위에 쇠사슬로 묶어 무서운 괴물의 먹이가 되게 했다.

페르세우스는 이 아름다운 처녀를 하늘에서 바라보자마자 사랑에 빠졌다. 그는 땅으로 내려와 울고 있는 처녀의 부모에게 자초지종을 들었다. 이들은 괴물이 나타나기를 기다리고 있었다. 페르세우스는 그들의 딸과 나라의 반을 자신에게 준다면 그 끔찍한 괴물을 처치해 주겠다고 약속했다. 그 순간 괴물이 막 모습을 드러냈기 때문에 다급해진 이 부부는 페르세우스가 내건 조건을 모두 받아들였다. 날개 달린 신발을 신고 있는 페르세우스는 즉시 하늘로 날아올라 용을 향해 돌진했다. 격렬한 싸움 끝에 마침내 그는 용을 처치했다. 그는 이 승리에 대한 감사의 표시로 제우스와 아테나와 헤르메스 신에게 희생 제물을 바쳤다.

케페우스와 카시오페이아는 딸을 구해준 것에 깊이 감사하며 성대한 축하연을 열었다. 그러나 갑자기 케페우스의 동생 피네우스가 한 무리의 무장한 부하들을 이끌고 축하연장에 나타났다. 이 부부는 안드로메다가 원래 숙부 피네우스와 약혼한 사이임을 페르세우스에게 고백했다. 이제 페르세우스와 그의 편을 드는 몇 명 안 되는 에티오피아인들은 피네우스와 그가 데리고 온 수많은 무사들과 대적하게 되었다. 결국 싸움이 벌어졌다. 페르세우스는 사자처럼 용감히 싸웠지만 수적으로 불리한 그의 편은 점차로 수세에 몰리기 시작했다.

344

페르세우스는 결국 최후의 수단인 메두사의 머리를 적들에게 향하게 하여 그들을 모두 돌로 만들어버렸다.

그로부터 1년 후 페르세우스는 아내 안드로메다를 데리고 어머니가 기다리고 있는 세리포스섬으로 되돌아갔다. 그곳에서 그는 다시금 메두사의 머리를 이용하여, 그동안 다나에를 괴롭힌 폴뤼덱테스왕을 재판에 회부했다. 그는 이 고약한 왕을 왕좌에서 몰아내고 현명한 인물인 딕튀스를 그 자리에 앉혔다. 그 후 페르세우스는 날개 달린 신발을 원래의 주인인 요정들에게 되돌려주고 메두사의 머리는 아테나 여신에게 바쳤다. 그 이후로 메두사의 머리는 아테나 여신의 방패를 장식하게 되었다.

❖ ― 안드로메다를 구해주는 페르세우스. 루벤스, 마드리드, 프라도 박물관.

페르세우스는 아내 안드로메다와 어머니 다나에를 데리고 고향 아르고스로 돌아갔다. 그는 안드로메다와의 사이에 많은 아이를 낳았다. 그중 몇 명은 유명한 영웅으로 자라나 유력한 가문의 조상이 되었다. 페르세우스와 안드로메다의 낭만적인 사랑 이야기는 이렇게 행복한 결말을 맺는다.

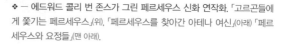

❖ ─ 에드워드 콜리 번 존스가 그린 페르세우스 신화 연작화. 「고르곤들에게 쫓기는 페르세우스」(위), 「페르세우스를 찾아간 아테나 여신」(아래) 「페르세우스와 요정들」(맨 아래).

별자리 ─────── 케페우스와 카시오페이아가 죽자 포세이돈은 이들을 하늘의 별자리로 만들었다. 이들은 포세이돈이 그들을 벌하기 위해 보냈던 바다 괴물 큰뱀자리 옆에 자리하고 있다. 포세이돈이 카시오페이아를 완전히 용서한 것은 아니었다. 그래서 포세이돈은 그녀가 1년의 대부분은 발을 위로 한 채 하늘에 거꾸로 매달려 있게 만들었다. 페르세우스와 안드로메다도 아테나 여신에 의해 하늘의 별자리로 만들어져 불멸의 영예를 누리게 되었다.

더 알아보기

페르세우스와 안드로메다

원전 : 페르세우스의 이야기는 헤시오도스가 쓴 『신들의 계보』에 이미 등장한다. 헤시오도스는 메두사의 머리가 잘려나가는 이야기와 그 시체로부터 거인 크뤼사오 라스와 천마 페가수스가 태어나는 이야기를 전한다.

　이 신화에 대한 좀 더 상세한 묘사는 그리스의 학자 아폴로도스가 편찬한 방대한 분량의 신화 모음집 제2권에서 볼 수 있다.

　로마의 작가 오비디우스는 『변신 이야기』의 제4권과 제5권에서 페르세우스의 이야기를 다룬다. 여기서는 페르세우스가 메두사를 죽인 이야기에 이어 그가 메두사의 머리를 갖고 돌아가는 길에 거인 아틀라스를 돌로 만들어버리는 이야기와 바다 괴물에게 괴롭힘을 당하는 안드로메다를 구해주는 이야기가 등장한다.

문학 : 페르세우스가 안드로메다를 구해주는 이야기는 근대 문학이 특별히 선호했던 소재였으며 오페라로도 즐겨 다루어졌다. 프랑스의 극작가 피에르 코르네유는 노래로 이루어진 비극 「안드로메다」를 상연하면서 관객들을 압도하는 화려한 무대 장치를 연출한 바 있다.

　프랑스의 희극 작가이자 배우인 장 밥티스트 몰리에르는 이 비극에서 페르세우스 역을 맡아 직접 연기하기도 했다.

조형예술 : 조형예술 분야에서 페르세우스를 묘사한 유명한 작품들 가운데 하나는 이탈리아 조각가이자 금세공가인 벤베누토 첼리니가 제작한 거대한 청동 입상이다. 이 작품은 피렌체에 있는 로지아 데이 란치에서 볼 수 있다.

영국의 화가인 에드워드 콜리 번 존스는 페르세우스의 이야기에서 영감을 얻어 다양한 주제로 연작 그림들을 그렸다. 이 그림들 중 「아테나 여신에게서 청동 방패를 얻는 페르세우스」, 「아틀라스를 돌로 만들어버린 페르세우스」, 「안드로메다의 구출」 등은 모두 사우스햄턴 미술관에 전시되어 있다. 이 밖에 「메두사의 머리」, 「안드로메다에게 물에 비친 메두사의 머리를 보여주는 페르세우스」 등의 그림은 슈투트가르트 주립미술관에 걸려 있다.

안드로메다를 구해주는 이야기는 근대 미술사에서 즐겨 다루어진 테마였다. 번 존스의 그림들 외에도 조르조 바사리와 틴토레토, 루벤스의 그림들이 페르세우스의 모험담을 다루고 있다. 바사리의 그림은 피렌체의 팔라초 베키오에 전시되어 있으며 틴토레토와 루벤스의 그림은 둘 다 상트 페테르스부르크의 에레미타제 박물관에 소장되어 있다.

티치아노와 렘브란트 그리고 들라크루아도 같은 주제를 다루었다. 티치아노의 그림은 런던의 월리스 컬렉션에 있으며 렘브란트의 그림은 헤이그의 왕궁미술관에, 들라크루아의 그림은 슈투트가르트 주립미술관에 각각 전시되어 있다.

20세기에 들어서는 막스 베크만(1884~1950)이 안드로메다를 구해주는 이야기를 그림으로 그렸다. 이 그림은 에센의 폴크방 박물관에서 볼 수 있다.

정리해보기

페르세우스와 안드로메다의 신화 이래로, 거대한 용을 죽이고 아름다운 공주를 구해내는 영웅의 이야기는 동화에서 가장 즐겨 이용되는 모티브가 되어 왔다.

41

포세이돈과 바다의 신들

포세이돈은 올림포스에서 제우스에 버금가는 권력을 쥐고 있던 제2인자였다. 그는 무서운 폭풍을 일으키는 날씨의 신이었고 지진을 일으키는 두려운 신이었으며 – 호메로스는 그를 '지구를 뒤흔드는 이'라고 말한다 – 말의 신이기도 했다. 그러나 그는 무엇보다도 바다의 신이었다. 좀 더 엄밀히 말하면, 그는 바다의 신이 되었다. 어부들이 오늘날까지 큰 고기를 잡을 때 사용하는 삼지창이 포세이돈의 상징물이다.

포세이돈이 가장 오래된 바다의 신은 아니다. 그는 지중해 저편의 대양을 뜻하는 오케아노스의 후계자였다. 그러나 엄밀히 말해 오케아노스도 원래 바다라기보다는 지하세계에서 솟아나 지구의 가장자리를 에워싸고 흐르는 엄청나게 큰 강을 의미했다. 태양신 헬리오스는 매일 밤 황금 나룻배를 타고 서쪽에서 동쪽으로 이 강을 거슬

❖ — 19세기 사람들이 상상한 신화 속 바다의 신들과 요정들. 아르놀트 뵈클린, 「파도타기」, 뮌헨, 노이에 피나코텍.

러 올라가 다음날 아침이면 다시 밝은 하늘을 운행한다. 모든 하천의 신들은 오케아노스와 그의 아내 테튀스 사이에 태어난 아들들이다. 그러나 이들 모두는 포세이돈의 최고 권력을 인정할 수밖에 없었다. 오케아노스와 테튀스의 딸들인 오케아니데스들은, 또 다른 오래된 바다의 신 네레우스의 딸들인 네레이데스들과 자주 혼동된다. 일례로 포세이돈이 그의 시종 돌고래에게 바다세계에 구혼 광고를 내게 하여 아내로 얻은 암피트리테가 원래 오케아니데스인지 아니면 네레이데스인지 분명치 않다. 포세이돈과 암피트리테 사이에서 태어난 자식 중 한 명인 트리톤은 하반신이 물고기인 남자 인어이며 흔히 소라로 만든 고동을 부는 모습으로 그려진다. 후에는 오케아니데스들과 네레이데스들도 반은 인간이고 반은 물고기인 인어의 모습으로 묘사된다.

고대 후기, 특히 로마인들이 포세이돈을 그들의 바다신 넵튠과 동일시하게 된 이후의 그림에서는 포세이돈도 올림포스의 신이라기보다는 거친 뱃사람에 가까운 모습으로 나타난다. 농경민족이었던 로마인들의 바다신 넵튠은 해양민족이었던 그리스의 바다신 포세이돈에 비하면 원래 비중이 훨씬 떨어지는 신이었다.

포세이돈이 바다 밑 궁전에 머물 때면 네레이데스들과 항상 자리를 함께했다. 이들 중에서 가장 아름다운 여신은 테티스였다. 암피트리테와 결혼하기 전까지 포세이돈은 테티스를 열렬히 쫓아다녔다. 그러나 테티스가 낳을 아들이 아버지보다 더 유명해질 것이라는 신탁을 듣고 그는 테티스를 단념할 수밖에 없었다. 결국 그는 테티스를 인간인 펠레우스에게 양보했는데 이 결혼에서 테티스는 그야말로 온 세상에 이름을 떨칠 아들을 얻게 된다. 바로 아킬레우스였다.

❖ ― 암피트리테를 껴안고 있는 넵튠. 카르타고에서 발굴된 4세기 로마 시대의 모자이크, 카르타고(튀니지), 박물관.

바다의 지배권이 포세이돈에게 주어진 것은 올림포스의 신들이 그들 이전의 신족인 티탄들을 물리친 이후의 일이었다. 이 살벌한 싸움에서 승리한 후 포세이돈은 그의 형제인 제우스, 하데스와 함께 삼두체제를 이루어 올림피아의 세계를 지배했다. 이 형제들은 제비

말의 신에서 바다의 지배자로

———— 그리스인들의 선조들이 발칸반도의 남쪽으로 진출할 무렵 이들에게는 바다의 신은커녕 바다라는 단어조차 없었다. 초원 지방의 유목민이었던 초기 그리스인들이 숭배하던 가장 중요한 신은 제우스 같은 하늘신이었다. 그리고 이들의 가장 중요한 무기는 말이 끄는 전차였다. 따라서 말의 신도 그들에게 매우 중요한 역할을 했을 것이다. 그리스인들에게 말 사육보다도 항해가 훨씬 더 중요하게 된 후에도 말의 신이 그 중요성을 잃지 않도록 하기 위해 이 신에게는 새로운 과제가 부여되었다. 포세이돈이 육지와 말의 신에서 바다와 선원들의 신으로 변모하게 된 것은 이렇게 설명할 수 있다.

를 뽑아 각자의 지배 영역을 나누었는데, 그 결과로 제우스는 하늘, 포세이돈은 바다, 그리고 하데스는 지하세계를 각각 맡아 다스리게 되었다. 지상세계는 이들의 공동 지배 영역이었다. 그러나 제우스는 티탄들과의 싸움을 진두지휘한 공로를 내세워 올림포스의 최고 지배권을 차지했다. 제우스가 이처럼 최고의 권력을 쥐게 된 데에는 아내 헤라와 자식들의 지지도 큰 역할을 했다. 포세이돈은 동생인 제우스가 최고 지배권을 쥐고 있는 것을 못마땅하게 여겼다. 그래서 그는 한때 헤라와 아테나와 연합해서 제우스의 지배권에 반기를 들어 그를 잡아 가둔 적도 있었다. 그러나 포세이돈에게서 버림받는 수치를 겪었던 테티스가 제우스를 구해주어 그는 지배권을 계속 유지할 수 있었다. 테티스는 지하세계에서 100개의 팔을 가진 거인을 데려와 갇혀 있던 제우스를 구출했다.

그 후에도 포세이돈은 그리스의 특정 지역에 대한 지배권을 포기하려 하지 않았다. 그러나 다른 신들은 그의 지배 영역을 바다에 한정시키려 했다. 그는 아르고스의 지배권을 놓고 헤라와 다투었는데, 그곳 주민들이 헤라를 그들의 수호신으로 선택하자 이 나라의

❖ — 바다의 신 포세이돈(라틴어로
넵튠)은 르네상스 시대의 분수를 장
식하는 조각상으로 특히 선호되었
다. 이 그림은 잠볼로냐가 만든 볼
로냐의 분수 조각상이다.

강물을 모두 메마르게 했다. 지구를 뒤
흔드는 신 포세이돈은 그의 삼지창으로
강물을 솟아오르게 하여 홍수를 일으키
거나 강물을 메마르게 하여 가뭄을 가져
왔다. 아테네를 놓고도 그는 아테나 여신
과 경쟁을 벌였다. 그는 아크로폴리스의
땅을 갈라지게 하고 거기서 바닷물이 솟
아오르게 하여 자신의 권력을 과시했다.
반면에 그의 경쟁자인 지혜의 여신 아테
나는 아테네인들에게 올리브나무라는
유용한 선물을 함으로써 그들의 마음을
사로잡았다. 아테네인들이 아테나 여신
을 수호신으로 받아들였음은 물론이다.

❖ — 넵튠의 개선. 3세기 로마 시대
의 모자이크, 튀니지의 수세에서 발
굴. 수세, 박물관.

❖ — 17세기의 네덜란드인들은 넵튠과 그의 시종들을 특별히 애호했다. 당시 네덜란드인들은 항해와 어업을 주업으로 하는 민족이었다. 에라스무스 퀠리누스와 페터 보엘, 「넵튠과 바다의 풍요」, 1655년 경, 프라하, 국립박물관.

화가 난 포세이돈은 아티카 지방의 평야를 물로 휩쓸어버렸다. 결국 아테네인들은 그 이후에도 포세이돈에게 정성껏 제의를 올리게 되었다. 아테네가 낳은 가장 위대한 왕 테세우스는 포세이돈의 아들이라고 전해진다.

포세이돈은 코린토스의 지배권을 태양신 헬리오스와 나누어 가졌다. 코린토스의 지협이 그의 관할 지역이었다. 그곳에서는 포세이돈에게 바쳐지는 운동경기가 개최되었는데, 그중 가장 중요한 경기는 마차 경주였다. 포세이돈이 말의 신이었기 때문이다. 많은 사람들이 전하는 바에 따르면 최초로 말을 창조한 신이 바로 포세이돈이다. 또 언젠가 한 번은 그가 말로 변신한 적도 있었다. 포세이돈이 데메테르 여신에게 욕정을 품고 덤벼들었을 때의 일이다. 다급해진 데메테르는 암말로 변신하여 그에게서 달아나려 했지만 소용없는 일이었다. 포세이돈은 수말로 변신하여 그녀를 품에 안았다. 그 결과로 데메테르는 신마 아레이온을 낳게 되었다.

> **신들의 이름 ──── 그리스 이**전 신화시대의 출산의 여신이었던 데메테르의 이름 'De-meter'는 영어식으로 표기하면 'Da-mother'에 해당하며, 이를 번역하면 '땅-어머니', 즉 '어머니인 대지의 여신'을 뜻한다. 문헌학자들에 따르면 포세이돈^{Poseidon}이라는 이름은 원래 'Posei-da-on'에서 나왔으며, 이는 '다 여신의 동반자'를 뜻한다. 그렇다면 포세이돈은 원래 그리스 이전 시대의 신이었다가 초기 그리스 시대에 와서 말의 신과 결합되었고 그 후 그리스의 바다신이 된 것이다.

또 하나의 신마 페가수스도 포세이돈의 자식이었다. 페가수스의 어머니는 원래 빼어난 미녀였던 메두사다. 포세이돈은 아테네의 아크로폴리스에 있는 아테나 여신의 신전에서 메두사와 잠자리를 같이했다. 이는 틀림없이 아테네에 대한 그의 소유권을 새로이 제기하려는 의도적인 행위였을 것이다. 아테나 여신은 포세이돈 대신에 메두사를 벌했다. 여신은 메두사를 끔찍한 괴물로 만들어버리고 페르세우스를 도와 그녀를 죽이게 했다.

이미 호메로스의 시대에 와서는 말의 신으로서 포세이돈의 역할이 그 힘을 잃어버렸다. 그때부터 그는 주로 바다의 신이자 뱃사람들의 신으로서 숭배되었다. 그러나 그리스인들이 트로이를 함락시키는 데 사용한 목마는 포세이돈에게 바쳐졌을 가능성이 높다. 트로이의 제사장 라오콘이 트로이인들에게 목마의 위험성에 대해 경고

하자 포세이돈이 무서운 바다뱀을 보내 라오콘과 그의 자식들을 휘감아 죽이게 했다는 것이 그러한 추측을 뒷받침한다. 포세이돈은 아테나 여신과의 협력하에 그리스군을 가장 열렬히 지원했다. 그러나 그리스의 영웅 아이아스가 트로이에 있는 아테나 여신의 제단으로 도피한 카산드라를 그곳에서 끌어내어 여신의 신전을 모독하자 그는 이를 몹시 불쾌하게 여겼다. 그래서 그는 그리스인들의 수많은 배들을 난파시켜 그들의 귀향을

❖ ─ B.C. 450년경 그리스 고전시대에 만들어진 이 청동 포세이돈상은 아테네의 국립고대박물관이 자랑하는 소중한 유물 중 하나다.

방해했다. 그가 특별히 집요하게 괴롭힌 것은 오뒷세우스였다. 이는 오뒷세우스가 자신의 아들인 퀴클롭스족 폴뤼페모스를 장님으로 만들었기 때문이다. 오뒷세우스는 포세이돈에게 희생 제물을 바친 후에야 고향으로 돌아올 수 있었다.

해양민족이 된 이후로 그리스인들은 포세이돈과 좋은 관계를 맺으려고 오뒷세우스처럼 많은 노력을 기울였다. 그리스인들은 자신들이 사랑하는 영웅들을 뛰어난 뱃사람으로 묘사했으며, 특히 바다의 위험성과 바다에 사는 신비하고 놀라운 동물들에 대해 뱃사람의 허풍을 섞어 이야기하길 좋아했다.

더 알아보기

포세이돈과 바다의 신들

원전 : 헤시오도스는 『신들의 계보』에서 포세이돈이 태어난 배경을 설명한다. 그리고 머리가 잘려나간 메두사의 몸에서 튀어나온 천마 페가수스의 아버지가 포세이돈이라는 것도 이 책에 처음으로 언급된다. 헤시오도스는 『일과 날』에서도 포세이돈에 관해 이야기하는데, 포세이돈은 바다를 다스리는 지배자로서 모든 뱃사람들의 운명을 주관한다고 한다.

로마 시대의 작가 오비디우스는 『변신 이야기』 제6권에서 포세이돈과 여신 아테나가 아테네의 지배권을 놓고 서로 경쟁하는 이야기를 다루고 있다. 그 결과는 아테나 여신의 승리로 끝난다. 아테나 여신은 올리브나무를 자라게 해서 신들에게 깊은 인상을 심어준 반면에 포세이돈은 자신의 삼지창으로 바위에 구멍을 내어 '고작' 샘 하나를 솟아오르게 했을 뿐이다.

이 책의 제2권에는 공주 코로니스의 이야기가 나온다. 바닷가에서 홀로 산책을 하던 그녀를 보고 포세이돈은 사랑에 빠지게 된다. 꾸준히 구애를 해보았지만 소용이 없자 포세이돈은 폭력을 사용하려고 한다. 코로니스는 어찌할 줄 모르고 여기저기 도망 다니다가 결국 아테나 여신의 도움을 받는다. 아테나는 이 소녀를 까마귀로 변하게 해주었는데 그 덕택에 코로니스는 날아서 포세이돈으로부터 달아날 수 있었다.

호메로스는 『오뒷세이아』에서 오뒷세우스가 항해 중일 때 포세이돈이 여러 차례 그를 위험에 빠뜨리려 했다고 전한다. 포세이돈은 자신의 아들인 퀴클롭스족 폴뤼페모스의 눈을 멀게 만든 오뒷세우스를 도저히 용서할 수 없었기 때문이다. 이 밖에도 호메로스는 포세이돈에게 바치는 짧은 찬가를 한 편 지었다. 이 시에서 포세이돈은 삼지창으로 바위를 깨뜨리고 지진과 풍랑을 일으키는 신으로 묘사되어 있다. 그는 신들로부터 두 가지 임무를 부여받았다고 한다. 그는 말들을 주관하는 신이며 동시에 선박들을 보호하는 신이기도 하다.

호메로스 이외에도 그리스 출신의 시인이자 가수였던 아리온(B.C. 7세기경)이 포세이돈에게 바치는 감사의 찬가를 지었다.

조형예술 : 그림이나 조각에서 포세이돈은 흔히 해마들이 앞에서 끄는 조개로 만든 마차에 올라탄 채 손에는 삼지창을 들고 있는 모습으로 묘사된다.

조각가이자 화가인 발다사레 페루치는 넵툰과 암피트리테를 그렸다. 이 그림은 로마의 빌라 파르네시나에 전시되어 있다. 루벤스와 니콜라 푸생, 그리고 프랑스의 화가 노엘 쿠아펠 등도 같은 주제로 그림을 그린 대표적인 화가들이다. 루벤스의 그림은 베를린의 노이에 게멜데갈레리에, 푸생의 그림은 필라델피아의 미술박물관에, 그리고 노엘 쿠아펠의 그림은 마르세유의 보자르 박물관에 각각 전시되어 있다.

펠레그리노 티발디는 포세이돈과 오뒷세우스의 배를 그렸다. 이 그림은 볼로냐에 있는 팔라초 포지에 전시되어 있다.

루벤스는 이 밖에도 영웅 아에네아스의 이야기 중 한 장면을 그림으로 그렸다. 「물결을 잠재우는 넵툰」이라는 제목의 이 그림은 마드리드 프라도 박물관에서 볼 수 있다.

정리해보기

포세이돈(라틴어로 넵툰)과 트리톤, 네레이데스 그리고 훗날의 문학사와 예술사에 등장하는 그 후손들은 오늘날에도 바다와 연관된 이미지 세계에서 결코 빼놓을 수 없는 존재들이다.

42
퓌그말리온

여자 앞에 나서는 것을 두려워하는 소심한 성격이라서, 이상적인 여인을 자기 손으로 직접 만들어낼 수 있었으면 하고 소망하는 남자들이 오늘날에도 적지 않다. 그러나 자기보다 훨씬 나이 어린 여자를 손수 길러 이런 소망을 이루려 한다면 그는 결국 쓰라린 환멸을 겪게 될 것이다.

키프로스의 왕 퓌그말리온은 상상을 통해 창조한 이상의 여인과 실제로 행복을 누리게 되는 큰 행운을 얻는다. 로마 시인 오비디우스가 전하는 바에 따르면 퓌그말리온은 키프로스의 모든 여자들에게서 퇴짜를 맞았다. 이 섬의 수호신인 사랑의 여신 비너스는 자신에게 존경심을 표하지 않는 키프로스의 여인들에게 벌을 내려, 이들 모두가 수치심을 잃고 공공연히 매춘을 하도록 만들었다. 게다가 우아함을 잃고 너무 뻣뻣하게 되어 그들 중 몇몇은 돌이 되어버렸다.

❖ ― 장 레옹 제롬, 「퓌그말리온과 갈라테아」, 뉴욕, 메트로폴리탄 박물관.

　　자신과 사랑을 함께 나눌 아름다운 여인을 열렬히 갈망하던 낭만적인 노총각 퓌그말리온은 이상형의 여인을 가장 고귀한 재료인 상아로 직접 조각하기 시작했다. 그렇게 하여 빼어나게 아름다운 작품이 완성되었다. 그때부터 이 작품을 창조한 퓌그말리온은 낮이나 밤이나 이 아름다운 조각상을 손으로 어루만지고, 심지어 입까지 맞추었다. 그는 자신이 만들어낸 조각상과 깊은 사랑에 빠져버린 것이다. 급기야 그는 그녀를 세게 만지면 그녀의 몸에 멍이 들지도 모른다는 어리석은 망상까지 하게 되었고 그녀를 위해 금은보화를 사들이기 시작했다. 심지어 그는 잠자리에 들 때도 이 조각상과 함께 침대에 누웠다. 하지만 그럴수록 이 조각상이 실제로 숨을 쉬고 움직인다면 얼마나 좋을까 하는 갈망만 더욱 커져갔다. 비너스 여신의 축일에 그는 특별히 값진 제물을 바친 후 여신의 제단 앞 계단에 꿇어앉아 그가 사랑하는 이 조각상과 똑같은 여인을 아내로 갖게 해달라고 간절히 기도했다.

　　그러던 어느 날 퓌그말리온이 집으로 돌아와 여느 때처럼 제일 먼저 상아로 된 애인에게 키스하자 이 조각상은 키스에 응답하며 그를 양팔로 감싸안았다. 그녀의 몸은 따스했고 살결은 부드러웠다. 비너스 여신이 그의 기도를 들어주었던 것이다! 또 여신은 이들의 결혼 생활이 행복할 수 있도록 돌봐주었다. 후에 이들의 아이들은 키프로스에서 오랫동안 존경받는 인물이 되었다.

오비디우스의 이야기는 여기서 끝난다. 이 이야기의 더 오래된 버전에서는 퓌그말리온이 만든 조각상이 아니라 아프로디테, 즉 비너스 여신이 그날 밤 이 왕의 침실로 찾아오는 것으로 되어 있다. 이 오래된 신화는 퓌그말리온왕과 여신과의 특별한 관계를 핵심 주제로 하는 것으로 보이며, 이는 퓌그말리온이 여신의 여사제와 '신성한 결혼식'을 올리는 것에서도 잘 드러난다.

근대에 퓌그말리온 이야기는 많은 예술가들로 하여금 여자들을 진짜 살아 있는 것처럼 그리도록 자극했다. 당시 그림의 여인들은 금방이라도 그림에서 걸어나와 그녀의 창조주인 예술가의 목을 끌어안을 것처럼 보인다. 또 작가들도 이 테마를 문학 작품으로 만들었다. 독일의 낭만주의 작가 E. T. A. 호프만은 1816년에 소설 『모

연결의 원칙 ──────── 『변신 이야기』는 로마의 시인 오비디우스가 저술한 신화 문학의 위대한 걸작이다. 오비디우스는 고대 그리스 신화라는 재료를 훌륭하게 갈고 다듬어 오늘날의 독자들에게도 현대적 감각을 느끼게 하는 탁월한 문학 작품으로 승화시켰다. 그는 각각의 이야기가 그에 앞선 이야기에서 자연스럽게 이어져 나오게 하는 서술 방식을 취함으로써 신화 속의 개별적 이야기들을 교묘하게 서로 연결시켰다. 예를 들어 퓌그말리온의 이야기 앞에는 비너스가 자신에게 경외심을 보이지 않는 키프로스인들을 벌하는 이야기가 나오고, 그 뒤에는 퓌그말리온의 후손 뮈라의 이야기가 나오며, 이 이야기에서 뮈라는 아도니스의 어머니가 되고, 그 다음 이야기는 다시 아도니스의 신화로 이어지는 식이다. 퓌그말리온의 이야기와 아도니스의 이야기에서 볼 수 있듯이, 오비디우스의 작품에서 비너스는 매우 중요한 역할을 한다. 이를 통해 오비디우스는 수많은 에로틱한 이야기들을 그의 작품에서 다루었을 뿐만 아니라, 무엇보다도 그의 이 연작 신화집을 아우구스투스 황제에 대한 찬양의 글로 만들 수 있었다. 카이사르와 아우구스트 가문은 비너스의 후손으로 알려졌기 때문이다.

❖ ─ 조지 버나드 쇼의 희곡 『퓌그말리온』을 각색한 조지 쿠커의 뮤지컬영화 「마이 페어 레이디」에서 엘리자 역의 오드리 헵번과 히긴스 교수 역의 렉스 해리슨.

래 사나이』을 발표했다. 이 작품은 올림피아라는 여인을 열렬히 사랑하는 한 정열적인 젊은이를 그리고 있는데 올림피아는 인간이 아니라 기계다. 자크 오펜바흐는 이 소설을 「호프만 이야기」라는 오페라로 만들어 대성공을 거두었다.

20세기에 와서 퓌그말리온 이야기는 조지 버나드 쇼에 의해 희곡으로 만들어져 공연되었다. 이 극에서 언어학 교수 히긴스는 런던의 꽃 파는 소녀 엘리자 둘리틀을 교육시켜 사교계의 여왕으로 만드는 데 성공한다. 그러나 사교계의 삶이 허상임을 깨달은 소녀는 키스 대신 슬리퍼를 히긴스에게 내던지고 그에게서 떠나간다. 이 작품은 1963년에 「마이 페어 레이디My Fair Lady」라는 제목으로 영화화되어 수백만 관객을 동원했다. 그러나 이 영화에서는 버나드 쇼가 사회 비판적인 관점에서 도입한 결말과 달리 오비디우스의 『변신 이야기』처럼 히긴스와 엘리자가 서로 사랑하게 되는 해피엔딩으로 끝난다. 로마 시대 시인이 형상화한 남자들의 환상은 오늘까지도 ─ 여자 관객들에게도 ─ 그 매력을 잃지 않고 있다.

퓌그말리온

원전 : 퓌그말리온의 이야기는 로마 시대의 작가 오비디우스에 의해 널리 알려지게 되었다. 오비디우스는 『변신 이야기』 제10권에서 조각상이 살아 움직이게 되는 장면을 매우 생생하게 묘사한다. 자신이 상아로 만든 조각상에 스스로 반해버린 퓌그말리온은 조개껍질이나 둥글게 갈아 만든 돌, 새들과 화려한 꽃들, 보석 등 온갖 선물을 조각상에 계속 갖다 바치고 옷까지 입힌다.

문학 : 윌리엄 셰익스피어가 쓴 『겨울 동화』의 마지막 장면은 조각상이 살아 움직이는 이야기다. 오랫동안 죽은 줄로만 알고 있었던 헤르미오네의 조각상이 갑자기 움직이기 시작한다. 그리고 자신이 서 있던 받침대에서 내려온다.

미하일 레르몬토프(1814~1841)가 쓴 「시인」이라는 제목의 시에서도 자신의 작품에 매혹되는 한 예술가의 모습을 찾아볼 수 있다. 화가 라파엘은 어느 소녀의 그림을 완성한 뒤 자신의 작품에 매료되어 그 그림 앞에서 쓰러지고 만다.

아일랜드의 작가 조지 버나드 쇼는 퓌그말리온의 신화를 토대로 희곡 『퓌그말리온』을 써서 큰 인기를 모았다. 이 희곡의 주인공 헨리 히긴스는 언어의 순수성에 열성적인 관심을 갖고 있는 대학 교수로, 그의 주장에 따르면 영국인의 사회적 지위는 오직 발음이 좋고 나쁨에 의해 결정된다는 것이다.

어느 날 히긴스는 엘리자 둘리틀이라는 거리에서 꽃을 파는 소녀를 만나게 된다.

엘리자가 히긴스의 눈에 띈 것은 무엇보다도 그녀가 쓰는 빈민가의 속된 언어 표현들 때문이다. 히긴스는 자신의 동료인 피커링 대령과 내기를 건다. 그녀가 쓰는 말을 뜯어고치는 것만으로 과연 그녀를 불우한 환경에서 벗어나게 할 수 있을지, 그리고 상류 계급의 사교계에 우아한 여성으로 진출시킬 수 있을지 내기를 한 것이다. 결국 엘리자는 교양이나 재치 그리고 인간적인 감수성 등 모든 면에서 오히려 히긴스를 능가하는 뛰어난 교양인이 된다.

원래 히긴스는 사람들과의 관계에서 커다란 결함을 지닌 인물이었다. 그는 내기에서 승리하는 것에만 몰두할 뿐 엘리자라는 한 인간에 대해서는 전혀 이해와 관심을 보이지 않는다. 엘리자는 외교관들을 훌륭하게 영접하면서 놀라운 변모를 실증해 보이지만 그녀는 이 일에서 단지 인간적인 모멸감만을 느낀다. 그녀는 자신이 "인간이 되도록" 도와준 것은 히긴스가 아니라 그녀에게 언제나 신사다운 행동을 취했던 피커링 대령이었다고 히긴스에게 말하면서 자신의 '창조주'에게 결별을 고한다.

음악 : 미국의 작곡가 프레더릭 로우(1904~1988)는 쇼가 쓴 이 『퓌그말리온』 희곡을 바탕으로 뮤지컬 「마이 페어 레이디」를 만들어 전 세계적으로 대성공을 거두었다. 1956년 뉴욕에서 초연된 이 뮤지컬은 독일에서는 1961년 베를린의 테아터 데스 베스텐스에서 처음으로 공연되었다. 「마이 페어 레이디」는 독일어권 국가들에서 매우 많이 공연된 뮤지컬 중 하나다. 실제로 이 뮤지컬이 세계적으로 흥행에 성공한 것은 이 지역에서의 열렬한 호응에 힘입은 바가 크다.

정리해보기

오비디우스는 퓌그말리온의 이야기를 통해 남자들의 환상을 훌륭하게 형상화해 냈다. 이런 환상은 오비디우스가 살던 당시와 마찬가지로 오늘날에도 여전히 그 매력을 잃지 않고 있다.

43
프로메테우스

'프로메테우스와 같은 자'라는 말은 자연의 질서에 거역하고 신들에게 과감하게 도전하는 사람을 가리킨다. 괴테의 시에서 프로메테우스는 "나는 태양 아래 너의 신들보다 더 가엾은 자들을 알지 못하노라"라고 외친다. 이 시는 아마도 질풍노도(논리를 거부하고 감성의 무한한 해방을 꿈꾼 18세기 후반 독일의 문예사조 - 옮긴이) 시대를 통틀어 가장 유명하며 국가, 교회, 사회의 기성 가치에 대한 이 시대 젊은이들의 경멸과 반항을 표현한다. 영국의 문학가 퍼시 B. 셸리가 19세기 초에 발표한 희곡 『쇠사슬에서 풀려난 프로메테우스』는 산업시대의 출발을 알리는 신호탄이었다. 비슷한 무렵에 퍼시 B. 셸리의 아내 메리 셸리가 쓴 소설 『프랑켄슈타인: 현대의 프로메테우스』가 나왔다. 이 소설은 신처럼 인간을 창조하려고 한 과학자의 야심이 불러온 엄청난 재앙을 소재로 한다.

❖ ─ 한가운데에 최초의 인간이 아직 생명을 불어넣지 않은 진흙상의 모습으로 서 있다. 왼쪽은 에피메테우스와 판도라. 르네상스 시대에 피에로 디 코시모가 그린 프로메테우스 신화. 뮌헨, 알테 피나코텍.

　　프랑켄슈타인이 '현대의 프로메테우스'라면 프로메테우스는 고대의 프랑켄슈타인이라고 할 수 있을 것이다. 그는 비상한 능력을 지닌 개혁가이면서 동시에 신념에 찬 선동가라는 이중의 면모를 지니고 있었다. 무엇보다 그는 인간을 창조했다.

　　프로메테우스는 올림포스의 신들에 앞서 세계를 다스렸던 티탄족의 일원이다. 그러나 올림포스 신들과 티탄족 사이에 싸움이 벌어졌을 때 그는 신들의 편을 들었다. 그 보답으로 그는 신들의 문학적·기술적 발견과 발명에 참여할 수 있는 특권을 얻었다. 특히 그는 수많은 것들을 발명해 낸 지혜의 여신 아테나를 아주 잘 이해했다. 프로메테우스가 신들을 편들었던 것에서도 알 수 있듯이 그는 티탄족 중에서 가장 지혜롭고 가장 앞선 생각을 지닌 인물이었다.

프로메테우스란 이름 자체도 '앞서 생각하는 자'라는 뜻이다. 그의 동생 에피메테우스, 즉 '뒤따라 생각하는 자'가 형만큼 영리하지 못했던 것이 인간들에게 큰 불운을 가져온다. 프로메테우스가 행한 가장 중요한 업적은 두말할 나위 없이 최초의 인간을 창조한 일이다. 그는 자신과 신들의 모습을 본떠서 진흙을 빚은 후 아테나 여신에게 거기에 생명을 불어넣도록 했다.

전해지는 또 다른 이야기에 따르면 프로메테우스느 최초의 인간 데우칼리온을 프로노이아라는 티탄족 여신과의 사이에서 낳았다. 프로노이아 역시 프로메테우스와 똑같은 의미를 가진 이름이다. 프로메테우스가 창조한 – 혹은 낳은 – 최초의 인간은 남자였다. 최초의 여자인 판도라를 창조한 것은 신들이었다. 프로메테우스의 대담한 시도를 불쾌하게 여긴 제우스는 뛰어난 수공 능력을 지닌 아들 헤파이스토스를 시켜 여자를 만들어내게 하고 이 새로운 창조물에 인간의 온갖 나쁜 특성을 집어넣었다. 그 밖에도 이 최초의 여자는 저 유명한 판도라의 상자를 신들에게서 받아왔다. 이 상자 안에는 인류의 모든 결함과 재앙이 들어 있었다. 헤르메스는 판도라를 에피메테우스에게 선물로 주었다. 판도라는 이름은 '모든 선물 중의 선물'이란 뜻이다. 프로메테우스의 현명하지 못한 동생 에피메테우스는 아름다운 판도라에게 즉시 반했다. 이들 사이에서 퓌라가 태어났다. 퓌라는 데우칼리온과 결혼하여 인류의 여자 조상이 된다.

한편 판도라는 호기심을 이기지 못하고 그 재앙의 상자를 열고 말았다. 그러자 그 속에서 질병, 자연 재해, 전쟁, 범죄 등 오늘날까지 인류를 괴롭히고 있는 모든 재난들이 튀어나왔다. 그러나 그 상자 안에는 이 모든 고통을 견디게 해주는 것이 하나 들어 있었다. 그것은 바로 희망이었다. 이것이 오늘날까지 이 세계의 온갖 악덕에도 불구하고 인류가 계속 살아가게 하는 힘이 되고 있다.

> **인간 창조** ——— 인간 창조에 관한 그리스 신화는 성서의 창조설화와 마찬가지로 중동 지방의 설화에 근원을 둔다. 성서의 아담도 진흙으로 만들어 생명의 숨길을 불어 넣었다고 되어 있다. 이스라엘의 신화나 그리스 신화 모두가 먼저 남자가 창조되고 그 후에 여자가 창조되었으며, 여자에 의해 이 세상에 악한 것들이 들어오게 되었다고 전한다. 성서에 나오는 최초의 인류 아담과 이브는 그리스 신화의 데우칼리온과 퓌라에 해당한다.

지상에 인간들의 수가 점점 불어나자 신들은 자신들이 인간에게 제공해준 땅과 그 땅에서 나오는 소출에 대한 일종의 임대료로서 제물을 요구하게 되었다. 인간들을 성가시다고 느꼈던 신들은 인간들이 비축할 수 있는 양식보다 더 많은 양의 제물을 요구했다. 특히 신들이 애호한 제물은 가축이었다. 그러자 프로메테우스가 자신의 창조물인 인간들을 돕기 위해 나섰다. 그는 제우스를 찾아가 앞으로는 동물들의 고기에서 가장 좋은 부위만 받도록 하라고 설득했다. 그는 소 한 마리를 잡아 가장 좋은 부위를 직접 선택하라고 제우스 앞에 내놓았다. 프로메테우스는 말라빠진 가죽 속에 소의 가장 좋은 부위를 숨겨놓고 기름지고 두꺼운 지방질 속에는 뼈와 내장들을 싸놓았다. 제우스는 즉시 기름기가 뚝뚝 떨어지는 쪽을 선택했다. 이렇게 하여 그 후로는 항상 인간들이 제물의 가장 좋은 부위를 차지하게 되었다. 제우스는 화가 치밀었지만 분노를 스스로 삼킬 수밖에 없었다. 스스로

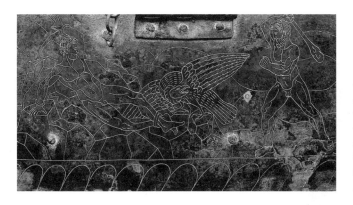

가 프로메테우스의 간계에 놀아났다는 것을 인정하지 않을 수 없었기 때문이다.

그 후에도 프로메테우스는 그가 보호하고 있는 인간들의 처지를 개선하기 위해 많은 궁리를 했다. 마침내 그는 신들이 올륌포스 밖으로 가지고 나가지 못하도록 소중히 지키고 있던 불을 훔쳐내서 인간들에게 주기로 결심했다. 프로메테우스의 친구이자 인간들의 친구인 아테나 여신이 그가 신들이 기거하는 집안으로 들어갈 수 있도록 도와주었다. 그는 불타고 있는 석탄을 통에 숨겨 지상으로 가지고 내려와 인간들에게 건네주었다. 그때부터 인간은 동물들의 날고기를 먹을 필요가 없게 되었고, 식량을 굽거나 끓임으로써 더 오래 보관하고, 더 맛있게 먹을 수 있게 되었다.

제우스는 인간들의 친구 프로메테우스의 이런 겁 없는 행동을 더 이상 참을 수가 없었다. 그는 두 명의 거인을 보내 프로메테우스를 잡아오게 하여 먼 코카서스산맥으로 끌고 갔다. 그리고 헤파이스

토스를 시켜 프로메테우스를 그곳에 쇠사슬로 묶어놓게 했다. 그러나 이 정도로는 제우스의 복수심이 진정되지 않았다. 그는 매일 독수리를 보내 그의 간을 쪼아 먹게 했다. 그리고 밤이 되면 그의 간이 다시 자라났기 때문에 프로메테우스는 이 죽음의 고통을 매일 새로이 겪어야 했다. 신들이 볼 때 이것은 세계의 질서를 어지럽힌 선동가에게 합당한 벌이었다.

❖ — 디르크 반 바부렌(1595년경~1624), 「프로메테우스를 쇠사슬로 결박하는 불카누스」, 암스테르담, 릭스 박물관.

가장 오래된 신화에서는 프로메테우스의 이야기가 여기서 끝난다. 그러나 그리스인들은 인류의 창조자이자 지지자인 그가 이렇게 영원한 저주에 묶여 있도록 내버려둘 수 없었다. 그래서 프로메테우스가 바위산에 묶인 후 3만 년이 지났을 때 헤라클레스가 이곳을 찾아가 그를 풀어준다는 이야기가 생겨났다. 심지어 프로메테우스가 제우스에게 자신을 풀어주어야만 그에게 굉장히 중요한 비밀을 알려주겠다는 조건을 내걸어 이 신들의 아버지에게 압력을 가했다는 이야기도 있다.

그 비밀이란 테티스와 관련된 것이었다. 테티스에게 욕망을 품고 있던 제우스에게 프로메테우스는 그녀가 낳은 아들이 아버지보다 더 강한 인물이 될 것이라는 예정된 비밀을 알려주었다. 놀란 제우스는 테티스를 단념했다. 결국 테티스는 인간인 펠레우스와 결혼하여 그리스 최고의 영웅 아킬레우스를 낳았고, 프로메테우스는 쇠사슬에서 풀려나게 되었다.

　프로메테우스에 관한 이야기 중에서 가장 감동적인 것은 아이스퀼로스가 쓴 버전이다. 그는 프로메테우스를 다룬 일련의 연작 비극들을 발표했는데 오늘날에는 그 일부만 남아 있다. 그의 비극에서 프로메테우스는, 자신이 미래에 얻게 될 아들들 중에서 누가 자신의 권력을 위협하게 될 것인가를 알고자 한 제우스의 물음에 대답을 거부함으로써 그의 굳건한 자부심을 보여준다. 그로부터 벌어지는 인간의 옹호자와 최고신 사이의 설전은 다음과 같은 타협으로 끝나게 된다. 즉 인류가 세계 질서의 근본 토대를 위협하지 않는 한 그들이 자율적으로 능력을 펼쳐나갈 수 있는 권리를 인정한다는 것이었다. 결국 아이스퀼로스는 프로메테우스의 신화를 통해 오늘날에도 타당한 도덕을 제시했다고 할 수 있다.

❖ ─ 신에게 반항했다가 쇠사슬에 묶여 제우스가 보낸 독수리에게 고통을 당하는 프로메테우스의 모습은, 자신들을 즐겨 제우스에 비교했던 바로크 시대의 절대주의 군주들이 매우 애호한 모티브였다. 야콥 요르단스, 「쇠사슬에 묶인 프로메테우스」, 퀼른, 발라프 리하르츠 전시관.

더 알아보기

프로메테우스

원전 : 프로메테우스의 이야기가 등장하는 원전들 가운데 매우 중요한 것으로는 헤시오도스의 작품 『신들의 계보』와 『일과 날』을 들 수 있다.

이 후 그리스 학자 아폴로도로스가 자신의 신화 모음집에서 이 이야기를 다시 다룬다. 아폴로도로스는 모음집의 제1권부터 제3권까지 이 이야기를 여러 차례 언급하고 있다.

로마의 문학가 오비디우스가 쓴 『변신 이야기』에도 프로메테우스가 등장한다. 여기서 그는 최초의 인간을 창조한 자로 이야기되고 있다.

고대에 이 이야기를 다룬 가장 유명한 극 작품으로는 아이스퀼로스가 쓴 비극 『쇠사슬에 묶인 프로메테우스』를 꼽을 수 있다. 이 작품은 헤파이스토스 – 불과 대장장이의 신 –가 제우스의 명령에 따라 프로메테우스를 암벽에 묶어놓는 이야기에서부터 시작한다. 작품의 말미에 이르기까지 프로메테우스는 계속해서 쇠사슬에 묶여 있으며 많은 다양한 인물들이 그를 찾아온다.

문학 : 프로메테우스의 이야기는 고대에서 현대에 이르기까지 문학사에서 여러 차례 작품화되었다. 그중 시기적으로 앞선 작품으로는 그리스 출신의 사튀로스극 작가인 사모사타의 루키아노스(120~185년경)가 쓴 『프로메테우스』(혹은 『코카서스산맥』)를 대표적으로 들 수 있다.

이 작품에서는 프로메테우스 이외에 헤파이스토스와 헤르메스 등 모두 세 명의 인물이 등장한다. 제우스에게 벌을 받고 있는 프로메테우스는 자신에 대해 길게 변론한다. 여기서 그는 제우스의 분노는 전혀 근거 없고 우스꽝스러운 것이라고 말하고 있다.

이후 프로메테우스의 이야기를 다루고 있는 작품들 가운데 대표적인 것으로는 괴테의 작품을 비롯하여 퍼시 B. 셸리의 『쇠사슬에서 풀려난 프로메테우스』, 그리고 앙드레 지드의 『쇠사슬에 묶인 프로메테우스』 등이 있다. 알베르 카뮈와 하이너 뮐러(1929~1995)도 같은 이야기를 다룬 대표적인 작가들이다.

음악 : 베토벤은 「프로메테우스의 피조물」 혹은 「음악과 무용의 힘」이라는 제목의 발레곡을 작곡했다. 이 작품은 인간의 창조주로서의 프로메테우스를 중점적으로 다루고 있다.

이 이야기에 토대를 두고 있는 그 밖의 음악 작품을 만든 사람은 프란츠 리스트(1811~1886)와 알렉산더 스크리아빈(1872~1915), 카를 오르프(1895~1982) 등이 있다.

조형예술 : 이탈리아의 화가 피에로디 코시모는 이 이야기를 테마로 삼아 모두 세 개의 그림을 그렸다. 각각 「프로메테우스, 인간을 만들다」, 「프로메테우스, 불을 훔쳐내다」, 「쇠사슬에 묶인 프로메테우스」라는 제목이 붙여진 이 그림들은 현재 뮌헨의 알테 피나코텍과 스트라스부르의 보자르 박물관에 소장되어 있다.

티치아노도 사슬에 묶인 프로메테우스의 모습을 묘사했다. 이 그림은 마드리드의 프라도 박물관에 전시되어 있다.

귀스타브 모로와 안젤름 포이어바흐 그리고 아르놀트 뵈클린 등도 같은 주제의 그림을 그렸다. 모로의 그림은 파리의 귀스타브 모로 박물관에, 포이어바흐의 그림은 빈에 있는 조형예술아카데미에, 뵈클린의 그림은 다름슈타트에 있는 헤센 주립 박물관에 소장되어 있다.

안니발레 카라치는 프로메테우스가 헤라클레스에 의해 풀려나는 장면을 그림으로 그렸다. 이 그림은 로마에 있는 팔라초 파르네제에 전시되어 있다.

> **정리해보기**
>
> 프로메테우스의 신화가 주제로 삼고 있는 것은 인간과 신 사이의 권력 관계다. 이 신화에는 오늘날에도 타당한 다음과 같은 질문이 비유적으로 표현되어 있다. "인간은 주어진 세계의 질서를 과연 어디까지 바꾸어도 되는가?"

44

프로크루스테스의 침대, 그리고 테세우스의 그 밖의 모험들

무언가를 억지로 끼워 맞춰놓은 것을 우리는 '프로크루스테스의 침대'라고 부른다. 예를 들어 신문기사는 정해진 원고량과 레이아웃이라는 '프로크루스테스의 침대'에 맞춰진 글이라고 할 수 있다. 글이 너무 길면 일부를 잘라내야 하고 정해진 분량을 못 채웠으면 그에 맞게 늘여야 한다.

'프로크루스테스의 침대'라는 말은 테세우스가 청년기에 겪었던 모험 이야기에서 생겨났다. 이 이야기는 훗날 그가 이룰 위대한 업적의 즐거운 전주곡이라고 할 수 있다. 이 모험은 아테네의 민족 영웅이 될 테세우스가 펠레폰네소스의 아르골리스 지방에 있는 그의 고향 도시 트로이젠에서 아테네로 가던 여행길에 이루어졌다.

아테네의 왕 아이게우스는 트로이젠의 공주 아이트라와 사랑의 밤을 함께 나눈 후 그곳을 떠나면서 무거운 돌 밑에 칼 한 자루와 샌들 한 켤레를 남겨놓고 왔다. 혹시 아들을 낳게 되어 그 아들이 이 돌을 들어올릴 수 있을 만큼 자라게 되면 이 칼과 샌들을 징표로 지니고 자신을 찾아오게 하라고 아이게우스는 아이트라에게 당부했다.

실제로 아이트라는 아들을 낳았다. 이 아들이 바로 테세우스다. 아이트라는 테세우스로 하여금 자신이 아테네왕의 아들이라는 것을 믿고 자라나도록 했다. 그러나 이것은 확실한 사실은 아니었다. 테세우스를 갖게 된 그날 밤에 바다의 신 포세이돈도 그녀와 잠자

❖ ─ 길을 가는 사람들에게 나무 구부리는 일을 도와달라고 하면서 그들을 죽인 거인 시니스를 해치우는 테세우스. 아티카의 접시 그림. B.C. 490년경. 뮌헨, 국립고대박물관.

리를 같이했기 때문이다. 열여섯 살이 되자 테세우스는 이제 그 비밀의 바위를 너끈히 들어올릴 수 있을 만큼 힘 센 청년으로 성장했다. 그는 아버지가 남겨준 징표를 지니고 아이게우스가 다스리는 아테네로 향했다. 이것은 무척 위험한 여행이었다. 당시의 그리스에는 무서운 도적들과 사나운 동물들이 출몰했기 때문이다. 그러나 어린 시절부터 위대한 헤라클레스의 이야기를 열렬한 관심을 갖고 들었던 테세우스는 모험심에 불타올랐다.

제일 처음 겪은 사건에서부터 그는 목숨을 잃을 뻔했다. 에피다우로스에는 대장장이의 신 헤파이스토스의 망나니 아들 페리페테스가 살고 있었다. 그는 이 지방에 들어오는 이방인은 모두 청동 몽둥이로 때려죽였다. 그는 테세우스의 머리를 향해 그 몽둥이를 내

신화와 지리 ——— 그리스는 가파른 산들에 의해 나누어져 있는 몇 개의 기름진 초원들과, 내륙 깊이까지 들어와 있는 만들로 이루어진 작은 나라이다. 트로이젠은 이른바 네 개의 '손가락' 중 엄지손가락에 해당하는 펠로폰네소스반도에 있다. 이곳에서 사로니아만 건너편의 아테네까지는 그야말로 엎어지면 코 닿을 거리다. 이곳을 여행할 때 고대인들은 거의 모두 뱃길을 이용했다. 그러나 테세우스가 택한 육로는 길이 나 있지 않은 험한 산들과 깎아지른 듯한 높은 해안 절벽이 엘레우시스까지 이어져 있다.

리쳤다. 그러나 테세우스는 날렵하게 몽둥이를 피한 후 격투 끝에 그를 때려죽였다. 테세우스는 이 몽둥이를 빼앗아 다시 길을 떠났다. 헤라클레스도 그런 몽둥이를 가지고 다녔다는 것을 알고 있었기 때문이다.

코린토스 지협에서 테세우스는 더 고약한 악당을 만났다. 시니스라는 이름의 이 거인은 지나가는 사람을 불러 큰 전나무 구부리는 일을 도와달라고 부탁한 후 나무가 끝까지 다 휘어 팽팽하게 되면 얼른 그 나무를 놓아버렸다. 그렇게 되면 멋모르고 그를 도와주던 사람은 하늘 높이 내던져져 결국 온 몸이 박살나게 된다. 테세우스는 시니스가 즐기던 이 수법을 그대로 적용하여 그를 죽였다. 시니스에게는 아름다운 딸이 있었는데 테세우스를 사랑하게 된 이 처녀는 테세우스를 유혹하여 그의 아이를 임신하기에 이르렀다. 테세우스도 그녀를 진정으로 좋아했던 것 같다. 훗날 테세우스는 이 처

❖ — 그리스인들은 침대를 잠자는 용도 외에도 여러 가지 경우에 사용했다. 그리스 시대의 향연 장면. 파에스툼에서 발굴된 그리스 시대의 벽화, B.C. 5세기.

녀가 좋은 남편을 만나 살도록 돌봐주었다.

　테세우스의 다음 모험은 흉악한 멧돼지를 처치한 일이었다. 이 멧돼지는 인근 지역을 황폐하게 만들고, 그 횡포를 막으려는 농부들을 죽인 흉포한 동물이었다. 그다음에 그는 바다 위 절벽에 살고 있던 스케이론이라는 노상 강도를 죽여 없앴다. 스케이론은 지나가는 사람들을 붙잡아 그의 발을 씻도록 강요한 후 절벽에서 발로 차서 바다에 떨어뜨려 죽여왔다. 절벽 밑에는 항상 굶주려 있는 거대한 거북이 한 마리가 기다리고 있다가 떨어진 사람을 잡아먹었다.

　아테네에서 그리 멀지 않은 메가라 혹은 엘레시우스라는 곳에 이른 테세우스는 이곳의 왕 케르퀴온을 무찔렀다. 이 왕은 자신이 결코 패배를 모르는 레슬링 선수라고 자부했다. 그는 자신과 경기를 벌여 패배한 사람을 차례로 살해했다. 테세우스는 이 왕을 때려눕힌 후 죽여버리고 그의 딸 알로페를 하룻밤 노리개로 삼은 다음 다시 길을 떠났다.

　엘레시우스에서 아테네로 향하는 마지막 노정에서 테세우스는 마침내 프로크루스테스와 만나게 된다. 그는 테세우스를 자신의 집으로 초대한 후 자신의 침대까지 손님에게 제공하는 친절을 보였다. 그러나 그는 이 침대보다 키가 작은 사람은 침대에 맞게 될 때까지 몸을 잡아늘이는 잔인한 짓을 일삼는 악당이었다. 그의 이름도 바로 이 엽기적인 행각에서 비롯된 것이었다. 프로크루스테스란 '잡아늘이는 자'를 뜻한다. 또 침대보다 키가 더 큰 사람도 결코 더 나은 대접을 받지는 못했다. 그는 침대 밖으로 나온 신체의 일부분을 잘라

버렸던 것이다. 테세우스는 프로크루스테스도 이번 모험에서 줄곧
지켜온 원칙에 따라 처벌했다. 그것은 그 악당이 다른 사람에게 행
한 방식 그대로 그를 벌하는 것이었다. 그리하여 테세우스는 프로크
루스테스를 프로크루스테스의 침대에 맞게 만들었다.

테세우스가 행한 수많은 영웅적인 일들에 대한 소문은 그보다
먼저 아테네에 도착했다. 그리하여 그는 아이게우스왕의 친절한 영
접을 받았다. 아이게우스는 자신 앞에 서 있는 청년이 자신의 적법
한 상속자라는 사실을 아직 모르고 있었다. 그러나 아이게우스의 부
인인 마녀 메데이아는 그가 누구인지 즉시 알아차렸다. 자신의 아들
메도스가 왕좌를 물려받게 하기 위해서 메데이아는 테세우스를 해
치울 계획을 짜냈다. 그녀는 테세우스가 선동을 일삼는 왕의 동생
팔라스와 한통속이라고 아이게우스에게 꾸며 말했다. 그러고는 이
젊은 외국인을 시켜 당시 아티카 동쪽의 마라톤 지방을 소란하게 하

던 황소 모습의 괴물을 잡아오게 하라고 왕을 부추겼다. 이 괴물 황소와 대결해서 살아 돌아온 사람은 그때까지 아무도 없었다. 그러나 테세우스는 이 괴물을 산 채로 잡아와 성대한 제의의 희생 제물로 바쳤다.

연회석상에서 메데이아는 아이게우스에게 독이 든 포도주잔을 건네주며 무서운 황소를 무찌른 이 용사에게 전해주라고 말했다. 그러나 테세우스가 막 이 잔을 입에 가져가려는 순간 아이게우스는 이 영웅이 지니고 있는 칼이 바로 예전에 자신

> **침대** ———— 침대는 그리스 가정에서 가장 중요한 가구였다. 그리스의 침대는 흔히 정교하게 조각되거나 화려한 청동 장식을 한 네 개의 다리 위에 사각의 테두리를 얹고, 그 위에 탄력성 있는 끈을 팽팽하게 묶어놓은 모양으로 되어 있었다. 그리고 그 위에 마른 풀들을 넣어 만든 푹신한 매트리스를 얹는다. 머리 쪽에는 약간 높은 머리받침을 만들었다. 침대는 잠잘 때만 사용되었던 것이 아니라 식사할 때의 소파 역할도 했다. 침대에 비스듬히 누워서 식사하는 고대의 관습은 B.C. 6세기경에는 이미 그리스 전역에 퍼져 있었다. 무덤에서 발굴되는 돌로 된 복제품을 보면 당시의 침대는 1미터 60센티미터에서 2미터 50센티미터 정도의 길이였다. 프로크루스테스의 침대처럼 긴 침대는 오직 신화 속에만 존재했다.

이 징표로 맡겨놓은 칼임을 알아차렸다. 자랑스러운 아들을 만난 기쁨에 아이게우스가 아들을 격렬히 포옹한 탓으로 잔은 테세우스의 손에서 땅으로 떨어지고 말았다. 결국 메데이아의 음모는 백일하에 드러나고 그녀는 아들과 함께 아테네에서 추방되었다.

그러나 아이게우스의 뒤를 이어 왕좌에 오르기 전에 테세우스에게는 그의 가장 위대한 모험, 즉 크레테의 미로의 궁전에 가서 무서운 미노타우로스와 싸우는 일이 숙제로 남아 있었다. 이 모험에 비하면 '프로크루스테스의 침대'는 아이들 놀이 혹은 어린 시절의 모험에 불과했다.

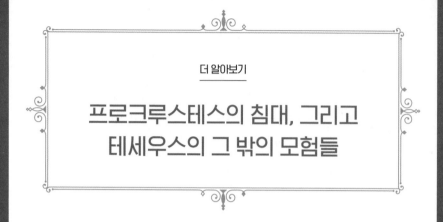

프로크루스테스의 침대, 그리고 테세우스의 그 밖의 모험들

원전 : 테세우스가 젊은 시절에 겪은 여러 모험에 대해서는 그리스 출신의 역사가이 자 철학자인 플루타르크(45~125년경)가 그의 전기 모음집에서 상세히 이야기하고 있다.

플루타르크는 중세와 르네상스 시대에 매우 널리 읽혀진 고대 작가들 중 한 사 람이었다. 플루타르크는 이 방대한 분량의 전기에서 그리스와 로마 시대의 위인 스 물세 쌍을 각각 서로 대조하고 있다. 그리고 그들의 인품과 행위들을 서로 비교하 면서 결론을 맺는다. 이 전기 모음집은 테세우스와 로마의 창건자이자 초대 왕인 로물루스의 이야기로 시작된다. 테세우스는 헤라클레스와 더불어 트로이 전쟁 이전 시대의 그리스에서 가장 위대한 영웅으로 받들어졌다.

테세우스도 헤라클레스와 마찬가지로 적들을 그들이 다른 사람들에게 써먹었던 것과 똑같은 방법으로 혼내주었다. 테세우스가 아테네로 가는 길에 만났던 페리페 테스, 시니스, 멧돼지, 스케이론, 케르퀴온, 그리고 마지막으로 프로크루스테스까지 모두 그를 자신이 써왔던 끔찍한 방법으로 보복을 당한다.

플루타르크에 따르면 파이아라는 이름의 멧돼지는 사실은 잔혹하기 이를 데 없 는 여자 강도였다. 이 여자는 성격이나 생활 방식 때문에 암퇘지라고 불렸다는 것 이다.

플루타르크가 쓴 테세우스의 전기나, 그리스의 학자 아폴로도로스가 편찬한 신 화 모음집을 보면 프로크루스테스의 침대는 하나가 아니라 두 개로 나온다. 이 책 들이 전하는 바에 따르면 프로크루스테스에게는 큰 침대 하나와 작은 침대 하나가 있었다. 키가 작은 여행객에게는 큰 침대에 눕도록 강요한 후 침대 길이에 꼭 맞을 때까지 자신의 몽둥이로 때려서 몸집을 늘였다고 한다. 반대로 키가 큰 여행객들은 작은 침대에 눕도록 강요당했다. 침대 밖으로 나온 부분은 프로크루스테스에 의해 잘려 나갔다.

로마의 작가 오비디우스는 악당 프로크루스테스를 비롯하여 테세우스와 마주쳤던 그 밖의 여러 위험 인물들에 대해 『변신 이야기』 제7권에서 이야기한다. 오비디우스는 이 이야기에 '테세우스 찬가'라는 제목을 붙여 그의 영웅적 행위들을 찬양하고 있다.

조형예술 : 테세우스의 모험담은 고대의 화병과 그릇들에 자주 묘사되었다. 하나의 화병이나 그릇에 여러 모험들이 동시에 그려져 있는 것이 일반적이었다. 여기서 '프로크루스테스의 침대'는 보통 한 개만 등장하는데 바위를 파서 만든 것이거나 나무로 짠 침대로 그려져 있다. 또 침대가 그려지지 않은 그림들도 있다.

루카 캄비아소(1527~1585)는 프로메테우스의 이야기를 주제로 일련의 연작 프레스코화를 그렸다. 이 그림들은 제노바에 있는 팔라초 델라 메리디아나에 전시되어 있다.

프란체스코 데 뮈라(1696~1782)는 「테세우스의 젊은 시절」이라는 제목의 그림을 그렸다. 이 그림은 토리노의 팔라초 레알에서 볼 수 있다.

이탈리아의 조각가인 안토니오 카노바는 테세우스가 악당들과 싸우는 모습을 묘사한 조각상을 만들었으며 펠라지오 팔라지(1775~1860)는 같은 테마로 연작 그림을 그렸다. 팔라지의 작품은 로마의 팔라초 토를로니아에서 볼 수 있다.

정리해보기

일종의 속담처럼 쓰이게 된 '프로크루스테스의 침대'에 관한 이야기를 비롯하여 테세우스가 젊은 시절 겪었던 여러 가지 모험들은 신화에 나오는 매우 재미있고 사랑받는 소재 중 하나다.

45
하데스와 타르타로스
- 저승세계

　초기의 그리스인들은 오직 이승의 삶만을 중요시했으며 사후의 삶이나 천국과 지옥 같은 것은 전혀 믿지 않았다. 하지만 그들은 죽음 이후에는 아무것도 없다고도 믿지 않았다. 신화시대의 사고방식에 따르면 죽은 자들은 지하세계에서 그 존재를 이어가는 그림자에 불과했다. 『일리아스』에 나오는 영웅 아킬레우스는 지하세계의 그림자가 되느니 차라리 이승에서 굴욕적인 노예로 살아가는 것이 더 낫다고 말했다.

　저승세계는 두려움과 끔찍함 그 자체였으며 이에 따라 그리스인들은 맹세나 저주를 흔히 저승세계의 신인 하데스나 그의 아내 페르세포네 또는 저승세계를 흐르는 강 스틱스에다 대고 했다. 그러나 저승세계는 지표면 아래에 있는 제국으로서 그로부터 대지가 매년 새로운 생산의 힘을 길러내는 원천이기도 했다. 이에 따라 하데스는 플루톤(라틴어로는 플루토)이라는 이름으로 불리기도 하는데, 이는 '부의 창조자'를 뜻한다. 또 하데스의 아내이자 모든 사람들이 두려워하는 지하세계의 여왕 페르세포네(라틴어로는 프로세르피나)는 그녀의 어머니 데메테르와 함께 그리스인들의 대표적인 다산의 여신이었다.

❖ ― 플루토(하데스)가 자신의 권력의 상징인 마차 위로 프로세르피나(페르세포네)를 끌어올리고 있다. 요제프 하인츠(1564~1609), 「프로세르피나의 납치」, 드레스덴, 미술박물관.

　페르세포네는 하데스의 형 제우스와 데메테르 사이에서 태어난 딸이었다. 하데스는 아무것도 모르고 꽃을 따고 있는 페르세포네를 납치해서 아내로 삼았다. 페르세포네를 저승세계에 시집보내고 싶지 않았던 데메테르는 제우스에게 딸을 되돌려달라고 요구했다. 그러나 제우스는 막강한 권력을 지닌 자신의 동생도 고려할 수밖에 없었기 때문에 이 요구를 부분적으로만 받아들였다. 페르세포네는 결국 1년의 3분의 1은 저승세계에서 남편과 보내야만 했다. 그래서 이 기간에는 모든 식물이 생장을 멈춘다. 페르세포네는 저승세계의 안주인으로서의 역할을 그럭저럭 잘 꾸려나갔다.

　하데스의 제국보다 ― 로마인들은 이것을 오르쿠스라고 불렀다 ― 더 무서운 것은 저승세계의 가장 깊은 곳인 타르타로스였다. 세

❖ ─ 저승세계의 강 스틱스에 서 있는 영혼들. 에드워드 콜리 번 존스의 그림.

계는 이 심연에 뿌리를 두고 있다. 타르타로스는 태초 이전의 저 끔찍한 카오스와 비슷한 것이었다. 그러나 타르타로스는 대지의 여신 가이아, 그리고 생식의 힘을 의미하는 에로스와 함께 다른 모든 신들보다 앞서 생겨난 신의 이름이기도 했다. 무서운 싸움 끝에 올림포스의 신들에게 패배한 티탄들은 타르타로스에 내던져졌다. 이들은 올림포스 신들의 세계 질서가 유지되는 한 영원히 그곳에 감금되어 있어야 했다. 후에 가서 그리스인들도 사후세계를 죽은 자들이 살아 있을 때 행한 업적에 따라 가게 되는 무서운 곳과 안락한 곳으로 나누게 되었다. 그러자 타르타로스는 인간들 중에서도 가장 사악한 자들의 그림자들이 가게 되는 일종의 지옥 같은 곳으로 인식되었다. 저승세계에 대한 이러한 도덕적 구획에 따르면 대부분의 그림자들은 황량한 아스포델의 들판에서 지내게 되고 진실로 유덕한 사람들은 사후에 행복의 섬이나 이상향 엘뤼제로 가게 된다. 복잡한 지하세계에는 또한 스틱스강, 죽은 자들이 마시게 될 망각의 물이 솟아나는 레테의 샘, 탁한 강물 아케론 등과 같은 하천들도 들어 있다.

헤르메스가 스틱스나 아케론 강가까지 죽은 자의 영혼을 인도해 오면 뱃사공 카론이 강을 건네준다. 카론에게 지불해야 할 뱃삯인 오볼루스라는 작은 동전을 그리스인들은 죽은 자의 혀 밑에 넣어주었다.

스틱스강과 아케론강 건너편에는 50개의 머리에 꼬리는 뱀인 지옥의 개 케르베로스가 죽은 사람이 저승을 떠나거나 산 사람이 그곳에 들어가지 못하도록 지키고 있었다.

하지만 이 무서운 케르베로스도 항상 무적은 아니어서 몇 번인가 산 사람이 저승세계로 들어갔다가 무사히 그곳을 빠져나온 일이 있었다. 심지어 헤라클레스는 케르베로스를 잠시나마 밝은 세상으로 끌고 나온 적도 있었다. 또 헤라클레스는 하데스에게 붙잡힌 영웅 테세우스를 풀어주기도 했다. 테세우스는 감히 페르세포네를 납치하려고 저승세계에 찾아 들어갔다가 하데스에 의해 의자에 결박당한 채 꼼짝 못하는 신세가 되었다. 가수 오르페우스는 폭력이 아니라 예술의 힘으로 저승세계의 지배자 하데스와 페르세포네의 마음을 움직여 아내 에우뤼디케를 이 어둠의 제국에서 데리고 나올 수 있었다. 그러나 그 기쁨도 단 한순간뿐, 오르페우스는 아내가 너무 보고 싶은 나머지 지상세계로 올라가는 길에 결코 뒤를 돌아보면 안 된다는 하데스의 명을 어김으로써 에우뤼디케는 다시 저승으로 끌려가고 말았다.

❖ ─ 이집트인들이 생각한 저승의 법정. 이것이 후에 그리스에 전해졌다. 『사자의 서』에 그려진 파피루스 그림, B.C. 350년경, 베를린, 이집트 박물관.

오뒷세우스도 방랑길에 저승세계로 찾아 들어갔다가 다시 되돌아오는 행운을 누렸다. 그가 이 위험한 여행을 감행한 것은 단순한 호기심 때문만은 아니었다. 이미 저승에 가 있는 테이레시아스만이 그가 고향 이타카로 돌아갈 수 있는 방법을 알려줄 수 있다고 키르케가 말해 주었기 때문이다. 오뒷세우스 일행은 저승의 입구까지 동행하고 싶지는 않았지만 어쩔 수 없이 함께 가야 했다. 심지어 그들은 지하세계로 떠나는 날 아침에 술에 취해 지붕에서 떨어져 죽은 동료 엘페노르의 장례를 제대로 치러주지도 못할 만큼 출발을 서둘렀다.

키르케는 오뒷세우스 일행에게 검은 털의 숫양 한 마리와 암양 한 마리를 함께 가지고 가라고 선물했다. 키르케가 보내준 바람을 돛에 가득 안고 하루 종일 서쪽으로 배를 몰아 그들은 킴메르인들이 사는 나라에 도착했다. 이 땅은 항상 구름과 안개에 덮여 있어 한 번도 해가 비춘 적이 없는 곳이었다. 키르케가 알려준 대로 그들은 이곳에 깊이 땅을 파고 꿀, 포도주, 물, 보리 등을 죽은 자들에게 제물로 바쳤다. 하데스와 페르세포네에게는 가지고 온 양 두 마리를 희생 제물로 바쳤다.

그러자 곧 죽은 자들의 그림자가 땅 밑 깊은 곳에서 찾아 올라와 오뒷세우스와 희생양의 피 주변에 몰려들었다. 이들 중에는 엘페노르도 있었다. 그는 키르케의 섬으로 돌아가면 제대로 장례식을 치러달라고 부탁했다. 오뒷세우스는 테이레시아스와 이야기를 나누기 전까지는 아무에게도 희생

❖ ─ 페르세포네는 하데스에게 납치된 후 어머니 데메테르의 노력으로 적어도 1년의 3분의 2는 지상으로 돌아올 수 있게 된다. 프레더릭 레이튼(1836~1896)의 이 그림에서는 데메테르가 헤르메스의 안내로 지상으로 나오는 페르세포네를 저승세계 입구에서 맞이한다. 리즈 시립 미술관.

저승세계의 입구 ─────── 그리스인들이 저승세계의 입구가 아주 외진 곳에 있다고 생각했던 것은 지극히 자연스러운 일이다. 그리스 안에서는 펠로폰네소스반도가 시작되는 곳에 있는 험한 타이나론산에 저승세계 입구가 있는 것으로 여겨졌다. 테세우스는 이곳을 통해 하데스의 제국으로 들어갔다가 후에 헤라클레스에 의해 구출된다. 반면에 호메로스는 오뒷세우스가 찾아간 저승의 입구는 먼 서쪽 끝, 즉 태양이 지는 곳이고 항상 어두운 오케아노스에 있었다고 말한다.

❖ ― 저승에서 테이레시아스에게 질문하는 오뒷세우스. 알렉산드로 알로리, 피렌체 팔라초 살비아티.

양의 피를 마시지 못하도록 했다. 마침내 예언자 테이레시아스가 그림자들의 긴 행렬 속에서 나타났다. 오뒷세우스는 칼을 거두고 그가 피로 원기를 돋우도록 했다.

　테이레시아스에게서 원하는 이야기를 충분히 들은 후에 오뒷세우스는 다른 그림자들에게도 피를 마실 수 있도록 해주었다. 그 첫 번째는 그의 어머니 안티클레이아였다. 그녀는 오뒷세우스에게 아내 페넬로페가 아직도 그를 기다리고 있다고 이야기해 주었다. 그 밖에도 그는 암피트뤼온의 아내이자 제우스의 애인인 알크메네, 오이디푸스의 어머니 에피카스테(이오카스테), 헬레나와 디오스쿠로이의 어머니 레다, 테세우스에게 버림받은 아리아드네 등과 그 밖에도 많은 유명한 여인들을 만났다. 트로이 전쟁의 동료들도 그의 앞에 나타났다. 아가멤논의 그림자는 그가 자신의 아내 클뤼타임네스트라와 그녀의 정부 아이기스토스에게 살해당했다고 오뒷세우스에게 이야기해 주었다. 아킬레우스는 자신의 아들 네오프톨레모스가 트로이를 함락시킬 때 세운 무용담을 오뒷세우스에게 전해 듣고 기뻐했다. 그러나 수만 명의 죽은 자들이 몰려들자 오뒷세우스는 두려움에 사로잡혔다. 그는 배에 있는 그의 일행에게로 돌아가 급히 노와 바람의 힘을 빌어 키르케의 섬으로 되돌아갔다. 이곳에서 그들은 엘페노르를 위해 장례식을 치러주었다.

그 얼마 후에 오뒷세우스는 친절한 파이아케스인들의 나라에 도착하여 만찬을 나누며 그의 저승세계 여행에 대해 이야기해 주었다. 오뒷세우스라는 인물을 알고 있는 사람이라면 당연히 예상할 수 있듯이 그는 사람들을 감탄케 하려고 어느 정도 자신의 이야기에 허풍을 섞어 넣었을 것이다. 진짜 그리스인인 그에게 가장 중요했던 것은 결국 죽기 이전의 이승에서의 삶이었기 때문이다.

저승세계와 동굴 ―――――
고통의 장소로서의 지옥에 대한 기독교의 관념은 시쉬포스나 탄탈로스 등과 같은 불경한 인물들이 벌을 받았다는 고대인들의 믿음과 연관된다. 그러나 악마의 존재에 대해서는 그리스인들은 전혀 알지 못했다.

❖ ― 저승세계의 뱃사공 카론의 나룻배. 오토 한스 바이어, 색판화, 1929.

하데스와 타르타로스
- 저승세계

원전 : 오뒷세우스가 저승세계를 찾아가는 모험담은 호메로스의 『오뒷세이아』 제11권에 나와 있다. 『일리아스』에서는 지하세계의 신을 아이스라는 이름으로 부르는데, 이 이름은 작품의 맨 첫 부분부터 언급된다.

타르타로스의 끔찍함에 대해선, 헤시오도스의 『신들의 계보』에 자세히 묘사되어 있다. 땅 밑으로 깊숙이 내려가면 암흑의 세계가 나오는데, 그 깊이는 대지에서 하늘에 이르는 것만큼 깊다고 한다. "청동 모루를 하늘에서 떨어뜨리면 아홉 낮과 아홉 밤이 지나고 열흘째 되는 날에야 땅에 이를 수 있다. 마찬가지로, 청동 모루를 땅에서 지하세계로 떨어뜨리면, 아홉 낮 아홉 밤이 지나고 열흘째 되는 날에야 도달할 수 있다." 이외에도 헤시오도스는 이 암흑의 제국을 지배하는 자들, 하데스와 페르세포네에 대해서도 이야기한다. 그리고 이 작품엔 소름끼치는 여신 스틱스와 같은 이름의 강에 대한 이야기도 나온다.

이런 전통적인 묘사와는 달리, 스틱스는 때로 바다나 늪의 이름을 가리키기도 한다. 고대 그리스의 희곡 작가 아리스토파네스가 지은 희곡 『개구리들』이 대표적인 예다.

오뒷세우스와 마찬가지로 트로이의 영웅 아에네아스도, 저승세계로의 여행을 감행해야만 했다. 이 모험담은 로마의 극작가 베르길리우스가 쓴 유명한 작품 『아에네아스』 제6장에 실려 있다. 아에네아스는 죽은 아버지를 방문하고자 한다. 어느 나이 많은 예언녀의 도움을 받아 그는 황금 가지를 손에 넣게 되고, 덕분에 무사히 저승세계에 발을 들여놓는다. 늙은 예언녀도 아에네아스와 함께 저승세계까지 동행한다. 죽은 자들의 수많은 그림자들 가운데서 아에네아스는 자신의 옛 연인 디도의 그림자와도 마주치게 된다.

오르페우스와 에우뤼디케에 관한 이야기는 오비디우스의 『변신 이야기』 제10권에서 볼 수 있다. 베르길리우스도 그의 서사시 『게오르기카』(제4권)에서 이들의 이야기를 한다.

음악 : 음악사에서는 무엇보다도 오르페우스와 에우뤼디케의 이야기가 큰 관심을 끌었으며, 여러 차례 작품으로 만들어지기도 했다. 클라우디오 몬테베르디, 크리스토프 빌리발트 글루크, 카를 오르프, 에른스트 크레네크 등이 이 이야기를 소재로 오페라를 작곡했다. 이고르 스트라빈스키는 이 이야기를 테마로 삼아 발레곡을 만들었다.

조형예술 : 로마의 베드로 성당 안에 있는 청동문들 중 하나에는 저승세계에서 페르세포네를 납치해 오는 이야기가 묘사되어 있다. 이 문은 이탈리아의 조각가이자 건축가인 필라레테(1400년경~1469)가 제작했다.

이 밖에도 같은 주제를 다룬 회화 작품으로 루벤스와 렘브란트의 그림이 있다. 루벤스의 그림은 마드리드의 프라도 박물관에, 렘브란트의 그림은 베를린의 노이에 게멜데갈레리에 각각 전시되어 있다.

마드리드의 프라도 박물관에서는 스페인의 미술가 프란치스코 데 주르바란(1598~1664)이 그린 지옥의 개 케르베로스의 그림도 볼 수 있다.

티치아노는 오르페우스와 에우뤼디케가 저승세계에서 빠져나오는 장면을 그렸는데, 이 그림은 베르가모의 카라라 아카데미아 미술관에 전시되어 있다.

정리해보기

그리스인들로서는 낙원과도 같은 사후세계라는 것을 상상할 수 없었다. 그들은 죽은 사람들이 저승세계, 즉 하데스와 페르세포네가 지배하는 제국에서 그림자로 살고 있다고 생각했다.

46
헤라와 이오

이것은 수많은 형태로 문학사와 영화사에 소재를 제공해 온 오래된 이야기다. 권태를 느낀 남편이 은밀히 젊은 여자와 바람을 피운다. 그 뒤를 쫓는 부인은 지칠 줄 모르는 질투심으로 남편이 아닌 젊은 경쟁자를 괴롭힌다.

그리스 신화에서 제우스는 대부분 불성실한 남편 역으로, 그리고 헤라는 질투심 많은 아내 역으로 나온다. 남편의 정부 역할을 하는 젊은 여자들에게 헤라가 복수하는 많은 이야기들 중에 가장 드라마틱한 것은 이오의 이야기다.

강의 신 이나코스의 딸인 이오는 아르고스에 있는 헤라 신전의 여사제였다. 그녀에게 사랑에

❖ — 제우스는 구름으로 변신하여 이오에게 접근했다고도 한다. 이 이야기를 테마로 하는 코레조, 「주피터와 이오」, 빈, 예술사박물관.

❖ ─ 제우스가 암소로 변한 이오를 헤라에게 넘겨주고 있다. 다비드 테니에르스(1582~1649), 빈, 예술사박물관.

빠진 제우스는 그녀의 꿈에 나타나 아버지의 소떼가 풀을 뜯고 있는 레르나 강변의 풀밭으로 나오라고 그녀에게 속삭였다. 이오가 이 꿈에 대해 아버지에게 이야기하자 그는 도도나와 델포이의 신탁에 자문을 구했다. 그가 얻은 대답은 딸을 내놓지 않으면 제우스가 번개로 그와 그의 백성들을 전멸시키리라는 것이었다. 이나코스는 신탁을 따를 수밖에 없었다. 그렇게 하여 이오는 아버지의 보호권에서 떠나 제우스의 욕망의 제물이 될 참이었다.

그러나 남편의 계교를 항상 간파하고 있던 헤라 때문에 제우스의 계산은 빗나가고 말았다. 헤라의 개입으로 인해 이오의 시련의 역사가 시작된다.

어떤 곳에서는 헤라가 이오를 추하게 보이게 하려고 암소로 변신시켰다고 하고 또 다른 곳에서는 제 우스 자신이 그렇게 했다고도 한다. 아 내에게 현장을 급습당한 제우스가 이 런 방식으로 애인을 숨기려 했다는 것 이다. 제우스는 어떻게 암소와 사랑을 나눌 수가 있겠느냐고 강변하면서 이 오와의 관계를 부정했다. 하지만 황소 로 변하여 애인에게 접근한 적이 있는 그로서는 그리 설득력 있는 변명은 아 니었다. 헤라도 그것을 알았던지, 그렇 다면 이 아름다운 암소를 자기에게 선물하라고 졸라댔다. 막다른 골 목에 몰린 제우스는 할 수 없이 이오를 헤라에게 넘겨주고 말았다.

제우스를 믿을 수 없었던 헤라는 100개의 눈이 달린 괴물 아르 고스로 하여금 낮과 밤을 가리지 않고 이오를 감시하도록 했다. 아 르고스는 이 암소를 올리브나무에 묶어놓고 그 옆에 앉아 헤라의 명 령을 충실히 수행했다. 이오가 묶여 있던 곳은 아르골리스 지방이었 는데, 이곳에는 이 괴물(아니면 다른 어떤 아르고스)의 이름을 딴 같은 이름 의 도시가 있었다. 사랑에 애간장이 탄 제우스는 수천의 계교를 지 닌 아들 헤르메스에게 도움을 청했다. 목동으로 변장하여 아르고스 의 눈을 속인 헤르메스는 그의 눈이 하나씩 잠들어 100개 모두가 잠 에 빠질 때까지 그의 앞에서 피리를 불었다. 그가 완전히 잠에 골아 떨어지자 헤르메스는 단칼에 그의 목을 베어버렸다.

❖ ― 헤라와 제우스의 결혼식. 헤라가 신방에 들어오며 면사포를 걷고 있다. 시칠리아의 셀리눈테에 있는 헤라 신전의 벽면 조각, B.C. 460년경, 팔레르모, 국립박물관.

　이제 감시자는 없어졌다. 그러나 이것을 안 헤라는 여기서 포기하지 않고 쇠파리를 보내 암소로 변한 이오를 괴롭혔다. 이오는 아르고스에서 도망쳤지만 당시의 그리스인들이 알고 있던 세계 전체를 쇠파리에 쫓겨 다녔다. 그녀는 보스포로스 해협을 ― 이 해협의 이름은 이오에게서 유래한 것으로서 '보스포로스'란 '소가 건넌 곳'을 뜻한다 ― 건너 코카서스산까지 기어 올라가 그곳에 쇠사슬로 결박당한 채 고통을 겪고 있던, 인간을 사랑하는 티탄족의 신 프로메테우스에게 자신의 고초를 하소연했다. 마침내 이오는 이집트 땅에 이르렀다. 그사이 헤라는 그녀의 행방을 시야에서 놓쳐버렸다. 이렇게하여 제우스는 이제 그녀를 인간의 모습으로 되돌리고 그녀와 사랑을 나눌 수 있었다. 이 사랑의 결실로 아들 에파포스가 태어났다.

　　의붓아들의 출생 사실을 알게 된 헤라
는 이제 복수의 칼날을 그에게 돌렸다. 헤
라는 야만적 전사들의 무리 쿠레테스족
을 시켜 에파포스를 시리아로 납치하게
했다. 격노한 제우스는 쿠레테스족을 전
멸시켰다. 이오는 아이를 되찾은 후 이집
트인과 결혼했다. 그때부터 이오는 이 나
일 강가의 나라에서 대지의 여신 데메테
르 혹은 때때로 암소머리의 형상을 하는
이집트 여신 이시스로 숭배되었다.

　　결국 부정한 가부장적 남편의 숨겨진
애인 이오는 어머니로서 그리고 다른 남자의 부인으로서 비로소 명
예를 얻게 된 것이다. 그러나 그때는 이미 이오나 헤라 모두가 서로
에 의해 지옥 같은 긴 세월을 겪
은 후였다. 반면에 제우스가 겪
은 유일한 고통은 현장을 발각당
한 무안함뿐이었다.

❖ ― 헤라는 이오의 아들 이상으로 알크메네의
아들 헤라클레스를 미워했다. 우연한 계기로 헤
라는 헤라클레스에게 젖을 준 일이 있었다. 그러
나 그 젖먹이가 누군가를 알자 헤라는 급히 아이
에게서 젖가슴을 빼냈다. 이때 뿌려진 젖이 은하
수가 되었다고 한다. 이 이야기를 그림으로 옮긴
루벤스, 마드리드, 프라도 박물관.

헤라와 이오

원전 : 고대 그리스의 문학가 헤시오도스의 『신들의 계보』에 따르면, 제우스는 여신 헤라를 아내로 맞아들이기 이전에 이미 여러 명의 애인들과 몰래 관계를 가졌다. 이들 사이에서 헤베와 아레스, 그리고 에일레이튀아가 태어난다.

여사제 이오에게 닥친 운명에 대해서는 아이스퀼로스의 비극 『쇠사슬에 묶인 프로메테우스』에서 찾아볼 수 있다. 암소로 변한 이오는 무서울 정도로 화끈거리는 쇠파리에게 뜯긴 상처로 인해 고통스러워하며, 배고프고 목말라하면서 숨돌릴 겨를도 없이 여기저기를 헤맨다. 이런 비참함에서 벗어나게 해달라고 이오는 제우스에게 간청한다. 그녀는 바위에 쇠사슬로 결박당해 있는 프로메테우스를 만나 자신이 겪은 모든 일을 이야기한다.

아이스퀼로스가 쓴 또 하나의 비극 『탄원자들』에서는 이오의 후손들인 다나이데스가 합창단으로 등장하여 이오의 비참한 운명을 이야기한다. 여기에 실린 이오의 이야기에는 감시자도 함께 등장한다. 헤라가 이오를 암소로 만들어버리자, 이후 제우스는 황소의 모습으로 변신하여 이오의 꽁무니를 계속해서 쫓아다닌다. 그러자 헤라는 아르고스로 하여금 이오를 감시하도록 한다.

암소로 변한 이오가 아르고스에 의해 감시당하는 이야기는 로마 시대의 문학가 오비디우스가 쓴 버전에도 등장한다. 오비디우스는 『변신 이야기』 제1권에서 이 이야기를 한다. 이 새로운 버전에는 헤라가 제우스와 이오 사이의 연애 행각을 눈치채고도 겉으로는 시치미를 떼면서 제우스에게 암소를 선물로 달라고 조르는 이야기가 첨가되어 있다.

문학 : 숀 오케이시(1880~1964)가 쓴 비극 『주노와 공작새』는 그 제목과 주제로 볼 때, 헤라의 이야기를 떠올리게 한다. 이 이야기는 1922년 더블린의 한 노동자 가정인 보일의 집안을 무대로 한다. 주인공들에게 붙여진 이름을 보면, 이 작품이 신화를 암시하고 있음이 더욱 분명해진다. '주노'라는 이름의 보일 부인과 그녀의 남편인 '공작새'는 서로 조화를 이루지 못하는 결혼 생활을 하고 있다.

조형예술 : 이탈리아의 조각가이자 건축가인 필라레테는 로마의 베드로 성당 안에 있는 청동문에 작은 부조 형식으로 아르고스와 이오, 헤라의 모습을 묘사해 놓았다. 이탈리아의 미술가인 코레조는 「주피터와 이오」라는 제목의 그림을 남겼다. 이 그림은 빈의 예술사박물관에 소장되어 있다. 이 박물관에서는 그 밖에도, 다비드 테니에르스가 그린 「암소로 변한 이오를 주노에게 넘겨주는 주피터」라는 제목의 그림도 볼 수 있다. 루벤스는 「이오와 함께 있는 제우스를 급습하는 헤라」라는 제목의 그림을 그렸다. 이 작품은 쾰른에 있는 루트비히 박물관의 발라프 리하르츠 전시관에서 볼 수 있다.

정리해보기

남편 제우스의 수많은 애인들에 대한 헤라의 질투 중에서도 가장 가혹했던 것은 가엾은 이오를 괴롭혔던 일이다.

47

헤라클레스와 아우게우스의 외양간

권력과 부가 많이 쌓여 있는 곳에서는 악취 또한 많이 나는 법이다. 오랫동안 무제한의 권력을 휘두른 사람들이 '아우게우스의 외양간'을 유산으로 남기게 된다는 사실을 오늘날에도 우리는 거듭 확인한다. 우리는 권력가 주변의 곰팡내 나는 관계들을 흔히 '아우게우스의 외양간'이라고 일컫는다. 그것을 깨끗이 청소하는 일은 그야말로 거의 불가능한, '헤라클레스적'인 과제이다. 제우스는 자신의 방종한 연애 편력으로 인해 일종의 '아우게우스의 외양간'을 뒤에 남겼다. 그의 아들 헤라클레스의 일생의 과제는 그 외양간을 청소하는 일이었다. 그러나 그가 실제로 아우게우스의 외양간을 청소한 일은 일생 동안 그가 겪은 수많은 에피소드 중 하나에 불과하다.

헤라클레스는 암피트뤼온왕의 부인 알크메네가 낳은 아들이었다. 암퓌트뤼온은 지혜로운 왕이었다. 그는 자신의 의붓아들의 생부가 최고신 제우스라는 사실에 심지어 자부심까지 느꼈던 것 같다. 그래서 그는 헤라클레스에게 최상의 교육을 받게 했다. 그러나 제우스의 아내 헤라는 그렇게 관대하지 못했다. 헤라는 기회만 있으면 헤라클레스를 해치려고 했다.

그중에서도 가장 고약했던 일은 헤라클레스를 미치게 만든 것이었다. 헤라가 내린 광기로 인해 그는 테바이왕 크레온의 딸인 메가라와 결혼하여 낳은 자기 자식들을 죽이고 말았다. 그는 이 죄의 대가를 치러야 했다. 또 제우스의 탈선이 부인 헤라에게 가한 마음의 상처를 보상해야 했다. 요컨대 그는 하늘나라의 '아우게우스의 외양간'을 깨끗이 청소해야 했던 것이다.

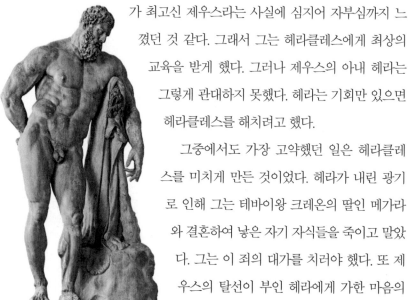

❖ ─ 유명한 헬레니즘 시대의 헤라클레스 조각. 나폴리, 국립박물관.

델포이의 신탁은 헤라클레스에게 티린스의 왕 에우뤼스테우스 밑에서 그가 내리는 열두 가지 과제를 해결하라는 판결을 내렸다. 남의 밑에 들어가 일한다는 것 자체가 이 영웅에게는 이미 고역이었다. 그러나 더욱 고통스러웠던 것은 그의 주인이 하필이면 원래 헤라클레스의 몫이었던 티린스의 왕좌를 찬탈해 간 에우뤼스테우스라는 사실이었다. 에우뤼스테우스는 실로 사디스트적인 상상력을 발휘하여 거의 실행 불가능하거나 목숨을 위협하는 과제들만을 생각해 냈다. 그는 모든 궁리를 다해 자신의 경쟁자를 해치워버리려 했던 것이다.

헤라클레스의 첫 번째 과제는 네
메아 지방의 사자를 죽이는 일이었
다. 두 번째 과제는 원래 100개의 머
리가 달린데다가 머리 하나를 잘라
내면 그 자리에서 두 개의 머리가 솟
아나는 괴물 휘드라를 해치우는 일
이었다. 그 다음에는 케뤼니티아의
암사슴을 잡다 바쳐야 했다. 황금
뿔을 지닌 이 신비의 동물을 사로잡
기 위해 그는 1년을 쫓아다녔다. 네

> **시대에 따른 헤라클레스상의 변화**
> ———— 고전시대의 그리스인들은
> 당시의 지배적이었던 미적 이상에 따
> 라 헤라클레스를 운동선수 같은 영웅
> 으로 묘사한다. 헬레니즘 시대에 와서
> 는 그의 초인적인 힘이 특별히 강조되
> 었다. 네로 같은 로마의 황제들은 자
> 신들이 스스로에게 바라던 모습대로
> 헤라클레스를 표현하도록 했다. 그것
> 은 근육질의 슈퍼맨이었다. 이러한 헤
> 라클레스상은 바로크 시대에도 그대
> 로 받아들여졌다. 당시의 절대군주들
> 은 몽둥이를 휘두르는 헤라클레스의
> 힘을 자신들의 무제한적 권력에 대한
> 구체적 표상으로 만들고자 했다.

번째 과제로 그는 에뤼만티아의 무서운 멧돼지를 죽였다.

에우뤼스테우스는 헤라클레스가 못해낼 위험한 일이란 없다는
것을 깨닫고는 모욕적이면서도 거의 불가능한 과제를 생각해 냈다.
그것이 바로 '아우게우스의 외양간'을 청소하는 일이었다.

아우게우스는 태양신 헬리오스의 아들로 펠로폰네소스반도에
있는 엘리스의 국왕이었다. 그는 지상에서 가장 부유한 사람이었는
데, 이는 그가 세상의 다른 어느 누구보다도 많은 소와 양과 염소를
소유하고 있었기 때문이다. 그러나 바로 그런 이유로 해서 그 가축
들의 분뇨를 모두 치운다는 것은 어느 누구에게도 불가능한 일이었
다. 그곳에서 나는 악취는 하늘까지 괴롭혔다.

헤라클레스는 아우게우스를 찾아가서 그가 이 외양간을 하루 만

❖ ― 100개의 머리를 가진 휘드라와 싸우는 헤라클레스. B.C. 5세기 초반의 아티카 화병. 파리, 루브르 박물관.

에 깨끗이 청소할 테니 그 대가로 가축의 10분의 1을 달라고 요구했다. 아우게우스는 헤라클레스의 이 약속이 불가능한 일이며 어쨌든 그로서는 불리할 게 없는 거래라고 생각했다. 헤라클레스가 이 일을 일부분밖에 해내지 못한다 해도 그는 헤라클레스에게 아무런 대가를 지불할 필요 없이 이미 어느 정도의 이익을 본 셈이기 때문이다. 아우게우스는 이 계약을 승인했다. 그는 자신의 아들 퓔레우스를 증인으로 세우고 그에게 헤라클레스의 작업을 감시하는 역할을 맡겼다.

헤라클레스가 탁월한 계획을 세워 이 어려운 일을 순식간에 해치우는 것을 본 퓔레우스는 자신의 눈을 도저히 믿을 수가 없을 지경이었다. 헤라클레스는 외양간의 외곽을 둘러싼 성벽 두 곳을 허물고 알페이오스와 메니오스 강물이 이곳으로 통과하도록 만들었다. 그러자 힘차게 흐르는 이 강물이 외양간의 분뇨를 깨끗이 씻어가 버렸다.

이렇게 하여 외양간 일대는 깨끗해졌지만 아우게우스의 궁전에 만연해 있던 '사기와 부패의 외양간'은 여전히 그대로였다. 아우게우스는 약속한 대가를 내놓지 않으려고 궁리한 끝에 마침내 계약을 지키지 않을 구실을 찾아냈다. 헤라클레스가 외양간을 청소한 것은 결국 에우뤼스테우스의 명령에 의한 것이었으며, 더구나 이 일을 해낸 것은 헤라클레스 자신이 아닌 강의 신들이라는 것이 그가 내세운 핑계였다. 심지어 그는 헤라클레스에게 아무것도 약속한 적이 없다는 거짓말까지 했다.

이들이 심각하게 언쟁을 벌이고 있는 와중에 아우게우스의 유명한 흰 소가 씨근대며 주인을 도우려고 헤라클레스에게 달려들었다. 이 소는 헤라클레스를 사자로 잘못 보았던 것이다. 헤라클레스는 네메아의 사자를 죽인 후에 그 가죽을 벗겨 몸에 두르고 다녔기 때문이다. 헤라클레스는 이 소의 뿔을 붙잡아 땅바닥에 주저앉혔다. 결국 아우게우스는 이 사건을 법정에서 판가름하자는 헤라클레스의 제안을 받아들일 수밖에 없었다.

재판관은 양측의 주장을 들은 후 증인 퓔레우스를 불렀다. 그는 아버지를 편들지 않고 진실을 이야기했으며 이에 따라 재판관은 헤라클레스에게 승소 판결을 내렸다. 아우게우스는 정의롭지 못한 인간이었지만 그에게는 권력이 있었다. 그는 헤라클레스와 퓔레우스를 즉시 자신의 영토에서 추방했다. 또 에우뤼스테우스도 당연히 시빗거리를 찾아냈다. 그는 헤라클레스가 대가를 받았기 때문에 이번 일은 무효라고 선언했다.

이에 따라 헤라클레스는 자신의 죄업을 씻기 위해 아직 일곱 번의 과제를 더 수행해야 했다. 그는 아름다운 아르카디아를 지옥처럼 황폐하게 만든 무서운 스튐팔로스 숲의 새들을 내몰았고 괴물 미노

❖ ─ 거인 안타이오스와의 싸
움에서 승리한 헤라클레스.
피에르 자코모 일라리오(1460
년경~1528), 청동 조각상.

타우로스의 아버지인 크레테섬의 무서운 황소를
붙잡아 대륙으로 끌고 왔다. 그는 또한 디오메데스
왕으로부터 사람을 잡아먹는 암말을 빼앗아 왔고
아마존 여왕 히폴뤼테에게서는 마법의 허리띠를
탈취했다. 그가 했던 가장 먼 여행은 세계의 끝까지
가서 아틀라스의 도움을 얻어 에스페리데스의 황
금 사과를 따다가 에우뤼스테우스에게 갖다 준 것
과 저승세계를 찾아가 지옥의 개 케르베로스를 붙
잡아 세상에 끌고 나온 일이었다.

이런 속죄 행위를 통해 그는 거짓말과 탈선과
질투로 더럽혀진 천상세계의 '아우게우스의 외양
간'을 깨끗이 청소했다. 그 밖에도 더 많은 모험과
숙명을 견뎌내고 마침내 죽게 되자, 그는 올림포스의 일원으로 받아
들여졌다. 그리고 헤라도 결국 그와 화해했다. 몇몇 버전에서는 심
지어 헤라가 그를 아들로 받아들였다고도 되어 있다.

헤라클레스와 아우게우스의 외양간

원전 : 헤라클레스의 신화는 다른 시대보다도 특히 고대 그리스와 로마 시대의 문학에서 즐겨 다루어졌다. 헤라클레스라는 이름은 헤라가 그를 박해한 데에서 유래했다. 헤라는 헤라클레스의 어머니 알크메네에 대한 질투심에 불탄 나머지 사사건건 헤라클레스의 앞길을 가로막는다. 헤라클레스라는 이름은 '헤라로 인해 유명해진 사람'을 뜻한다.

천하장사 헤라클레스에 대해서는 이미 호메로스가 『일리아스』(제5권)에서 이야기하고 있다.

소포클레스는 그의 비극 『트라키아의 여인들』에서 헤라클레스가 타오르는 장작더미에 올라 자살하는 사건을 다루고 있다.

전통적으로 전해오는 내용에 따르면, 헤라클레스는 그의 아내와 자식들을 죽인 죄를 용서받기 위해 열두 가지의 과제를 수행해야만 하는 것으로 이야기된다.

에우리피데스는 그의 비극 『헤라클레스』에서 이 이야기를 변형시켜 새로운 버전으로 만들었다. 에우리피데스의 희곡에서 헤라클레스는 이 일들을 단지 영웅적 행위로서 수행할 뿐이다. 아내와 자식들을 살해하는 것은 그 이후의 일이다. 가족을 죽인 데 대한 후회와 경악은 헤라클레스를 자살 직전에까지 몰아넣는다. 그때 테세우스가 나서서 그의 자살을 막고 그를 아테네로 데려간다. 그럼으로써 그의 죄는 깨끗이 용서받게 된다.

헤라클레스의 이야기는 1세기경 로마 시대의 문학가인 세네카의 두 희곡 『미쳐버린 헤라클레스』와 『오에타의 헤라클레스』에서 다시 다루어진다. 이중 두 번째 작품은 소포클레스의 비극 『트라키아의 여인들』을 본보기로 삼은 것이다. 이 둘 사이의 중요한 차이점 중 하나는, 세네카의 작품에서는 헤라클레스가 불길 속에서 죽은 뒤 신의 반열에 오르게 된다는 것이다.

헤라클레스와 아우게우스에 얽힌 이야기를 처음으로 다루는 작품은 고대 그리스의 문학가 핀다르가 쓴 『올림피아』이다. 이보다 더 상세한 묘사는 그리스의 학자 아폴로도로스가 남긴 문헌들에서 찾아볼 수 있다.

문학 : 문학사에서는 무엇보다도 헤라클레스의 영웅적 행위들을 주제로 삼는다. 중세 문학사에서 헤라클레스는 이상적인 기사의 모습을 구현한 인물로 묘사되고 있다. 기독교적인 관점에서 볼 때, 헤라클레스는 미덕과 신앙심을 상징하는 인물이었다. 현대 문학에서 이 이야기를 다룬 주목할 만한 작가들로는 프랑크 베데킨트(1864~1918), 『트라키아의 여인들』이란 작품에서 헤라클레스의 이야기를 다루고 있는 에즈라 파운드 그리고 프리드리히 뒤렌마트 등이 있다. 뒤렌마트의 방송극 「헤라클레스와 아우게우스의 외양간」은 시대 비판적이면서도 경쾌한 분위기의 작품이다.

하이너 뮐러(1929~1995)가 쓴 헤라클레스에 관한 희곡은 단 두 개의 장으로 이루어진 짧은 작품이긴 하지만, 이 역시 헤라클레스가 '아우게우스의 외양간'을 청소한 이야기를 다루고 있다.

조형예술 : 헤라클레스는 고대 조형예술에서 가장 빈번히 등장하는 인물이다. 그는 몽둥이와 사자 가죽으로 무장한 우람한 체격의 인물로 묘사되고 있다. 그러나 아우게우스의 외양간을 청소하는 이야기는 올림피아에 있는 제우스 신전의 벽면에 묘사된 부조를 제외하고는 거의 없다.

정리해보기

헤라클레스에게 주어진 여러 과제들 중 아우게우스의 외양간 청소는 아마도 가장 궁리를 많이 해야 했던 일일 것이다. 이 이야기가 하나의 관용구로 쓰이게 된 이유는 '아우게우스의 외양간'을 치워야 하는 일이 지금도 여전히 일어나고 있기 때문이다.

48

헤르메스
– 도둑과 상업의 신

오늘날 우리가 별자리 이름으로만 알고 있는 플레이아데스는 원래 그리스 신화에 나오는 여신들, 혹은 요정들이었다. 이들 중에서 가장 유명한 여신은 마이아다. 그러나 그녀 자신은 플레이아데스들 중에서도 가장 겸손하고 가장 수줍음이 많은 여신이었다. 그녀는 신들의 세계를 피하여 아르카디아의 퀼레네산에 있는 동굴 속에서 조용하게 살고 있었다. 그런데도 제우스는 그녀를 발견하고는 곧 사랑에 빠져버렸다. "깊은 밤, 헤라의 흰 팔이 달콤한 졸음에 겨워 자리에 눕혀지면, 제우스는 아름다운 곱슬머리를 한 마이아의 잠자리로 아무도 모르게 찾아든다"라고 호메로스는 「헤르메스에게 바치는 찬가」에서 읊고 있다.

이 구절 다음에 실로 놀라운 시행들이 이어진다. "때가 되었을 때 마이아는 아들을 낳았으니 그는 영리하고 교활한 강도이며, 목동

❖ — 메르쿠리우스(헤르메스의 라틴어 이름)와 우아한 여신들인 세 명의 그라치아들. 틴토레토, 베네치아, 도겐팔라스트.

과 꿈을 인도하는 자이고, 밤의 파수꾼이며 문가에 서 있는 도둑. 그는 곧 신들 사이에서 놀라운 일들을 행하게 되리라." 요컨대 그리스인들은 강도이자 도둑을 신으로서 찬양하고 있었던 것이다. 그것도 천상의 다른 많은 신들보다 그들에게 더욱 친근한 신으로서 말이다.

이를 이해하기 위해서는 그리스 초기의 명문 귀족들은 미국 서부의 농장주처럼 서로 소떼를 훔치는 것을 일종의 스포츠로 즐겼다는 것을 알고 있어야 한다.

시대가 흐른 뒤에야 이들은 제대로 된 농지 문서를 만들고 계약에 기초한 상행위를 했다. 이때에도 영리함과 교활함을 무기로 많은

재산을 모은 자들은 능력 있는 자로 사람들의 인
정을 받았다.

헤르메스는 영리하고 뛰어난 기업가적인 능력
을 지닌 신이었다. 태어난 그날부터 헤르메스는 마
이아가 그를 낳은 동굴에서 벗어나 넓은 세상으로 나
갔다. 그리고 바로 동굴 입구에서부터 그의 재빠른 판
단 능력과, 생각을 신속하게 실천하는 행동력을 입증해
보였다. 그곳에서 그는 풀밭에 움츠리고 있는 거북이에 발
이 걸려 넘어졌다. 그에게 즉시 아이디어가 떠올랐다. 그는
거북이의 속살을 벗겨내고 등껍질에 소가죽을 씌운 후 염소
와 소의 창자로 만든 줄을 팽팽하게 매달았다. 이렇게 하여 그
는 최초의 현악기 리라를 발명했다. 그는 현을 조율하고 그에
맞춰 건방진 내용의 노래를 불렀다. 그것은 제우스와
마이아가 나눈 사랑의 밤들, 그의 존재가 생겨나게 해
준 그 밤들을 찬양하는 노래였다.

❖ ─ 전령의 신 메르쿠리
우스. 잠볼로냐. 피렌체.
국립박물관.

그사이 배가 고파진 헤르메스는 피에리아를 향해 걸음을 옮겼
다. 올림포스 산자락에 있는 그곳에는 신들이 기르는 살찐 소들이
풀을 뜯고 있었다. 해질 무렵 그곳에 도착한 헤르메스는 아폴론의
소 50마리를 한쪽으로 내몰았다. 흔적을 감추기 위해 그는 소떼를
뒷걸음치게 몰고 자기 발에는 버드나무 껍질과 미르테나무 가지로
샌들을 만들어 신었다. 그러고 나서 그는 이 노획물들과 함께 집을
향해 먼 길을 떠났다. 도중에 그는 포도밭을 가꾸는 늙은 농부와 마

현악기 ——— 리라는 가장 오래된 현악기다. 이 악기는 노래를 할 때나 서정시를 낭송할 때 함께 사용되었다. 리라보다 외형과 소리 면에서 더 큰 악기로 키타라가 있었다. 이것은 오늘날 현악기의 하나인 기타의 어원이 된 악기다. 그리스 시대에는 하프도 이미 발명되었다. 현악기들이 오늘날처럼 음을 내는 손잡이 부분이 긴 목의 형태를 갖추게 된 것은 그리스 고전시대에 와서의 일이다.

주쳤다. 헤르메스는 자신의 도둑질을 목격한 이 달갑지 않은 증인을 매수했다. 그는 이 일을 발설하지 않으면 포도가 풍작이 되도록 해주겠다고 약속했다. 그러나 얼마 지나지 않아 이 노인을 믿어도 좋을지 의심이 갔다. 그는 변장을 하고 이 노인에게 되돌아가 자기가 소떼의 진짜 주인인 것처럼 행세했다. 대가로 약간의 돈을 주자 이 늙은 포도밭 주인은 즉시 말문을 열고 소도둑의 모습을 이야기했다.

그러자 조심한다는 의미에서 헤르메스는 이 노인을 돌로 만들어버렸다.

달이 떠오를 무렵 헤르메스는 알페이오스 강가에서 소떼에게 물을 먹이고 풀을 뜯게 했다. 이제 더욱 배가 고파진 헤르메스는 장작을 모아 불을 피우고 소 두 마리를 잡았다. 고기를 긴 꼬치에 끼워 구운 후 그것을 열두 몫으로 나누었다. 한 몫은 자신이 먹고 나머지 몫은 올림포스의 신들에게 제물로 바쳤다. 그리고 잠이 들었다.

동이 틀 무렵 그는 소떼를 동굴에 감추고 서둘러 집으로 돌아와 천진난만한 어린애처럼 요람에 들어가 누웠다. 물론 그의 어머니는 그가 한 짓을 눈치챘다. 그녀는 아들을 심하게 꾸짖고 아폴론이 그에게 합당한 벌을 내릴 것이라고 경고했다.

아폴론은 자신의 신통력에도 불구하고 한 나절이나 도둑의 행로

헤르메스의 외모상 특징 ─────── 고전시대의 그리스 예술에서 헤르메스는 흔히 독특한 모자를 쓰고 나신인 채로 방랑하는 아름다운 젊은이로 묘사된다. 헬레니즘 시대에 와서 그의 모자와 샌들에 날개를 다는 것이 관행화되었다. 이 신들의 전령은 보통 날아서 다녔기 때문이다. 그 밖에도 그는 전령을 상징하는 지팡이를 들고 다녔는데 여기에도 대개 날개가 달려 있었다. 헤르메스가 싸우고 있는 두 마리의 뱀 사이에 이 지팡이를 놓아 싸움을 멈추게 한 이후로 그의 지팡이에는 두 마리의 뱀이 감기게 되었다.

❖ ─ 테라코타로 만들어진 로마 시대의 메르쿠리우스 상. B.C. 2~3세기, 요르단에서 출토, 암만, 고대박물관.

를 추적한 끝에 오후 늦게서야 동굴로 들이닥쳤다. 그러나 그가 동굴에서 발견한 것은 요람에 누워 평화롭게 졸고 있는 젖먹이였다. 아폴론은 바로 이 아이가 도둑이라는 것을 확인한 후 그에게 말을 건넸다. 헤르메스는 완강히 부인했다. 자기는 너무 어려서 소가 뭔지도 모른다는 것이었다. 하지만 아폴론은 이에 속지 않고 헤르메스를 신들의 아버지 제우스에게 끌고 갔다. 그곳에서도 헤르메스는 자신의 도둑질을 부인했다. 제우스는 이 꼬마 악당을 보고 웃지 않을 수 없었다. 게다가 헤르메스는 재판이 진행되는 와중에도 아폴론의 활과 치명적인 화살이 들어 있는 화살통을 몰래 훔쳐내는 것이었다. 신들의 아버지 제우스는 엄숙한 태도를 취하는 척 꾸며서 소떼를 내놓으라고 헤르메스에게 명령했다. 헤르메스는 명령에 따르지 않을 수 없었다. 또 그는 자신이 벌써 두 마리를 도살했다고 자백해야만 했다. 이에 덧붙여 그는 그 고기를 올림포스 신들의 수대로 열둘로 나누어

❖ — 헤르메스가 그의 뛰어난 지략으로 성사시킨 일 중의 하나가 100개의 눈을 가진 아르고스를 피리 소리로 잠들게 한 것이었다. 이렇게 하여 그는 암소로 변신한 아름다운 이오를 헤라의 파수꾼 아르고스로부터 구출해 제우스에게 되돌려보낼 수 있었다. 루벤스, 「메르쿠리우스와 아르고스」, 드레스덴, 미술박물관.

제물로 바쳤다고 말했다. 이로써 그는 자신이 그 열두 신에 속한다는 것을 분명히 했다.

제우스가 그것에 이의를 달지 않자 아폴론은 그리 심사가 좋지 않았다. 이때 헤르메스는 자신이 교활한 도둑일 뿐만 아니라 영리한 외교관이기도 하다는 사실을 입증했다. 그는 아폴론에게 리라를 선물했다. 이 악기에 감탄한 아폴론은 그때부터 헤르메스의 가장 좋은 친구가 되었다. 기쁜 마음에 그는 헤르메스에게 자신의 소떼를 선물하고 예언술을 전수했다. 이렇게 하여 헤르메스는 태어난 지 채 하루가 지나기 전에 올림포스의 열두 명의 주신 중 하나가 되었다.

올림포스에서 헤르메스는 영리한 사기술과 뛰어난 외교술 덕분에 그의 아버지의 가장 중요한 보좌관이 된다. 그는 아버지의 연애 행각에 사랑의 전령 혹은 뚜쟁이로서 기여했다. 또 그는 올림포스의 모든 대소사에서 신들의 전령이자 외교관으로서 활동했다. 그 밖에도 그는 인간들의 모든 여행을 안내하고 죽은 자들을 저승세계로 인도하는 역할을 떠맡았다. 항상 바쁠 수밖에 없었던 그는 전령 지팡이를 들고 모자와 신발에 날개를 단 채 온갖 곳을 돌아다녔다. 제우스는 그의 충실한 봉사에 대한 대가로 그가 이복누이 아프로디테와 하룻밤 사랑을 나눌 수 있도록 도와주었다. 이것은 헤르메스의 오랜 소원이었다. 제우스는 독수리로 변신하여 아프로디테가 욕조 앞에 벗어놓은 황금 샌들 한 짝을 훔쳐내 헤르메스에게 갖다 주었다. 헤르메스는 아프로디테에게 그의 간절한 소원을 들어주겠다는 약속을 받고 나서야 그 샌들을 돌려주었다. 아프로디테와 헤르메스 사이의 이 결합에서 남녀 양성을 한 몸에 지닌 헤르마프로디토스가 태어났다.

끊임없이 돌아다니는 신들의 전령이자 모든 여행자, 특히 그중에

올림포스의 열두 신들 ———— 신화에는 올림포스를 지배하는 열두 신들의 이야기가 반복되어 나온다. 그러나 이 신들이 누구누구인지에 대한 명확한 정설은 없다. 대부분 다음의 신들이 열두 신으로 열거된다. 신들의 아버지 제우스와 그의 아내 헤라, 바다의 신 포세이돈, 오누이 아폴론과 아르테미스, 지혜의 여신 아테나와 사랑의 여신 아프로디테, 전쟁의 신 아레스와 대장장이의 신 헤파이스토스, 모신 데메테르와 가정과 화덕의 여신 헤스티아, 그리고 끝으로 헤르메스.

❖ ─ 영리한 헤르메스의 전형적인 책략. 개를 돼지처럼 보이게 만들어 제물로 바치는 헤르메스. 아티카의 접시, B.C. 500년 이전, 빈, 예술사박물관.

서도 상인들의 수호신이었던 헤르메스는 그리스인들의 일상사에 다른 어떤 신들보다 자주 등장하는 신이었다. 마을의 십자로에는 그의 주상柱像이 세워져 길을 지시해 주었다. 이 교통 안내 표시는 초기에는 단지 길을 가리키는 돌무더기였으나, 후에는 헤르메스의 머리가 새겨진 사각의 기둥으로 발전했다. 앞쪽에는 남자의 성기가 새겨져 있어 여행이 남자들의 일임을 상징했다.

가축 도둑과 떠돌이 도둑들의 신이기도 했던 헤르메스는 바로 이 시기에 상업과 교역의 신으로 승격되었다. 오늘날에도 무역 회사나 은행, 보험 회사 등은 그들 회사가 믿을 만하다는 표시로 헤르메스의 그림과 이름을 건물에 즐겨 장식한다. 그러나 이 대자본의 수호자들 중에서 자신들의 회사가 헤르메스의 경우와 마찬가지로 원래 술수와 사기로 사업을 시작했음을 알고 있는 자들은 거의 없다.

> **헤르메스 트리스메기스토스** ─────── 고대 후기에 와서 헤르메스는 이집트의 지혜의 신 토트와 융합하여 트리스메기스토스라는 이름의 신이 되었다. 트리스메기스토스란 '세 곱으로 위대한 자'를 뜻하며 신비하고 마법적인 밀교의 신으로서 섬겨졌다. 중세와 근세 초기까지도 이 신은 연금술사들에 의해 숭배되었다.

원전 : 헤르메스는 호메로스의 『일리아스』 제24권에서 헥토르의 시신을 돌려받기 위해 늙은 프리아모스와 함께 아킬레우스의 진영으로 들어간다. 호메로스의 『오뒷세이아』(제5권)에서는 칼립소의 섬을 떠나 귀향길에 오르라는 제우스의 명령을 오뒷세우스에게 전달한다.

헤르메스는 영혼의 안내자 역할을 하기도 한다. 『오뒷세이아』의 마지막 부분에서 헤르메스는 죽은 자들의 영혼을 저승세계로 인도한다. 헤르메스가 태어나게 된 배경과 그가 소떼를 훔치는 이야기는 호메로스의 찬가에 자세히 나와 있다. 「헤르메스에게 바치는 찬가」(B.C. 7세기)라는 제목의 이 작품은 모두 580개의 행으로 이루어져 있다.

그리스의 비극 작가 소포클레스도 그의 미완성 사튀로스극 『사냥개들』에서 갓 태어난 헤르메스가 아폴론의 소떼를 훔치는 이야기를 다루고 있다. 고대 그리스 작가들의 3부작 희곡들은 이런 익살스런 사튀로스극으로 끝을 맺는다. 반인반수의 괴물인 사튀로스나 세일레노스로 분장한 합창단이 우두머리의 주위에 모여 앞선 비극의 내용을 자유분방하고 익살스럽게 흉내낸다. 오랜 시간 공연되는 한 편의 연극은 이렇게 해서 경쾌한 분위기 속에 끝나게 된다. 소포클레스의 이 작품은 도난당한 짐승들을 오랫동안 찾아 헤매다 지친 아폴론이 인간과 신들을 도난 현장의 증인으로 세우는 장면으로 시작된다. 뜻밖에도 세일레노스와 그의 아들들인 사튀로스들이 자진해서 돕겠다고 나서고, 이들은 소떼를 찾아 길을 떠난다. 하지만 헤르메스는 교묘한 솜씨로 이들을 혼란에 빠뜨린다. 난리법석이 일어나는 가운데 헤르메스는 태연히 리라를 만드는 일에 열중한다. 소포클레스의 텍스트는 이 장면에서 갑자기 끝나버린다.

로마의 문학가 오비디우스는 『변신 이야기』 제2권에서 헤르메스의 소 도둑질에 대해 이야기하고 있다.

문학 : 라이너 마리아 릴케의 시들 중에 「오르페우스, 에우뤼디케, 헤르메스」라는 제목의 시가 있다. "끊임없이 돌아다니며 여기저기 소식을 전하는 신" 헤르메스는 에우뤼디케의 손을 이끌고, 죽은 자들의 제국에서 그녀를 데려온다.

조형예술 : 미술 작품들에서 헤르메스는 날씬하고 젊은 남자로 묘사된다. 머리에는 여행용 모자를 쓰고 발에는 날개 달린 신발을 신고 있으며, 손에 황금 지팡이를 쥐고 있는 모습도 종종 찾아볼 수 있다. 이것은 일종의 마술 지팡이로, 헤르메스는 이 지팡이를 이용하여 사람들을 잠에 빠뜨리거나 다시 깨어나게 할 수 있었다.

고대에 제작된 조각상들 가운데 현재까지 보존되어 있는 작품들은 그 수가 적다. 아테네의 조각가 프락시텔레스가 만든 헤르메스상은 이들 중에서도 매우 중요한 작품에 속한다. 헤르메스와 어린 디오니소스를 함께 묘사하고 있는 이 조각상은 현재 올림피아에 있는 고대박물관에서 볼 수 있다.

헤르메스가 소떼를 훔치는 이야기를 다룬 그림으로는, 이탈이아의 화가 도메니키노(1581~1641)의 그림이 있다. 이 그림은 런던 국립미술관에 전시되어 있다.

정리해보기
고대 그리스인들을 제대로 이해하려면, 그들이 매우 중시했던 신들 중 하나인 헤르메스가 교활한 악당이었다는 사실도 알고 있어야 한다.

49
헥토르와 안드로마케

신이든 인간이든 간에 신화에서 끝까지 서로 순정을 지키는 연인이나 부부는 그야말로 얼마 되지 않는다. 트로이 전쟁에 참가한 영웅들 중에 아내에게 끝까지 충실했던 인물은 헥토르 하나뿐이었고 남편에 대한 사랑을 변함없이 지켰던 여인도 그의 아내 안드로마케뿐이었다.

미녀 헬레나는 헥토르의 동생 파리스에 의해 납치된 후 남편 메넬라오스를 그리워하며 눈물을 흘린 적이라고는 단 한 번도 없었고, 메넬라오스도 아내를 납치한 트로이인들에 대한 복수전에 대대적으로 그리스인들을 동원했던 것도 아내를 위해서라기보다는 자신의 명예를 위한 일이었다. 그리스군 총사령관 아가멤논은 아내 클뤼타임네스트라에게 매정했고, 결국 귀국 후에 그녀에게 살해된다. 그리고 오뒷세우스는 정숙한 아내 페넬로페를 고향에 두고도 집으로 돌

❖ — 헥토르가 아내 안드로마케, 아들 아스
튀아낙스와 작별하고 있다. 책의 삽화로 사
용된 프란츠 슈타센의 수채화, 1912.

아가는 길에 몇 년 동안이나 다른 여자들
의 품에서 세월을 보냈다.

　헥토르와 안드로마케는 트로이 전쟁
을 결코 원하지 않았음에도 이 전쟁에서
큰 불행을 겪게 된 인물이다. 헥토르는 트
로이의 왕 프리아모스와 그의 아내 헤카
베 사이에 태어난 장남이다. 동생 파리스
가 헬레나를 납치했을 때 그는 그 결과를
예견하고 파리스에게 분노를 터뜨렸다.
하지만 그는 그리스군에 맞서 트로이 군
대를 지휘하는 책임을 받아들였다. 헥토
르는 그리스 최고의 영웅 아킬레우스와
힘과 무술에 있어 필적할 만한 유일한 인
물이었으며, 트로이 측에서 아킬레우스에
게 대적할 수 있는 단 하나뿐인 용사였다. 그러나 이 헥토르도 아킬
레우스가 그의 장인인 에에티온왕을 살해하고 그의 나라를 무참히
파괴하는 것을 막을 수는 없었다.

　그런 만큼 안드로마케는 남편에게 아버지의 복수를 종용할 수도
있었다. 그러나 트로이 전쟁의 마지막 해에 아킬레우스가 헥토르에
게 일 대 일 대결을 도전해 왔을 때 안드로마케는 무섭게 날뛰는 아
킬레우스와의 싸움에 나가지 말라고 남편에게 애원했다. 하지만 헥
토르는 아킬레우스와의 싸움에 나쁜 전조가 내려져 있다는 사실을

이미 알고 있었지만 무사로서의 자신의 명예가 트로이의 안전한 성벽 뒤에 숨는 것을 스스로 용납하지 않았다. 싸움터로 나가는 헥토르와 아들 아스튀아낙스를 품에 안고 있는 안드로마케 사이의 작별 광경은 보는 이의 가슴을 찢어지게 했다.

안드로마케는 아킬레우스가 남편 헥토르를 추격하여 살해하는 것과 곧이어 그의 시신을 마차에 매달고 도시 주위를 끌고 다니는 모습을 성벽 위에서 바라보아야 했다. 그러나 안드로마케의 불행은 이것이 전부가 아니었다. 헥토르가 죽고 뒤이어 아킬레우스도 파리스가 쏜 화살에 맞아 목숨을 잃은 후에 결국 트로이는 그리스군에 정복당하고, 살아남은 주민들은 모두 노예가 되었다. 안드로마케는 공교롭게도 아킬레우스의 아

> **호메로스의 높은 공정성 ————**
> 호메로스가 『일리아스』에서 자신의 동포인 그리스인들을 외국인인 트로이인들보다 더 감싸고 있다고는 결코 말할 수 없다. 그는 양쪽의 영웅 모두를 동일한 무사 문화 속의 대등한 인물로 묘사한다. 이들 중 하나가 다른 영웅에게 승리하는 경우 적의 비중에 따라 승리자의 명망도 높아진다. 아킬레우스는 그와 동등한 영웅 헥토르에게 승리함으로써 비로소 모든 그리스인들 중 최고의 영웅이 될 수 있었다. 적에 대한 이러한 공정한 태도는 현대 민족주의에서 볼 수 있는 적에 대한 왜곡된 폄훼와는 거리가 멀다.

❖ ─ 아킬레우스는 헥토르의 시체를 마차에 매달아 트로이 성벽 주변을 끌고 다녔다. 책의 삽화로 사용된 테오도어 호제만의 석판화, 1853.

들 네오프톨레모스의 전리품이 되었다. 트로이를 떠나기 직전에 네오프톨레모스는 헥토르에 대한 사람들의 기억을 지워버리기 위해 그의 아들 아스튀아낙스를 죽여버렸다.

노예가 된 안드로마케는 주인 네오프톨레모스에게서 세 명의 아들을 낳게 되는데 그중 하나가 후에 저 부강한 도시 페르가몬을 창건하게 될 페르가모스다. 그 얼마 후 네오프톨레모스는 메넬라오스와 헬레나 사이에 태어난 딸 헤르미오네와 결혼한다. 헤르미오네는 남편의 노예인 안드로마케를 질투하여 남편이 집에 없을 때 그녀와 아들들을 살해하려 했다. 아킬레우스의 아버지이자 네오프톨레모스의 할아버지인 펠레우스가 개입하여 그들은 간신히 죽음을 모면할 수 있었다.

그리스인들은 위대한 트로이의 전사 헥토르와 온갖 불행의 시험을 겪은 그의 아내 안드로마케를 매우 존경했다. 그녀의 아들이 세운 도시 페르가몬에서는 심지어 그녀를 여신처럼 숭배했다. 예술사에서 무수히 등장한 무사들의 작별 장면 중에서 헥토르가 안드로마케와 작별하는 모습은 단연 압권을 이룬다.

헥토르와 안드로마케

원전 : 호메로스는 헥토르가 그의 아내 안드로마케와 아들 아스튀아낙스와 작별하는 장면을 『일리아스』 제6권에서 감동적으로 묘사하고 있다. 그리스의 극작가 에우리피데스가 쓴 비극 『트로이의 여인들』과 『안드로마케』에서는 남편을 잃은 안드로마케가 모든 사건의 중심을 이룬다.

문학 : 윌리엄 셰익스피어의 희비극 『트로일루스와 크레시다의 이야기』도 헥토르가 끔찍하게 죽는 장면으로 끝을 맺는다. 이 작품은 『일리아스』에서 따온 이야기를 좀 더 객관적인 시각에서, 부분적으로는 패러디 방식을 취하면서 묘사한다.

프랑스의 문필가 장 라신의 비극 『안드로마케』는 에우리피데스의 작품들을 토대로 삼고 있다. 그러나 라신의 희곡에서는 안드로마케의 이야기가 단지 전체 줄거리 중 한 부분일 뿐이다. 이 작품에서는 질투심 많고 복수에 눈먼 헤르미오네와 안드로마케가 갈등을 일으키는 과정에서, 그녀의 고귀하고 헌신적인 성격이 잘 드러난다.

프리드리히 실러는 안드로마케와 헥토르의 이별에 바치는 헌시를 지었다. 모두 4연으로 구성된 이 헌시는 이 두 사람간의 대화로 이루어져 있다.

프랑스의 문필가 장 지로두는 『트로이 전쟁은 일어나지 않는다』라는 제목의 희곡을 썼다. 어느 전쟁에 출정한 후 피곤에 지쳐 돌아온 헥토르는 헬레나가 납치되어 온 것을 알고서, 이로 인해 두 민족 간에 또 다시 전쟁이 일어나지 않게 하려고 온갖 수단을 동원한다. 그러나 외교를 통해 이를 해결하려 했던 헥토르의 노력은, 그가 자신의 성공을 큰 소리로 선언하는 순간 모두 수포로 돌아간다. 헥토르는 말했다. "트로이 전쟁은 일어나지 않는다."

음악 : 프란츠 슈베르트와 체코 출신 작곡가 바클라프 얀 토마세크(1774~1850)는 실러의 시에 곡을 붙였다. 영국의 작곡가 마이클 티페트 경(1905~1998)은 트로이 전쟁을 테마로 삼아 「트로이의 왕 프리아모스」라는 제목의 오페라를 만들었다. 이 오페라는 헥토르를 둘러싼 사건들을 중심으로 구성되어 있다.

조형예술 : 헥토르가 아내 안드로마케와 작별하는 장면이나 그가 일 대 일의 결전을 벌이는 장면들은 이미 B.C. 7세기 이래로 그리스의 화병들에 자주 묘사되곤 했다. 로마 시대뿐만 아니라 근대에 들어서도 이 이야기를 주제로 삼은 미술가들을 찾아볼 수 있다.

헥토르와 안드로마케의 이별을 주제로 그림을 그린 화가로는 프랑스의 화가 앙투안느 쿠아펠, 미국 출신의 영국 화가 벤저민 웨스트(1738~1820), 이탈리아의 조르조 데 시리코(1888~1978) 등을 들 수 있다. 쿠아펠의 그림은 투르의 보자르 박물관에 전시되어 있고, 웨스트의 그림은 뉴욕의 역사협회가 소장하고 있다. 시리코의 그림은 현재 밀라노에 사는 한 애호가의 소유로 되어 있다. 루벤스와 야코포 아미고니는 아킬레우스와 헥토르가 맞대결을 펼치는 장면을 묘사했다. 이 두 화가의 그림은 로테르담의 보이만스 반 보이닝엔 박물관과 슐로스 운트 갈레리 슐라이스하임에 각각 전시되어 있다.

정리해보기

트로이의 영웅 헥토르와 그의 아내 안드로마케는 오랜 세월 가장 이상적인 부부로서 사람들의 모범이 되어왔다. 헥토르가 그의 아내 안드로마케와 작별하는 장면은 고대 그리스 로마의 문학에서 매우 감동적인 장면 가운데 하나다.

50
헬레나

헬레나는 신화에 나오는 최고의 미녀이며 바로 그런 이유로 가장 위험한 여인이기도 했다. 모든 남자들이 그녀를 원했기 때문에 그녀는 스스로 그들 중에서 한 사람을 선택하는 권리를 위임받았지만, 남자들이 그녀의 선택을 받아들이려 하지 않았기 때문에 그녀는 참혹한 전쟁의 원인이 되었다. 그녀의 아버지가 제우스인 다음에야 어찌 그녀가 최고의 미녀가 되지 않을 수 있었겠는가. 제우스는 백조로 변신하여 레다에게 접근해서 헬레나와 '제우스의 아이들', 즉 디오스쿠로이 형제 폴뤼데우케스와 카스토르를 낳았다. 그러나 레다는 원래 스파르타의 왕 튄다레우스의 부인이었다. 튄다레우스는 이 제우스의 자식들을 자기 아이들로 알고 있었다.

헬레나의 미모가 전 그리스를 떠들썩하게 했을 때 그녀의 나이는 겨우 열두 살이었다. 그녀의 미모에 대한 소문은 위대한 영웅 테

❖ ─ 프란츠 폰 슈투크, 「헬레
나」, 1924.

세우스의 귀에도 들어갔다. 테세우스는 그의 친구이자 라피테스의 왕인 페이리토스와 함께 오직 제우스의 딸만이 그들의 부인이 될 자격이 있다고 의견의 일치를 본 적이 있었다. 이들은 아직 나이 어린 헬레나를 함께 납치하여 테세우스가 다스리던 아테네로 데려왔다. 그녀는 테세우스의 부인이 될 예정이었다. 그러나 결혼식을 올리기 전에 테세우스는 친구 페이리토스에게도 최고신 제우스의 딸 중 한 명을 부인으로 얻도록 도와주기로 했다. 그런데 페이리토스는 하필이면 저승세계를 다스리는 신 하데스의 아내인 페르세포네를 납치하겠다는 딱한 생각을 하고 있었다. 이 시도는 결국 실패로 돌아갔고 이로 인해 테세우스와 헬레나의 결혼도 이루어지지 못했다. 몇 년 후 테세우스는 ─ 그의 친구 페이리토스와는 달리 ─ 하데스에게서 풀려났지만, 그때는 이미 헬레나가 오래 전에 디오스쿠로이들에 의해 구출되어 고향 스파르타로 되돌아간 후였다.

튄다레우스는 이제 자신이 직접 나서서 딸의 신분에 맞는 신랑감을 구해야 할 때가 되었다고 생각했다. 그리스의 거의 모든 왕족들이 구혼자로 몰려들었다. 여기서 예외는 이미 튄다레우스의 친딸 클뤼타임네스트라와 결혼한 미케네의 왕 아가멤논과 너무 아름다운 여자를 불신했던 오뒷세우스뿐이었다. 튄다레우스는 퇴짜맞은

모든 구혼자들이 자신의 적이 되는 것이 두려워 딸에게 직접 남편감을 정하도록 했다. 그러나 그 이전에 튄다레우스는 오뒷세우스의 충고를 받아들여 경쟁에서 탈락하게 될 모든 구혼자들에게 헬레나의 결정을 존중할 것이며 언제라도 장래 그녀의 남편을 돕겠다는 맹서를 하도록 했다. 이들 대부분은 이 맹서의 대가를 훗날 톡톡히 치르게 된다.

　헬레나는 아가멤논의 동생으로 엄청난 부자였던 메넬라오스를 남편으로 선택했다. 이미 늙은 튄다레우스는 스파르타의 왕좌를 사위에게 물려주었다. 몇 년의 세월이 평화롭게 흘러갔다. 그사이 헬레나는 메넬라오스에게 딸 헤르미오네를 낳아주었다. 권태기가 찾아오고 남편이 자신에게 예전보다 소홀하게 대한다고 느끼게 될 무렵 잘생긴 트로이의 왕자 파리스가 스파르타의 궁전에 손님으로 찾아왔다. 헬레나는 생기를 되찾았다. 파리스는 여신들 사이의 일종의 미인 콘테스트에서 아프로디테의 손을 들어준 이래로, 이 사랑의 여신의 총애를 받고 있었다. 메넬라오스가 크레테에서 거행된 장례식에

❖ ― 조반니 스카이아로가 18세기에 그린 이 그림의 제목은 「헬레나의 납치」다. 그러나 그것은 결코 폭력적인 납치가 아니었다. 파도바, 키비치 박물관.

트로인들의 편에 섰던 헬레나 ―――― 헬레나는 트로이인들이 도시 안으로 끌고 들어온 목마 속에 그녀가 가족들까지도 모두 잘 아는 그리스군 장수들이 숨어 있으리라고 생각했다. 그들을 꾀어내기 위해 헬레나는 목마 주변을 돌며 그들의 부인 목소리를 흉내내어 속삭였다. 오뒷세우스가 갖은 노력으로 이들이 그 목소리에 대답하려 하는 것을 간신히 말릴 수 있었다.

조문차 떠나면서 자리를 비운 사이에 파리스가 헬레나를 유혹했고, 그녀는 이 미남 왕자에게 쉽게 넘어가고 말았다. 헬레나의 도움으로 메넬라오스의 보물 대부분을 손에 넣은 파리스는 이 아름다운 왕비와 함께 트로이로 돌아갔다.

스파르타로 돌아온 메넬라오스는 아내와 손님에게 수치스러운 배신을 당한 것을 알고는 즉시 복수를 결심하고 원정대를 조직했다. 헬레나의 남편을 돕겠다고 맹서했던 그리스의 왕

> **신화 전승의 아이러니**
>
> 파리스가 진짜 헬레나를 납치하지는 못했다고 하는, 이 신화의 도덕적 버전은 그 자신이 신화적 존재인 스테시코로스라는 작가에 의해 쓰여졌다고 한다. 그는 원래 헬레나의 성격에 대해 나쁜 점만 이야기하다가 도나우 하구의 섬에서 막강한 권력을 휘두르던 이 왕비에 의해 눈을 빼앗기는 벌을 받았다고 한다. 그 후 스테시코로스는 예전의 입장을 철회하는 의미에서 헬레나 이야기의 도덕적 버전을 써냈다는 것이다. 신화 속의 인물인 헬레나가 올바른 도덕적 평가를 얻으려고 걱정했다니 이 무슨 아이러니인가!

과 영웅들은 아무도 이 트로이 원정에서 몸을 뺄 수가 없었다. 더구나 아시아의 이 부유한 도시국가와의 전쟁에는 엄청난 전리품이 약속되어 있었다. 이렇듯 헬레나는 두 번째 남편도 스스로 선택함으로써 트로이 전쟁의 원인이 되었다.

트로이 전쟁이 끝날 무렵 파리스가 전사하자 헬레나는 그의 형제 데이포보스와 결혼했다. 그리고 트로이가 함락되었을 때는 전 남편 메넬라오스를 도와 현재의 남편 데이포보스를 죽게 했다. 전쟁에서 승리한 스파르타의 왕 메넬라오스는 아내 헬레나에게 - 그는 그녀를 다시 아내로 받아들였다 - 고향으로 돌아간 후 즉시 죽여버리겠다고 위협했다. 트로이에서 고향으로 돌아가는 데는 7년이 걸렸

다. 그러나 그 후 그가 아내의 배신에 대해 복수했다는 이야기는 없다. 그 사이 그녀는 남편을 다시 그녀의 손아귀에 넣었던 것이다.

헬레나는 그녀의 고향에서 평화롭게 여생을 마쳤던 것 같다. 스파르타에는 훗날까지 메넬라오스의 무덤 옆에 그녀의 무덤이 남아 있었다. 그녀는 제우스의 딸이었으니까 하늘로 올라갔을 수도 있다. 헬레나는 항상 자기 자신을 먼저 생각하고 도덕과는 무관하게 행동했지만 항상 운명의 가호를 받았다. 도덕을 중시하는 작가들은 이것을 불만스럽게 여겨 이 신화를 개작했다. 그에 따르면 헬레나는 파리스에 의해 강제로 납치되었으며 결혼의 신성함을 항상 수호하는 신들은 헬레나가 파리스와 함께 살도록 놓아두지 않았다. 그녀를 납치해 싣고 가던 배는 트로이로 가는 길에 난파당하여 헬레나는 이집트에 머물게 되었다고 이 새로운 버전의 신화는 전하고 있다. 그리고 파리스는 신들이 구름으로 만든 허깨비 헬레나와 함께 고향으로 돌아갔으며 트로이가 패망한 후 메넬라오스는 이집트에서 헬레나를 되찾아 스파르타로 돌아갔다는 것이다. 그렇다면 이 고대의 세계 대전 전체가 '허깨비' 때문에 일어났던 셈이다.

이 신화에 대한 이런 식의 온갖 재해석에도 헬레나는 오페라, 소설, 영화 등에 나오는 모든 '팜 파탈femme fatale', 즉 불빛이 불나비를 끌어들이듯이 원하는 모든 남자들을 즉시 사로잡는 위험한 '요부들'의 원형이 되었다. 그리하여 헬레나는 오늘날까지 자신이 원하는 대로 행동하는 매혹적인 여자로 남아 있다.

원전 : 호메로스는 『일리아스』에서 헬레나의 미모에 대해 직접적으로 묘사하고 있지는 않다. 그러나 제3권의 한 장면을 통해 그녀의 미모가 범상치 않은 효과를 불러일으킬 정도라는 것을 알 수 있다. 스카이아의 문을 통해 헬레나가 들어서자 문가에서 이를 보고 있던 트로이의 노인들은 왜 트로이인들과 그리스인들이 그녀로 인해 수년간에 걸쳐 전쟁을 치렀는지 알겠다는 듯 수군거린다. 그녀의 자태는 불멸의 여신에 견줄 만한 것이었다.

『오뒷세이아』에서 그녀는 메넬라오스와 다시 화해하고, 그의 아내로서 손님을 접대하는 등 이야기의 부수적인 등장 인물로 나타난다. 여기서는 아르테미스의 미모를 이른바 '신과 견줄 만한' 헬레나의 아름다움에 비교함으로써 그녀의 미모를 언급하고 있다.

헬레나에 관해 전통적으로 전해오는 이야기들을 변형시켜 새로운 버전으로 만든 최초의 인물은 고대 그리스의 작가 스테시코로스이다. 그에 따르면 헬레나 자신은 결코 트로이로 끌려가지 않았으며, 트로이에 간 것은 그녀의 허깨비였을 뿐이다. 그렇다면 그 모든 전쟁이 고작 유령 하나 때문에 일어난 셈이 되어 버린다.

역사가 헤로도토스는 이 버전에 헬레나가 이집트에 머물렀다는 설을 첨가했으며, 이 모든 이야기들은 에우리피데스의 비극 『헬레나』에 종합되어 있다.

그러나 에우리피데스는 자신이 쓴 다른 비극들인 『오레스테스』와 『트로이의 여신들』에서는 이와 달리 전통적으로 전해져온 이야기를 따르며, 헬레나는 부정적으로 묘사되고 있다.

아이스퀼로스도 그의 희곡 『아가멤논』에서 헬레나를 이와 비슷하게 묘사하고 있다. 이들 작품에서 헬레나는 비도덕적인 여자로서, 전쟁 발발에 책임을 져야 하는 인물로 그려진다.

문학 : 영국의 극작가 크리스토퍼 말로(1564~1593)가 쓴 비극에서 파우스투스는 온갖 미사여구들을 동원하여 헬레나의 미모를 높이 칭송하고 있다. 메피스토 필레스는 파우스투스를 혼란에 빠뜨리기 위해 그녀를 나타나게 한다.

괴테의 『파우스트』 제2부 중 제3막은 헬레나의 출현과 함께 전개된다. 이 막은 제2부 전체의 중심 주제들 가운데 하나를 이루는 부분이다. 이른바 '헬레나의 막'이라고 불리는 이 막은 고대 그리스 땅과 중세 북유럽 세계가 그 배경이 된다. 파우스트는 스파르타의 북쪽에 있는 어느 성에서 중세시대의 영주가 되어 살고 있다. 이둘은 사랑을 나누게 되고, 그로부터 오이포리온이라는 이름의 아들이 태어난다.

장 지로두의 희곡 『트로이 전쟁은 일어나지 않는다』는 고대의 이야기에서 신화적인 요소들을 배제한 작품으로서, 헬레나는 냉정하고 부도덕한 인물로 등장한다. 헬레나와 파리스가 트로이에 도착할 즈음, 이 둘 사이의 사랑은 이미 과거지사가 되었다. 헬레나는 순박한 트로일루스에게 벌써부터 흥미를 느끼기 시작한다.

조형예술 : 헬레나를 묘사한 미술 작품은 많지 않다. 이들은 주로 헬레나가 납치되는 이야기를 주제로 삼고 있다. 일례로 베노초 고촐리(1420~1497), 귀도 르니(1575~1642), 에른스트 루트비히 키르히너(1880~1938), 틴토레토의 그림들을 들 수 있다. 이 그림들은 런던 국립미술관, 마드리드 프라도 박물관, 파리 루브르 박물관, 다보스의 키르히너 박물관에 각각 전시되어 있다.

정리해보기

미녀 헬레나는 '요부'의 원형이다. 이들은 자신들이 원하는 남자라면 그가 누구든 자기 것으로 만들어버린다. 원하는 것은 앞뒤 가릴 것 없이 손에 넣고야 만다. 마치 남자들이 그러는 것처럼 말이다.

고전 중의 고전, 그리스 로마 신화

그리스 로마 신화는 인류 문명의 초기에 발칸반도와 에게해 연안 지방 그리고 소아시아 지역에 흩어져 살던 고대 그리스 민족과 그 주변 지역 민족들 사이에서 생겨나 고대 로마 민족에게 전해진 옛날 이야기를 가리킨다. 이처럼 오래된 이야기가 오늘날까지 전 세계인들의 관심을 끌며 변함없이 중요한 관심사가 되고 있는 이유는 무엇일까? 그리고 전혀 다른 시대, 다른 지역에 살았던 낯선 민족의 이야기가 우리나라에서도 꾸준히 중요한 관심사가 되고 우리의 마음을 사로잡는 이유는 어디에 있는 것일까?

신화에는 하늘과 땅, 산과 바다, 숲, 강, 해와 달 등 삼라만상 모든 것에 영혼과 생명이 깃들어 있다고 믿었던 시대의 소박한 인간관과 세계관이 담겨 있다. 신화는 종교와 과학, 인간과 자연, 정신과 물질, 꿈과 현실이 아직 분리되기 이전의 세계를 보여준다. 신화 속의 이야기들은 인간의 원초적 생명력과 분방한 상상력의 소산이다. 그러나 이것이 신화가 단지 허구적 상상의 산물임을 의미하는 것은 결코 아니다. 19세기 이래 활발하게 이루어진 고고학적 발굴의 결과, 미노스왕의 전설이나 트로이 전쟁 등과 같은 신화 속의 이야기들이 실제의 역사적 사실에 근거하고 있다는 것이 입증된 바 있다.

신화는 중요한 체험의 전달이 구전에 의존하고 있던 시대, 역사와 문학 사이의 구분이 아직 존재하지 않았던 시대의 문화 전승 방식이었다. 결국 그리스 로마 신화는 서구 문명의 원천이자 원형이며 인류 문명이 계속되는 한 영원히 가치를 지닐 것이다. 실제로 그리스 로마 신화는 각 시대의 문화를 비춰보는 거울로서 기능하거나 하나의 문화가 한계에 도달했을 때 새로운 문화적 가능성을 길어내는 마르지 않는 샘의 역할을 해왔다. 르네상스 이래로 인문주의자들이 중세의 봉건적 권위에 항거하여 인간 중심의 사상을 역설하면서 프로메테우스의 이름을 내세웠던 것, 그리고 과학과 이성에 편중된 근대 서구 문명이 위기에 봉착했을 때 니체가 디오니소스적인 것으로서 이성의 한계를 비판하며 탈근대의 길을 열었던 것 등은 그 대표적인 예다.

신화는 그리스 로마 시대는 물론 근대와 현대까지도 조각, 회화, 문학, 음악 그리고 심지어 영화에까지 이르는 모든 예술적 영감의 가장 중요한 원천이 되어왔다. 따라서 그리스 로마 신화에 대한 지식은 서양 문학과 예술을 올바르게 감상하고 이해하기 위한 필수 교양이다. 뿐만 아니라 과학과 시사 문제에 제대로 접근하는 데도 신화에 대한 기본적인 지식이 요구된다. 예를 들어 정신분석학의 오이디푸스 콤플렉스, 심리학의 나르시시즘, 물리학에 등장하는 뉴턴의 코스모스적 세계관, 카오스 이론 등의 개념을 명료하게 이해하기 위해서는 이와 관련된 신화에 대해 어느 정도 알고 있어야 한다. 또 원래 제우스의 무기로서 주로 아테나 여신이 빌려 사용했던 '아이기스'라는 방패의 내력을 알고 있는 사람은 "'이지스Aegis'급 구축함이 막강한 방어력을 지닌 함선"이라는 설명에 일종의 동어반복이 들어 있다는 것을 금방 이해할 수 있을 것이다. 결국 신화는 이미 사라져 버린 옛 시대에 속하는 것이 아니라 현대 문화와 우리의 일상생활 속에서 여전히 숨쉬며 살아 있다. 따라서 신화를 제대로 이해하는 일은 곧 서양 문화사 그리고 이 시대 문화에 대한 올바른 시각을 얻는 것이다.

이 책의 저자는 바로 이러한 관점에서 신화 및 그와 관련된 문화사를 서술하고 있다. 이 책은 가장 대표적인 50편의 신화를 다양한 화보들을 곁들여 소개하고 원전 및 그의 신화를 소재로 한 문학 작품, 조형예술, 음악에 대한 풍부한 자료를 제공하고 있다. 그 밖에도 이 책은 평이하고 현대적인 감각을 살린 문체, 최근의 역사학 및 고고학의 성과들에 의거한 흥미 있는 정보를 수록하는 등 많은 장점을 지니고 있다. 성인 독자들은 물론이고 청소년 독자들에게도 아주 좋은 그리스 로마 신화 입문서가 되리라 확신한다.

나는 이 책을 번역하면서 많은 유익함과 즐거움을 경험했다. 이 개인적 경험이 독자들에게도 전해지리라는 것이 역자로서의 바람이고 믿음이다. 일반적으로 고전이란 여러 세대에 걸쳐 사람들에게 감화를 줌으로써 그 진정한 가치와 생명력이 입증된 글이다. 따라서 수십 세기에 걸쳐 인류에게 광범위한 정신적 영향력을 끼친 그리스

로마 신화는 성서와 더불어 고전 중에서도 고전이라고 할 수 있다.

그러나 그리스 로마 신화와 성서는 많은 점에서 현저한 차이를 보인다. 일신교와 다신교, 초월성과 현세성 등과 같은 세계관적 측면 외에 둘 사이의 중요한 차이는, 신화는 성서와 달리 원전만 있을 뿐 정전이 존재하지 않는다는 것이다. 이는 그리스 로마 신화가 일찌감치 순수한 종교적 기능을 상실하고 주로 문학적 의미를 지니게 된 이유이기도 하다. 구전에 바탕을 둔 신화에는 다양한, 심지어 상이한 버전들이 공존한다. 하나의 규정된 문학 텍스트라기보다는 오히려 누구나 자유로이 접근할 수 있는 공동의 문화 자산, 즉 토포스라는 것이 신화의 특유한 존재 방식이다.

신화는 모든 시대에 걸쳐 항상 새로이 쓰여지고 쓰여질 수 있다는 독특한 특성을 지니고 있다. 이에 따라 호메로스와 헤시오도스는 물론 고대 그리스의 3대 비극 시인의 작품들, 로마 시대의 시인 오비디우스의 『변신 이야기』, 그리고 심지어 셰익스피어와 괴테를 위시하여 신화를 모티브로 다룬 근현대의 수많은 문학 작품들도 모두 신화의 한 요소를 이룬다. 그리고 순수하게 신화를 소개한 글들도 시대에 따라 거듭 새로이 서술되어왔다. 이러한 특성으로 인해 신화의 자산은 시대의 흐름과 더불어 계속하여 더욱 풍부해진다.

이 책 역시 현대적 관점에서 신화를 새로이 서술하려 한다. 그리고 그 많은 시도 속에서 이 책이 지니는 나름의 의미는 독특한 체제와 접근 방식에서 찾을 수 있다.

번역을 하면서 가장 고심했던 부분은 고유명사의 표기였다. 지인들 및 편집진과의 많은 논의 끝에 가능하면 그리스어와 라틴어 원어 발음대로 표기하기로 원칙을 정했다. 과거에는 주로 영어식 표기가 일반적이었고 심지어 프랑스어나 독일어식으로 표기하는 경우도 있었으나, 원래의 이름대로 불러야 한다는 것이 나의 생각이다. 다만 '비너스', '주피터' 등의 경우처럼 이미 우리말로 굳어진 경우만은 예외로 했다.

본문에는 동일한 신격을 지닌 그리스와 로마의 신들 이름이 같은 글 내에서 혼용되는 경우가 있다. 제우스와 주피터, 헤라와 주노, 아프로디테와 비너스, 아테나와 미네르바, 에로스와 아모르와 큐피드 등이 그 대표적인 경우이다. 이것은 이 책의 저자가 그리스 로마 각 시대와 원전의 표기에 충실하려 했던 데서 나온 결과이다. 신화를 처음 접하는 독자들에게는 다소 혼란스럽겠지만 글을 읽다 보면 곧 익숙해질 것이다.

이 책의 원서는 각 장을 알파벳 순으로 배치하여 사전적 기능을 할 수 있도록 편집되어 있다. 역자와 편집진은 이 기능을 살리기 위해 가나다 순으로 배치를 바꿔놓았다. 이 책의 각 장은 모두가 거의 독립적으로 서술되어 있어 그렇게 해도 별 무리가 없다는 판단하에 서였다. 또 신화와 연관된 독일어에 대한 설명 부분에는 우리 독자에게 더 익숙한 영어를 역자 임의로 첨언했다. 신화의 특징인 개방성이 그 정도의 역자 재량을 허락해 주리라고 믿는다.

안성찬

신화 속 인명들의 그리스어와 라틴어 표기

한국어	그리스어	라틴어
가이아(게) | 텔루스	Gaia, Ge	Tellus
나르키소스 | 나루키수스	Narkissos	Narcissus
니케 | 빅토리아	Nike	Victoria
다이달로스 | 다이달루스	Daidalos	Daedalus
데메테르 | 케레스	Demeter	Ceres
디오니소스 | 바쿠스	Dionysos	Bacchus
디오스쿠로이 | 디오스쿠리	Dioskuroi	Dioscuri
레토 | 라토나	Leto	Latona
메데이아 | 메디아	Medeia	Medea
모이라이 | 파르카	Moirai	Parcae
무사이	Musai	Musae
사튀로스, 파운 | 사튀루스, 파우누스	Satyros, Faun	Satyrus, Faunus
세멜레 | 루나	Semele	Luna
세일레노스 | 세일레누스	Seilenos	Seilenus
아레스 | 마르스	Ares	Mars
아르테미스 | 디아나	Artemis	Diana
아스클레피오스	Asklepios	Aesculapius
아이네이아스 | 아에네아스	Aineias	Aeneas
아이기스토스 | 아이기스투스	Aigisthos	Aegisthus
아킬레우스 | 아킬레스	Achilleus	Achilles
아테나 | 미네르바	Athene	Minerva
아폴론 | 아폴로	Apollon	Apollo
아프로디테 | 비너스	Aphrodite	Venus
에로스 | 아모르,쿠피도	Eros	Amor, Cupido
에리뉘에스 | 푸리아	Erin(n)yes	Furiae
에오스 | 아우로라	Eos	Aurora

한국어	그리스어	라틴어
오뒷세우스 ㅣ 율리시스	Odysseus	Ulysses
오레스테스	Orestes	Orestes
오이디푸스 ㅣ 오에디푸스	Oidipus	Oedipus
오케아노스 ㅣ 오케아누스	Okeanos	Oceanus
이카로스 ㅣ 이카루스	Ikaros	Icarus
이피게네이아 ㅣ 이피게니아	Iphigeneia	Iphigenia
제우스 ㅣ 주피터	Zeus	Jup(p)iter
카리테스 ㅣ 그라치아	Charites	Graciae
카스토르	Kastor	Castor
케르베로스 ㅣ 케르베루스	Kerberos	Cerberus
퀴벨레	Kybele	Cybele
퀴클롭스	Kyklopes	Cyclopes
크로노스 ㅣ 사투르누스	Kronos	Saturnus
클뤼타임네스트라	Klytaimnestra	Clytaemnestra
키르케	Kirke	Circe
타르타로스 ㅣ 오르쿠스	Tartaros	Tartarus, Orcus
페르세포네 ㅣ 프로세르피나	Persephone	Proserpina
포세이돈 ㅣ 넵툰	Poseidon	Neptunus
폴뤼데이케스 ㅣ 폴룩스	Polydeikes	Pollux
하데스, 플루톤 ㅣ 플루토	Hades, Pluton	Pluto
헤라 ㅣ 주노	Hera	Juno
헤라클레스	Herakles	Hercules
헤르메스 ㅣ 메르쿠리우스	Hermes	Mercurius
헤카베 ㅣ 헤쿠바	Hekabe	Hecuba
헤파이스토스 ㅣ 불카누스	Hephaistos	Vulcanus
헬리오스 ㅣ 솔	Helios	Sol

438

440

이화북스 단숨에 읽을 수 있는, 믿을 수 없을 만큼 흥미진진한 교양서!

누구나 교양 시리즈

「세계사, 최대한 쉽게 설명해 드립니다」
세계사의 흐름을 머릿속에 저절로 그릴 수 있게 하는 독일의 국민역사책

「종교, 최대한 쉽게 설명해 드립니다」
문학·역사·철학·과학의 시각으로 들여다보는 세상의 모든 종교
국립중앙도서관 서평전문가 추천도서

「전쟁과 평화의 역사, 최대한 쉽게 설명해 드립니다」
전쟁의 역사에서 찾아내는 평화의 비밀

「윤리, 최대한 쉽게 설명해 드립니다」
전 세계 30개국 100만 청소년들의 윤리 교과서

「정치, 최대한 쉽게 설명해 드립니다」
자유로운 개인들의 사회적 연대를 위한 정치 교과서

「철학, 최대한 쉽게 설명해 드립니다」
스스로 생각하는 힘을 키워 주는 철학 교양서

누구나 인간 시리즈

「한나 아렌트 – 세계 사랑으로 어둠을 밝힌 정치철학자의 삶」
– 한나 아렌트를 처음 만나는 이들을 위한 선물과도 같은 책
국립중앙도서관 사서 추천도서

「조제프 푸셰 – 어느 정치적 인간의 초상」
– 최고의 전기 작가 슈테판 츠바이크의 역작

공부법

「서울대 합격생 엄마표 공부법」
– 서울대 합격생 엄마들의 입시 성공 노하우 전격 공개